ELENA PONIATOWSKA
TODO MEXICO
TOMO I

ELENA PONIATOWSKA
TODO MEXICO
TOMO I

EDITORIAL DIANA
MEXICO

1a. Edición, Diciembre de 1990
6a. Impresión, Agosto de 1994

Portada: Doris Guraieb

Fotografía de portada: Rafael Mendoza

Fotografías: Páginas 150, 185 y 222 Rogelio Cuéllar
                    182 G. Nápoles
                    187 Frida Hartz
                    190 Lourdes Grobet

Agradecemos a los Archivos Fotográficos de Novedades Editores, del diario
La Jornada y del señor Arturo Ortega.

ISBN   968-13-2093-X

Agradezco a Antonio Diego Fernández
su entusiasmo y estímulo.
A Adriana Navarro su apoyo y el haber
recopilado la mayoría de los datos biográficos de los entrevistados.

112261

CONTENIDO

LUIS
BARRAGAN

La luz en México es fundamental, la luz del altiplano que Alfonso Reyes llamó "la región más transparente del aire", la luz mexicana, la luz desbocada que lo invade todo, o lo invadía. Luz del sol. Luis Barragán se dedicó a domesticarla, ponerle muros, barreras. La luz es mujer y Barragán le enseñó por dónde, pero no cómo lo haría un amante sino que la guió, alto sacerdote. La enrejó tras una celosía, la convirtió en monja profana hincada en el confesionario.

A Luis le gustan las mujeres sin pechos, sin nalgas, con una sonrisa de caballo para montar a caballo, altos pómulos y grandes ojos hundidos sufridores.

Luis cree en las casas-fortaleza a donde no llega el rumor de los demás. No quiere balcón a la calle, ni periscopio, ninguna intrusión. Nunca deseó vivir en voz alta, ni le interesó jamás desentrañar el ruido. La sonoridad no se hizo para él. El silencio, sí.

¿Cómo le hizo Luis para saber tan pronto lo que quería, tener gestos exactos, liberarse de lo superfluo, no escuchar lo que no, comer sólo lo que le conviene? Desde hace años, dudo de todo, me voy llenando de lo que estorba, camino con el peso de muchas voces, una maraña de sonidos dentro de la cabeza; contagiada la ciudad, quiero atraparla, los demás ejercen su poderío, fascinan, camino sonámbula, hipnotizada, vivo en la confusión de suerte que la luz anaranjada que nimba la alta figura de Luis parece una aureola y siempre me ha atraído la luz. El que sabe escoger me apabulla. El que sabe juzgar más aun. Barragán es un contemplativo. Su interior y su exterior son uno. El es sus casas, su sentido del tiempo y del espacio son su realidad mística. Opera dentro de una sólida noción de la realidad, la medita, la profundiza y hasta entonces planea lo espacial y lo vuelve su esencia. Para mí que vivo de ilusiones, de posibles alternativas, de sueños dentro de otros sueños encontrarme con él es una sorpresa máxima. En torno a él se aquietan el espacio y el silencio. Entro a un jardín misterioso y desconocido. Se hace el vacío o el todo o el absoluto o la nada o lo irreductible. Las paradojas se absorben las unas a las otras. Estoy frente a una figura resguardada. Respiro un aire casi atemporal. Las preguntas me martirizan, ¡qué malas! ¡qué tontas! Tengo que hacerme violencia:

—¿Tú has tenido en México la sensación de ser reconocido? ¿No te ha pasado como a Rufino Tamayo, que eres más reconocido en el extranjero?

Junta las manos.

—Mira, no digas reconocido, porque yo no espero que me reconozcan, soy simplemente más conocido en los Estados Unidos que en México: nunca he buscado el reconocimiento y siempre he recibido honores que me han estimulado. En Guadalajara, el licenciado Agustín Yáñez me hizo hijo predilecto de Jalisco, he ido a dar varias conferencias a la Facultad de Arquitectura; se han publicado libros sobre mi obra como ése que tienes ahora entre las manos ¿no te parece hermoso? Es obra del Museo de Arte Moderno, de Nueva York, lo distribuye el New York Graphic Society de Boston y lo escribió Emilio Ambasz. Nunca había hecho el Museo de Arte Moderno una monografía así para un arquitecto contemporáneo.

—Entonces ¿no te consideras como Rufino Tamayo, un hombre que no es profeta en su tierra?

—No, al contrario, siempre he recibido más de lo que merezco —vuelve a juntar las manos en son de plegaria. Parece un chivo mefistofélico.

—Sin embargo, Luis, nadie habló en México del gran homenaje que se te rindió en el Museo de Arte Moderno en Nueva York.

—Podrías haber hablado tú... (sonríe) pero, sabes, no creo mucho en la publicidad.

Tras de los anteojos su mirada es tranquila, en paz consigo misma, una hermosa mirada de hombre logrado, cruza sus grandes manos, una contra la otra en una actitud de rezo; aguarda, es un hombre que sabe esperar; entre los dos, el tiempo se detiene como se detiene también en estos altos y espesos muros blancos que nos rodean y dan una sensación de fortaleza interior, la misma que emana de Luis Barragán.

—He tenido varias invitaciones para ser profesor, dar simposia, pero, sabes, no me siento preparado: di una conferencia en el Congreso de Arquitectos de California en 1949 y me doy cuenta que nunca he sabido transmitir sino mi emoción. No sabría explicar la teoría de la arquitectura. Cuando estudié sólo había Ingeniería Civil y me recibí de ingeniero civil; colateralmente, una Facultad de Arquitectura daba títulos en Guadalajara y esa facultad no era exigente como lo son ahora las facultades de arquitectura; así es que nunca me he sentido preparado para dar clases, no conozco las definiciones necesarias, no puedo teorizar, es más, no creo en la teoría...

GRIS ES LA TEORIA, VERDE ES EL ARBOL DE LA VIDA

En el Museo de Arte Moderno de Nueva York, del 4 de junio al 7 de septiembre de 1976, se le rindió un homenaje constante a Luis Barragán. Sus obras eran mostradas todas las tardes por medio de transparencias, y después, las es-

cuelas de Diseño y Arquitectura de los Estados Unidos tomaron un curso sobre Barragán, el mayor arquitecto del paisaje, (Landscape architect) que se ha dado en el mundo. Emilio Ambasz, director del Museo, hizo el espléndido libro *The Architecture of Luis Barragán* en el que pone énfasis especial en El Pedregal (1945-1950), uno de sus aciertos más hermosos, ya que logró la metamorfosis de un desierto de lava en un parque y en un área residencial. Concibió para El Pedregal casas maravillosas; escaleras y caminos fueron esculpidos en la roca y surgieron estanques y grandes muros —los famosos muros barraganescos— que su genio colocó con tanto tino que parecían haber surgido del mar de lava. Luis Barragán es en realidad el creador de lo que ahora se llama Jardines del Pedregal y pocos mexicanos saben que a él le deben esta transformación de la naturaleza.

Junto con José Alberto Bustamante, un empresario con con garra e imaginación, compraron, baratísimo —claro está, pues quién iba a querer ese montón de rocas negras—, 250 hectáreas de pedregal. Las calles y las divisiones diseñadas por Luis Barragán siguieron las formaciones y los contornos naturales de la lava.

—En lo primero en que pensé fue en jardines que brotaran de la lava. Ningún cliente se apareció en el horizonte por miedo a las serpientes, a las rocas cortantes, a los desniveles del terreno.

Entonces Barragán hizo tres jardines con los cactus del propio pedregal, los colorines, el palo bobo, las flores silvestres. Trajo tierra y pasto inglés y los sembró en los lugares planos, levantó algunos muros para dar privacía, hizo un estanque, una fuente, la famosa Fuente de los Patos, y en las tardes iba a sentarse allí con sus amigos: Diego Rivera, entusiasmadísimo con la idea que siempre calificó de genial; Edmundo O'Gorman, el historiador, amigo de toda la vida; el brujo Jesús Reyes Ferreira, el doctor Atl, quien parecía estar hecho de la misma materia que la lava. Allí descansaban en los jardines y se decían los unos a los otros que algún día los mexicanos dejarían de tenerle miedo a El Pedregal y entenderían su belleza de fuego.

EL PRIMER JARDIN QUE HICE EN EL PEDREGAL FUE PARA DON CARLOS TROUYET.

—Luis, ¿no es la lava, —materia volcánica—, sinónimo de muerte?

—Yo no la encuentro sinónimo de la muerte, porque las formas que tiene la lava son verdaderas explosiones que vienen desde el centro de la tierra. Además El Pedregal es de una fertilidad increíble. Cualquier grieta en las rocas que tiene miles de años, el polvo la ha penetrado y fertilizado, y la ha vuelto de una generosidad insospechada.

Al subir al Ajusco pueden verse troncos de un metro, metro y medio de anchura, con las raíces aferradas a puras rocas que incluso se han resquebrajado. Yo di con El Pedregal por una verdadera casualidad; a un lado de la Avenida San Jerónimo compré un pedazo de tierra: El Cabrío, frente a la gran extensión de Jardines del Pedregal que va hasta el Ajusco, qué digo, hasta la sierra de Cuernavaca.

Mi amor a los jardines me impulsó a adquirir ese pedazo de tierra y para uso del terreno hice la experiencia de crear caminos en medio de las rocas ésas tan hostiles. En una parte hubo que quitarlas para lograr una extensión plana de pasto.

A medida que avanzaba sentí que estaba haciendo magia. Era misterioso penetrar en medio de las rocas, ver sus colores, combinarlos con los líquenes, con la propia vegetación que otros pretendían tirar a machetazos. El pasto se dio muy bien en el pequeño espacio entre las rocas e hice, para don Carlos Trouyet, mi primer jardín, en el que intenté esa expresión: mezclar las rocas, la vegetación que da la lava, con la de los jardines que conocemos. Este jardín es uno de los que más se han retratado en el mundo.

Me gustaría enseñarte ahora mismo las fotografías para poder completar lo que te digo. Encontré en tal forma acogedor El Pedregal, me maravillaron sus formas, sus caminos naturales, lo sentí tan abrigador que decidí intentar construir una casa que embonara perfectamente con el paisaje. Resultó que sólo vendían una cosa inmensa de dos y medio millones de metros ¿te imaginas? Como mi pasión por el paisaje no cedía, encontré a un hombre de negocios capacitado y le dije: "¿Te quieres correr una aventura? ¿Nos lanzamos a El Pedregal?". Este hombre es José Alberto Bustamante, que yo creo que tú conoces, Elenita, es uno de los hombres de negocios de bienes-raíces más capacitados y él me respondió inmediatamente: "Nos lanzamos".

Así emprendimos el gran proyecto del Pedregal, en donde ahora yo no poseo ni un jardín, ni un pedazo de terreno y en donde las casas que se han construido —algunas de ellas en estilo provenzal— distan mucho de lo que yo quise que fueran las casas de El Pedregal.

LA DIFICIL FACILIDAD DE HACER QUE LOS MUROS "SE ENCUENTREN"

Hace muchísimos años, quizá veinticinco, cuando aún vivía mi muy especial tío abuelo: Francisco Iturbe, "Paquito, el conejo" como le decían las coristas en el Waikiki y los meseros en el Ambassadeurs —porque todo el día hacía el amor—, supe del ingeniero-arquitecto Luis Barragán. Paquito Iturbe tuvo dos amores: las tiples o las vicetiples del Waikiki a quienes les ponía casa en la Villa para que quedaran cerca de la Virgen de Guadalupe y se quitaran de padecer, y el Arte, ése con A mayúscula. Siempre tuvo un ojo azul certero para descubrir a los creadores, y, una vez descubiertos, ayudarles. Así ayudó a José Clemente Orozco, a Manuel Rodríguez Lozano, quien pintó en el cubo de la escalera en su casa de la calle de Isabel la Católica (Orozco pintó en el cubo de su Casa de los Azulejos); así también al poeta Carlos Pellicer con quien viajó a Tierra Santa, y en reciprocidad Pellicer le dedicó uno de sus más hermosos sonetos. Paco Iturbe se interesó por Jesús Reyes Ferreira, quiso muchísimo a  Pita Amor, quien finalmente lo insultó en un taxi —tanto que el chofer se puso a llorar—, y decía que Antonieta Rivas Mercado, a la que encontraba muy seguido en la casa de Rodríguez Lozano, no solo no era bonita sino que usaba unos sombreros como bacinicas. Una de las últimas personas de quien habló con admiración fue de Luis Barragán.

—Este hombre es grande.

—¿Por qué?

—Porque sabe hacer esquinas.

—No entiendo.

Entonces me señaló un techo muy alto y el encuentro del techo y los dos muros.

—Es un hombre que sabe cómo deben encontrarse dos rectas.

Tenía razón el tío Paquito, quien siempre amó las proporciones nobles; Luis Barragán sabe hacer que los muros se encuentren; sabe hacerlos surgir de la tierra, sabe darles el espesor necesario, sabe levantarlos en la dirección exacta. En su casa de Tacubaya, por ejemplo, algunos muros no llegan hasta el techo y sin embargo protegen. Luis Barragán ha dicho: "Toda arquitectura que no expresa serenidad no cumple con su misión espiritual. Por eso ha sido un error sustituir el abrigo de los muros por la intemperie de los ventanales".

—Oye, Luis, a ti ese mundo de mucha luz, de edificios hechos de vidrio en su casi totalidad, un mundo endeble y quebradizo ¿te disgusta? Es aterrador ver en la parte baja de los ventanales, tiras de hierro para que el niño no vaya a darse contra el vidrio y caiga a la calle.

—Es aterrador, tú lo has dicho. Esos vidrios que llegan hasta el techo y brotan desde el piso dan una sensación de angustia. Sientes que te vas a caer al vacío, que vas a amanecer en la banqueta, que todo se va a romper y se va a ir al abismo. Incluso psicológicamente es nefasto. ¿No te has fijado, Elenita, que algunos hasta ponen un pretil o tratan de encontrarlo para recargar siquiera un sofá? ¿Cómo recargas un mueble contra un vidrio? Inconscientemente el hombre siempre se retira del ventanal e incluso las oficinas así expuestas ayudan a la neurosis de los que trabajan en ellas. La UNAM, por eso, es un horror. Es indispensable el abrigo y la protección de los muros.

NO EXPONER LA CASA A LAS INCLEMENCIAS

—Por eso, para ti, es tan importante el muro, Luis.

—Te voy a preguntar también a ti una cosa, Elenita ¿Con qué sustituyes los muros? ¿Con vidrio? ¿Con materiales modernos? El vidrio ha fracasado porque el hombre no se siente abrigado en un edificio con paredes de cristal. Tú misma, al hacerme la pregunta me sugeriste la contestación; el vidrio te da una sensación de desamparo, de exposición a todos los vientos, a todas las inclemencias. Además, nadie necesita esa cantidad de luz, sobre todo en un país como el nuestro en que la luz llega incluso a herir la retina. El vidrio ha fracasado en todos los edificios, en las oficinas públicas, en Ciudad Universitaria, en las casas particulares. Los cubículos de Ciudad Universitaria no son nada acogedores; en los inmensos ventanales de las casas particulares, los dueños acaban por poner cortinas porque no soportan la luz, en los edificios públicos ves, al pasar, las patas de los escritorios y de las sillas metálicas casi paradas en el vacío, y además, la mayoría de los vidrios, en su base están rotos. En Ciudad Universitaria lo único que te da sensación de tranquilidad es la Biblioteca de Juan O'Gorman, un edificio funcional y, si te fijas bien, sabrás que O'Gorman suprimió las ventanas; a mí me interesa mucho ese edificio por el aislamiento que proporciona, porque sé además que el hecho de leer exige aislamiento, tranquilidad. A través de todas esas absurdas superficies de vidrio la penetración del ruido es otro elemento de agresión. ¡Es como si vivieras a media calle, entre los coches, los cláxons, los camiones que arrancan, el tránsito cada vez mayor! El hombre también necesita su guarida, su lugar dónde recogerse, aislarse. Mira —me señala un gran muro blanco— aquí tenía yo un ventanal; después de unos meses me di cuenta que me perturbaba y lo cerré; allá, entre el comedor y esta sala donde estamos, no había división; desde aquí donde estamos sentados veía yo el jardín, también llegó a afectarme: no necesitaba tanta luz. Levanté un muro y junto al muro coloqué estos sillones donde estamos sentados. Inmediatamente me sentí mejor. Creo que son los espacios cerrados los que te dan tranquilidad.

Hace muchos años, cuando conocí a Luis Barragán pensé que era un sacerdote. Altísimo, con una camisa de cuadritos blancos y negros, y una corbata tejida cuando nadie las usaba, su rostro austero, riguroso, las manos limpísimas, el clásico pantalón de franela gris, era la imagen de la sobriedad. Luego lo escuché reír a grandes carcajadas. Pensé que no podría ser sacerdote porque besaba mucho a las mujeres llamándolas "linda" y mirándolas con cariño. Se doblaba en dos para abrazarlas porque siempre eran más pequeñas, a veces se doblaba en cuatro, y en mi caso hasta en seis, porque siempre he sido del tamaño de un perro sentado. Un día lo oí hablar, con mi tía Bichette, del concreto: "Es un material muy feo, muy deleznable". Lo mismo dijo del plástico. En cambio se extendió sobre la madera de la mesa gruesa y sólida, las vigas de los techos, la escalera, los dibujos que surgen en las duelas, los bosques que caminan dentro de algunas casas.

A veces los adultos no se dan cuenta de la impronta que pueden dejar en un adolescente. Vi poco a Luis Barragán, pero me enseñó a amar las puertas que se cierran, los muros encalados, la arquitectura blanca y sólida que nos ha dado el Mediterráneo, los espacios grandes y abiertos que desembocan en un lecho pequeñísimo, franciscano, las piezas casi vacías.

LAS PENUMBRAS, CLAVES DE LA ARQUITECTURA DE LUIS BARRAGAN

—Luis, alguna vez declaraste que te sentías mal entre arquitectos, ¿es cierto?

—Bueno, yo tengo grandes amigos entre los arquitectos y considero que hay varios mexicanos que son excelentes, pero pude haberlo dicho en el sentido del análisis de la arquitectura que hacen los técnicos de la arquitectura y que no puedo seguir porque más bien he tenido la tendencia a buscar la emotividad, y mis ambientes son el misterio, la magia, el enigma. Siempre he funcionado en torno al enigma.

Un ejemplo fue la fascinación que ejerció sobre mí El Pedregal de San Angel. La lava fue para mí una cosa incomprensible, ¿por qué esas rocas?, y ¿por qué todo eso que a los demás les parecía tan hostil y a mí me atraía tan poderosamente y me invitaba a quedarme horas allí? Fui durante tardes enteras, Elenita, a sentarme a El Pedregal; entonces empecé a imaginar jardines, casas. Desgraciadamente en El Pedregal han ido borrándose mucho las rocas por la arquitectura que otros han hecho y que a mi modo de ver no corresponde al paisaje maravilloso. Dime tú ¿qué tiene que ver una casa provenzal-francés en El Pedregal? ¿O una casa con aleros para la nieve? ¿O un chalet suizo? Siempre pensé en un paisaje abstracto y por lo tanto en una casa abstracta, de líneas abstractas que no echaran a perder el paisaje. Muchos arquitectos suelen llegar con el desplante de "Aquí estamos" y en vez de amoldarse a la naturaleza se disparan de ella. Tratan de hacer a toda costa una cosa que llame la atención e imponer casas que no emergen del paisaje; de ahí que se vean absurdas. Para mí lo bello es la unidad entre el paisaje y la expresión estética, la de la arquitectura. ¿Sabes qué influyó en mí particularmente, además de los pueblos mexicanos de mi infancia, los pueblos de Jalisco de los cuales ya te he platicado?: la arquitectura mediterránea, toda blanca, bellísima, fuerte. Yo me sentí bien en el sur de España, en el norte de Africa, en Argel, en Marruecos. Toda esa arquitectura la sentí profundamente ligada al suelo. En las casas, en Marruecos, no sabe uno dónde termina el pedazo de desierto, cuándo comienzan los constructores a sobre—elevarlas, cómo emergen del propio suelo y de los muros de roca. Lo mismo podría decirte de la arquitectura popular mexicana; es parte de la tierra, nada en ella es falso, y sabes, otra cosa de la arquitectura popular es que puede decirse que no tiene época. Me imagino yo que esas casas de los pueblos del norte de Africa, o esas casas blancas de las islas griegas lo mismo pueden haberse hecho hace mil o dos mil años que hoy.

Los palacios árabes también, pueden tener quinientos, seiscientos años, su arquitectura no tiene época; no puede clasificarse, no puede etiquetarse y esto es lo que me interesa muchísimo, que la arquitectura pierda su época para hacerte vivir, que no te sitúe ni te encajone, que no quedes confinado al momento en que estás viviendo sino que vivas también el pasado, y en esos dos tiempos puedas también vivir el futuro.

—Pero esto, Luis, solamente lo logra lo que es esencial. Supongo que esas son las cualidades del pan, del buen muro que protege, del techo de vigas, la casa en contra del tiempo y con el tiempo...

LAS GRANDES URBES DE HOY NOS DISMINUYEN

—Sí, aunque el ambiente contemporáneo para la casa habitación es ahora frío ¿no te parece? La expresión de la vida moderna, Elena, ya no es agradable. Angustia y deprime. A mí me ha pasado eso. En los edificios que tienen toda la pared de cristal, entra uno a la recámara o a la habitación destinada al dormitorio en la noche y ve uno pasar abajo las interminables luces de los coches, y en el día el tráfico incesante, aunque no lo oigas, por ejemplo, como en los Estados Unidos, y esa habitación para mí resulta realmente angustiosa, como me resulta agresiva la transparencia sobre la cual tengo que agregar cortinas y cortinas y cortinas. En general, creo que los arquitectos no hemos resuelto la expresión contemporánea de exteriores; es decir, de integrar la ciudad a la casa, o la casa a la ciudad manteniendo la privacía, la tranquilidad, el descanso que todos buscamos. Tenemos necesidades psíquicas que hemos dejado sin resolver, a la intemperie, por decirlo de algún modo. Necesitamos un refugio y no hemos sabido hacérnoslo, un refugio incluso en contra de la luz, un descanso: no ver movimiento, no ver gente, no ver tráfico en esta época que es enteramente dinámica. ¿Por qué crees que la gente que vive en plan moderno, o al menos en el modernismo de la ciudad, está nerviosa? Porque no ha sabido aislarse y levantar muros, y de esto somos responsables nosotros los arquitectos. México, en tanto que ciudad, se parece a las grandes urbes del mundo, las cuales a pesar de la técnica y de los estudios que se hacen, siguen siendo humanamente agresivas. Las grandes urbes siguen disminuyéndonos en fuerza de espíritu, de tranquilidad, aunque aumente el número de seres humanos.

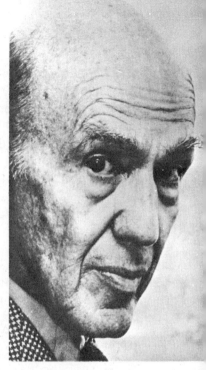

—Luis, hace un momento hablaste de los pueblos de tu infancia, de la arquitectura popular apegada a la tierra, de los muros encalados que saben proteger. ¿Está ligada tu concepción de la arquitectura a tu infancia?

LOS PUEBLOS MAGICOS DE JALISCO

—Mis memorias de la infancia se relacionan con un rancho que tenía mi familia cerca del pueblo de Mazamitla, un pueblo con montañas, formado por casas de enormes tejados que se prolongaban sobre la calle para proteger a los caminantes de las fuertes lluvias que caen en la región. Hasta el color de la tierra era interesante, porque era tierra roja. En este pueblo, el agua se distribuía a través de troncos de madera ahuecados que corrían sobre soportes; horquetas de madera, a cinco metros de altura, arriba de los techos. Este acueducto atravesaba el pueblo, llegaba a los patios, en los que había fuentes de piedra que recibían el agua y la almacenaban. Los patios albergaban los establos con vacas y gallinas, todas revueltas. Afuera, en la calle, empotrados dentro de los gruesos muros había anillos de hierro para amarrar los caballos. Claro está que los troncos de madera convertidos en canales cubiertos de musgo escurrían agua durante todo el año, y esto le daba al pueblo el ambiente de un cuento de hadas. Te imaginas, durante todo el año el agua caía proveniente de este acueducto de madera. No, no hay fotografías, son cosas que sólo tengo en la memoria. Todo esto se lo platiqué a Emilio Ambasz. Para mí, este pueblo fue decisivo, como lo fueron también los tapancos que suele haber a veces en las tiendas, en las granjas, el lugar de intimidad, el lugar secreto —un niño nunca puede imaginarse siquiera lo que hay en un tapanco— al cual se accede por una escalera que en los pueblos se pone y se quita al antojo del morador. Yo siempre tuve la obsesión del tapanco; por eso me hice uno aquí en mi casa, ahora que estoy grande —sonríe.

—¿Y te vas a empericar a tu tapanco?

—Sí, allí sueño y duermo en la noche.

LA ARMONIA DEL HOMBRE CON LA NATURALEZA, LOGRADO POR EL ESPIRITU CREATIVO DEL ARQUITECTO LUIS BARRAGAN

Luis Barragán, el mexicano que retó a El Pedregal y lo transformó de inhóspito en un lugar en el cual se puede vivir, es asimismo autor de otros grandes fraccionamientos: Las Arboledas, Los Clubes, una zona creada sobre todo para los caballistas y pensada en función del caballo.

Estos conjuntos arquitectónicos se centran o regresan a la infancia de Barragán en Jalisco, al pueblo, la casa, la plaza, los caballos, la sombra de los grandes árboles y el agua que viene de lejos, y se conserva en un estanque. A lo largo de su vida, Luis Barragán, fiel a sí mismo, ha repetido lo que se le quedó clavado en la retina; el modo de estar del hombre sobre la tierra, la casa, la luz que se va al atardecer y se va moviendo sobre los muros, la penumbra y finalmente la oscuridad que en la noche rompen estratégicamente los círculos redondos de las lámparas. Luis Barragán es a la arquitectura lo que José Clemente Orozco a la pintura y lo que Juan Rulfo a la literatura; un ser esencial y verdadero, un hombre complejo y triste, un creador, dramático en sus líneas escuetas, monacales, orgullosamente humilde o humildemente orgulloso en su afán de monumentalidad. Los tres le tiran a lo grande; los tres también son grandes, y los tres tienen raíces profundas en la tierra. Cosa curiosa también los tres son jaliscienses. Yo me he preguntado en muchas ocasiones qué tiene Jalisco que da tales hombres: Orozco, Rulfo, Barragán, Soriano, Jesús Reyes Ferreira, Yáñez, José Luis Martínez y muchos más.

LAS TORRES DE CIUDAD SATELITE

En colaboración con Mathias Goeritz, Barragán creó las Torres de Satélite en el año de 1957, cinco torres altas, de distintas alturas y texturas, de distintos colores que son ahora el símbolo que identifica una nueva zona residencial y se destacan por encima de las montañas ahora cubiertas de casas. Antes, las cinco torres de Satélite, parecían anunciar un paisaje lunar, en la actualidad no queda un espacio libre, todas son casas y tinacos, postes de luz y torres de comunicación, pero las cinco grandes torres, incluso rodeadas de casas, no han perdido su misterio. Sin embargo, no es Satélite la obra favorita de Barragán, apenas si la menciona de pasada, por no dejar (entre sus fotografías no

aparece una sola de las Torres), en cambio, la palabra "jardines" parece flotar siempre sobre sus labios como también se le ilumina el rostro cuando habla de San Cristóbal, una casa de Los Clubes hecha en 1967, para los Egerstrom, en colaboración con el arquitecto Andrés Casillas. Esta casa lo satisface plenamente, porque en ella ha reunido todos los elementos que ama: el agua, la fuente, el estanque, los gruesos muros pintados con colores fuertes, la tierra acre, las caballerizas, y sobre todo un muro largo y alto frente al cual forzosamente tiene que caminar el caballo, como un actor que solitario atravesara el escenario a todo su ancho. Allí la figura central es el caballo; lo único viviente sobre los muros hieráticos, un caballo blanco sobre un muro morado. Barragán ama los chorros de agua y los hace caer desde lo alto, desde el acueducto de su infancia. Ama también el cielo y lo recorta como un cuadro, lo enmarca con sus muros, en cierta forma lo aprisiona. Es el único arquitecto que parece alcanzarlo. "He aquí mi pedazo de cielo", parece decirle a uno, "el que me toca, el que yo me he forjado". Me hace pensar en los presos, en ese cuadrito azul que veía José Revueltas desde su celda diciendo: "es el cielo de los presos". También en eso se ve la influencia de Chirico, sus plazas y su perspectiva.

CHIRICO ES MI MAXIMA INFLUENCIA

—¿Sabes, Elenita, quién me ha influenciado mucho? El Chirico. La magia que siempre busqué la encontré en él. Cuando vi sus cuadros, pensé: "Esto es lo que yo puedo llegar a realizar también en la arquitectura de paisajes", si así quieres llamarla, arquitectura hecha con muros y murallas y una serie de espacios en los que pasas de una reja a otra reja, de un juego de agua a un patio donde también hay agua. ¿No conoces el *Generalife en Granada*? Aún recuerdo el olor maravilloso de los arrayanes. Todo eso forma el placer de la vida. No es que yo sienta que mi misión sea la de ser un buscador de placer, pero sí creo que puede proyectarse belleza y que la belleza da placer. Hay muchas soluciones para levantar muros, para proyectar un edificio, para proyectar un hotel, un centro comercial y éstos pueden ser bellos y también pueden ser feos. Es muy difícil definir qué es la belleza y qué es la fealdad pero creo que hay que buscar la belleza porque es necesaria en la vida, y lo mismo puede aplicarse este principio a la literatura, a la música, al ambiente de un pueblo, al ambiente de una ciudad. Hay ciudades que son hostiles, hay ciudades que son francamente feas.

—Perdona que te interrumpa, Luis, ¿no crees tú que nosotros hemos logrado hacer del D. F. una ciudad hostil y fea?

(Ríe) —Bueno eso lo dices tú, no yo. Creo que todos necesitamos vivir en ambientes atractivos así como buscamos relacionarnos con gente que ejerza un tipo atractivo de pensamiento; que tenga el clima espiritual necesario para hacernos agradable el encuentro. Lo mismo sucede en la arquitectura. ¿Por qué hacer casas feas, por qué hacer conjuntos arquitectónicos feos y hostiles?

ME HUBIERA GUSTADO CONSTRUIR MULTIFAMILIARES

—Sí, sí, Luis ¿por qué es tan fea la arquitectura de multifamiliares? ¿Por qué debe estar la gente apiñonada la una sobre la otra en cajones demasiado pequeños, promiscuos, mezquinos?

—Esa es una necesidad casi imposible de evitar; ahora todo es masivo, es la explosión demográfica. Si te hablé de El Chirico y de su obra que admiro porque soy un devoto del surrealismo (siempre he sido partidario de la gente que tiene imaginación), es porque siento que ahora a la arquitectura de los grandes conjuntos le falta mucha imaginación, por eso los arquitectos levantan los cajones o las jaulas de las que tú hablas. A mí me hubiera interesado muchísimo hacer grandes conjuntos de residencias o caseríos de interés social, sin embargo nunca me buscaron para ello, nunca tuve suerte en ese sentido; quizá esté incapacitado para hacerlo, pero siempre he sentido por los conjuntos habitacionales un interés enorme; no sólo me interesan las plazas dentro de los conjuntos, sino los condominios; encontrar una solución más humana, más en proporción con el hombre para no enjaularlo, disminuirlo, neurotizarlo.

SOY UN HOMBRE MUY RELIGIOSO

—¿Piensas así porque eres un hombre muy religioso?

—Sí, soy religioso, es más, soy un católico devoto, ferviente. Como arquitecto quisiera encontrar una fórmula para que el hombre se tranquilizara en su casa, se repusiera de las agresiones de la ciudad. Este es un problema que me importa muy profundamente.

—Sin embargo sólo has hecho casas para ricos, Luis. El Pedregal fue para ricos.

(Ríe) —Para ricos y para caballos y los caballos no son ni ricos ni pobres, son caballos. Yo hice muy pocas casas en El Pedregal, lo que hice fueron jardines. Más que casas hice grandes conjuntos arquitectónicos, incluso esta casa en Tacubaya, en la que vivo, la rehice a mi conveniencia; también el jardín, creo que los arquitectos deberían diseñar jardines que puedan usarse, vivirse, así como las casas que construyen. Mi jardín lo vivo. Durante casi todo el año como afuera; pongo pan sobre la tierra para que los pájaros me visiten y pueda yo oírlos siempre; por eso mi jardín está poblado. Creo que la construcción y el goce de un jardín acostumbra a la gente a la belleza, a su uso instintivo. Incluso a su búsqueda. Es importante enseñarle a la gente a ir tras de la belleza. Ves, Elenita, creo en la arquitectura emocional. Es muy importante para el género humano que la arquitectura los conmueva por su belleza; si hay muchas soluciones técnicas igualmente válidas para un problema arquitectónico, la que ofrece el usuario, un mensaje de belleza y emoción esa es arquitectura.

BUSCAR LA BELLEZA

—¿No importa el problema técnico?

—Creo que siempre hay que escoger la belleza; si la solución que se encuentra para un problema técnico es fea, entonces no vale. Una viga de concreto, por ejemplo, no tiene por qué ser visible y echar a perder la vista de un conjunto. Siempre se puede poner por fuera. A esto me refiero cuando te hablo de belleza. Podría hablarte durante horas de los jardines. Los jardines ingleses, los jardines abiertos, aquellos que se ven en Las Lomas, por ejemplo, la imitación de los paisajes europeos, los jardines bien recortados son muy bellos, pero no pueden compararse con los jardines que por tradición vivimos; este jardín, por ejemplo, que ves aquí afuera y que es parte de mí mismo; Versalles, no es igual de acogedor que el Generalife en Granada ni que los Jardines Persas. Los jardines de las grandes villas italianas tampoco son tan acogedores. Versalles fue hecho para la corte, para espectáculos, los jardines italianos también son espectáculo; tiene una importancia cardenalicia por decirlo de algún modo. Yo me he quedado anclado en los jardines árabes, que son íntimos, personales, misteriosos. Los jardines arquitectónicos diseñados por Lenôtre no son feos, pero no pueden vivirse; tienen una función teatral pero como ahora ya no hay cortes han perdido un poco su sentido. Por eso un pequeño jardín que puedas vivir es indispensable, un jardín que te haga entrar un poco en ti mismo, que te haga meditar, que te aisle y al mismo tiempo te abrigue. Un jardín tiene que tener misterio, tiene que ser enigmático; si uno ve una reja, echa a volar la imaginación: ¿qué hay detrás de esa reja? ¿Adónde me llevará este sendero? La vida moderna nos ha hecho perder nuestra privacía. Si vives en un condominio y no puedes tener un jardín, que el arquitecto piense por lo menos en un patio o que diseñe jardines públicos que tengan cierta magia, cierto misterio, una fuente de agua, un chorro, un estanque que pueda darle a los paseantes paz y serenidad, que sientan ganas de sentarse, quedarse allí e inconscientemente puedan ponerse a meditar. ¿Sabes lo que debería ser un arquitecto? Un artista que lograra alejar la ansiedad y crear ilusiones.

UN JARDIN DEBE VIVIRSE

—Pero hay terrenos que se prestan para jardines y otros que no.

—No, un arquitecto con imaginación puede hacer maravillas con cualquier terreno. Los terrenos muy accidentados son más fáciles para lograr bellos y misteriosos jardines pero yo he visto maravillas en terrenos planos. ¿No conoces los jardines en el desierto de Phoenix que hizo Richard Neutra? ¡Son bellísimos! Claro que para mí el jardín más hermoso es aquel que da una impresión de privacía, aquel en el que puedes aislarte en la mente con el espectáculo que te causa el jardín.

RICHARD NEUTRA ES MI GRAN AMIGO

—¿Admiras mucho a Richard Neutra?

—Mucho, aunque no me satisface del todo porque como tú sabes, él es el autor de casas de puro cristal, las ha hecho en el desierto y aunque son muy bonitas desde el punto de vista de que son muy fotografiables y en la fotografía se ven muy atractivas, a mí no me parece que son vivibles. Yo tuve el honor de tener a Richard Neutra como amigo; vivió en mi casa durante algunos días cuando venía a México y yo lo visité a él en su casa en Silver Lake Boulevard, en Los Angeles, en una casa que se quemó después. Viví una semana en su casa, teníamos el paisaje de los coches, el ir y venir de la gente, el tránsito continuo frente a la pared de su casa de cuatro pisos que eran de cristal de piso a techo. Sin embargo, los tres dormitorios y la pieza donde su esposa Dionne tocaba el chelo como Casals, daban hacia un patio oscuro en cuyo centro se erguía una araucaria; las recámaras tenían poca luz y los habitantes de la casa parecían buscar la penumbra de este pequeño patio central. Neutra siempre predicó que todo debería ser abierto y puro cristal hasta en los patios interiores de la casa; esa fue la escuela arquitectónica de Neutra y creo que mal entendida esta escuela resulta muy peligrosa. El hecho es que muchos arquitectos la han entendido mal. En otra casa que construyó Neutra también de vidrio, crecieron los almendros frente a los ventanales y cuando le pregunté si él quitaría los árboles para exponerse a la vista de todos, me dijo que estaba muy contento de que los árboles cerraran la vista a la gran avenida. Aunque Neutra fue un arquitecto de primera que ejerció una influencia decisiva, considero que sus paredes de cristal —mal entendidas— han sido muy peligrosas en la historia de la arquitectura. Yo he estudiado mucho a Neutra y lo he seguido en todos sus trabajos.

—Luis, al integrar una casa al paisaje como en el caso de El Pedregal o de Las Arboledas, ¿te interesa más el paisaje, hacer resaltar con un muro por ejemplo, la belleza de un paisaje o te interesa la casa en sí?

—Una cosa debe hacer valer a la otra, pero en principio pienso que no debe existir la casa, que la casa sea paisaje, que los paisajes sean casas. Una casa que se traga al paisaje y que sobresale en forma casi insultante, sí.

QUE LAS CASAS FORMEN PARTE DEL PAISAJE

—Entonces ¿para ti una pirámide es un insulto?

—Si un arquitecto moderno hace una casa en forma de pirámide, sí, me está insultando. Yo no entiendo una casa así. Las pirámides son hermosas porque parecen montañas. Una casa moderna como una montaña es algo espantoso.

—Luis, ¿y por qué haces tú puertas muy pequeñas, casi insignificantes, como orificios en la pared seguidas de un corredor, que abruptamente desembocan en una enorme pieza de techos altos y muros también altos?

—Te voy a contar una experiencia, a ver cómo la interpretas, Elena. Para visitar el patio de los arrayanes en la Alhambra, camina uno por un túnel muy pequeño (yo ni siquiera podía enderezarme) y en un momento dado, independientemente del olor de los arrayanes y del mirto que llegaba a través del túnel, se me abrió el espacio maravilloso de los pórticos muy contrastados de ese patio contra los muros ciegos y el ruido del agua. Esta emoción no se me ha olvidado jamás. En mi vida, siempre he necesitado los contrastes; de lo pequeño llegar a lo grande. Cuando fui a la catedral de Chartres por medio de callecitas angostas, medievales que desembocan en esa fachada maravillosa y esas torres, la impresión fue enorme por inesperada, lo mismo me sucedió con la catedral de Rouen, en cambio Notre Dame puede verse desde lejos y por los cuatro costados y no te causa la emoción que te causan Chartres o Rouen, a las cuales llegas a través de pueblos medievales, calles oscuras y angostas que te van creando un misterio y una emoción indescriptibles. Cruzar los espacios misteriosos de las calles para enfrentarte de golpe con la fachada de Chartres es algo que sólo saben darte los artesanos del medievo y por eso siempre me han gustado las puertas pequeñas, como en Persia, quizá, que después de un pasillo casi subterráneo te hacen desembocar en un espacio abierto maravilloso; ya sea una pieza de grandes proporciones o un jardín cuyos límites son el cielo.

LUIS BARRAGAN ABREVA EN LA BELLEZA CAMPIRANA QUE LE INSPIRA UNA ARQUITECTURA POPULAR Y SENSUAL

—Luis ¿no crees que hay una contradicción entre tu arquitectura severa, casi monacal, tus casas de techos altísimos que recuerdan conventos y monasterios, y los colores sensuales, las texturas riquísimas que pones en tus exteriores? Recuerdo en este momento los muros ocres y rojos de Los Clubes, los amarillos, los cafés, el color que va del bugambilia hasta el morado profundo, o como dice Carlos Pellicer, que se cae de morado. ¿Por qué de repente toda la sensualidad se te sale en los colores?

—Sí, creo que tienes razón, creo que mis colores son sensuales pero mi influencia principal es la arquitectura popular de todo el mundo y recuerda que el arte popular suele ser sensual. Estoy enraizado en México, tuve la suerte de haber vivido en provincia, en pequeños pueblos y haber conocido mucho la vida de las rancherías. En mi infancia están mis mejores recuerdos y mis mejores sueños. Mi infancia en el campo me marcó definitivamente. Creo, como lo dice Emilio Ambasz, que lo que hacen los escritores, los pintores, los artistas en general es siempre autobiográfico. Inconscientemente los recuerdos de mi infancia resurgen en mi obra; por eso hago abrevaderos o bebederos para caballos, y escojo ocres y rojos, colores de la tierra, colores de la sangre. Sin embargo el blanco siempre predomina, Elena, al menos en mi casa particular de Tacubaya. Si te fijas bien verás que todo es blanco, salvo los techos de madera, claro está. Cuando pongo algún color fuerte como el rojo o el morado es porque de repente estalla en mi mente el recuerdo de alguna fiesta mexicana, algún puesto en algún mercado, la brillantez de alguna fruta, de una sandía, de un caballito de madera. En esto me parezco a Chucho Reyes Ferreira que recordaba el amarillo congo de los pisos lavados con lejía y lo trasladaba al papel de china.

De niño me la pasé a caballo, viendo casas que cantan sobre la tierra, recorriendo ferias populares; recuerdo que veía siempre el juego de las sombras sobre las paredes, cómo el sol del atardecer se iba debilitando —todavía había luz—, y cómo entonces cambia el aspecto de las cosas, los ángulos se atenuaban o las rectas se recortaban aun más; de allí también mi fijación en los acueductos. En los ranchos mexicanos siempre se oyen chorros de agua; nunca he podido hacer una casa o un conjunto arquitectónico sin incluir un estanque o un chorro de agua o un fragmento de acueducto. Nunca he dejado de pensar tampoco en los caballos. En Las Arboledas pude darme gusto al construir un gran estanque rectangular entre los eucaliptos; al hacerlo, sin embargo, pensé en los jardines persas, pensé también

en de Chirico, pensé también que el agua es espejo y me gustó que reflejara las ramas de los árboles. Sabes, la arquitectura popular me ha impresionado siempre porque es la pura verdad y porque los espacios que se dan en las plazas, en los portales, en los patios, se dan siempre con generosidad.

—A ti no te gusta lo chiquito ¿verdad, Luis?

Levanta los brazos.

—Ay nada, no sabes cómo me molesta lo chiquito, lo chaparro, lo encogido, lo mezquino... Creo que nunca he tenido un bibelot en mi vida, una figurita de porcelana, y sin embargo la fragilidad de algunas mujeres me conmueve. A lo que le tengo aversión es a las proporciones mediocres. Me gusta que los espacios sean grandes y fuertes. Fíjate que a mí, por ejemplo, los departamentos con techos bajos como se hacen ahora me deprimen.

—¿Lo dices por Le Corbusier? ¿No fue el primero en achicar los muros?

—Mira, año tras año la altura de los techos disminuye y el hombre inconscientemente disminuye también.

—Que te oyera Napoleón. ¡Que te oigan los mexicanos que miden 1.50! ¿Qué sentirías, Luis, si tú fueras un chaparrito gordinflón?

—¡Es que no me estás entendiendo! Yo creo que un techo que te aplasta, te disminuye. Si tú levantas el brazo y alcanzas el techo inmediatamente te sientes encajonado, preso, encerrado. ¿O no? Yo admiro a Le Corbusier enormemente, pero el concepto de construir cajitas para el hombre, empequeñece al ser humano y asimismo a la arquitectura. No somos hormigas, Elenita, somos hombres. ¿Para qué queremos estructuras en las cuales la personalidad humana debe reducirse al más bajo de los comunes denominadores? Yo lo que pretendo es darle espacio al hombre. ¿Por qué hemos venido todos a amontonarnos, a treparnos los unos en los otros en la ciudad de México? ¡Es algo que no entiendo!

—Es porque somos pobres.

—No, no , en el campo también son pobres y no por eso los espacios se achican. Y además yo te hablo, de rigor, de sencillez, de austeridad. Como hombre he rehuído siempre todo lo que es palaciego o lo que está sobrecargado. Lo sobrecargado es muy bonito cuando la decoración pasa a ser casi una textura o una segunda piel, como en el caso de Santa María Tonantzintla, o en los retablos coloniales que me parecen maravillosos en su barroquismo, su garapiña, sus volutas, sus giros porque la emoción primera es muy grande y es la que para mí tiene mayor interés. Ya después, si lo ves en detalle, puedes llegar a otras conclusiones, pero la emoción primera es siempre para mí la más importante.

SIEMPRE HE PODIDO DECIR A PRIMERA VISTA QUE ES LO QUE ME GUSTA Y LO QUE NO ME GUSTA

—¿Tienes mucha fe en tu buen gusto?

—Mira, no podría teorizar ni filosofar pero desde niño he sabido decir qué me gusta y qué no me gusta, así, a boca de jarro, de golpe y porrazo, sin miramiento alguno. Hace años le preguntaron a Chucho Reyes en una entrevista que le hicieron por televisión: "A usted ¿qué es lo que le gusta?" y respondió: "A mí me gusta todo lo que es bonito". "Y ¿qué cosa es bonita o bella para usted?", "Lo que a mí me gusta". —Luis Barragán ríe—. Al responderte, Elena, podría caer yo en esto, dada mi falta de capacidad filosófica para discutir sobre el tema de la belleza. Sí tengo fe en mí mismo y en mi gusto, eso no lo niego, y creo que lo mismo puede sucederle a un escritor, a un pintor, a un escultor, a un músico: saber distinguir cuándo una expresión plástica o musical es fea, cuándo es hermosa. Hasta ahora creo que siempre he sabido distinguir. Lo que no sé es teorizar ni filosofar y por eso no me gusta dar conferencias. Sólo puedo decirte al ver una casa: "Esta casa es fea, esta casa es hermosa".

—Y el mal gusto de los demás, ¿no te conmueve?

Sonríe.

—No, para nada. ¿Por qué habría de conmoverme? Soy demasiado severo. Puede serme indiferente, pero no me conmueve. Cuando te hablo de arquitectura popular no pretendo eliminar la arquitectura moderna, los edificios que hoy se construyen; los arquitectos que levantan rascacielos tienen la obligación de buscar una armonía perfecta.

—Pero en Nueva York, Luis, la naturaleza está totalmente excluída del paisaje arquitectónico.

—Sí, en Manhattan lo está, y también en las partes centrales de las ciudades modernas, como, por ejemplo, en el centro de nuestro Distrito Federal. Pero el arquitecto tiene la obligación de llevar pedazos de tierra; en Nueva York así lo han hecho en los pent-house, que tienen sus azoteas literalmente cubiertas de verde; en sus plazas, en las que se colocan grandes macetones.

—Pero ¿no está Nueva York rebajada o disminuida por los volúmenes de cemento; los altísimos edificios de vidrio, el Empire State que se yergue como un dardo? ¿No te parece inhóspita esa ciudad?

—No, porque hay armonía... Pero no cambiaría por nada del mundo Nueva York por la arquitectura popular mexicana, en que la gente inventa colores, como en Pátzcuaro, que tiene rosas, rojos; Huejotzingo que tiene también colores maravillosos, el azul añil, el blanco encalado, una arquitectura eterna que jamás pasará de época porque no tiene época y por lo tanto no puede perderla. Siempre ha sido esto lo que he buscado para vivir, y mira que ya tengo más de setenta años. Alguna vez, hablando con Richard Neutra, me dijo que si una casa está bien resuelta, lo mismo puede haber en ella una virgen románica o un capitel, que un cuadro de Picasso, uno de Matisse, de Renoir o de Corot. ¡Hasta un pedazo de madera apolillada, un tronco, o una rama retorcida como yo suelo poner en mis jardines! En eso Neutra tenía razón: en una casa bien resuelta el hombre puede poner cualquier cosa, mezclar épocas y tiempos, no importa. Con Neutra discutí mucho acerca de la penumbra porque él, en su arquitectura, la suprimió totalmente y yo creo que hay cosas milenarias en nosotros los hombres, quienes como mamíferos necesitamos refugiarnos en la penumbra. No sabes cuántas horas discutimos acerca de la penumbra —sonríe al recordarlo.

—¿No te decía Neutra que tenías una actitud de pecador católico, de penitente a quien le gusta la oscuridad tortuosa de confesionario?

—No, eso no me lo dijo, pero tampoco lo creo cierto. Soy un católico ferviente, como lo sabes: me gustan las catedrales, me gusta la austeridad de los conventos, amo a San Francisco de Asís pero no me la paso metido en los confesionarios. Lo que sí me parece intolerable es el ruido, Elenita, y allí sí coincidiría con Le Corbusier cuando dijo que el tránsito debería ser todo subterráneo, en las entrañas mismas de la ciudad. Esto se intentó en Canadá, pero quizá si la gente viviera caminando en subterráneos y sobre sus cabezas se extendieran plataformas frías donde estén los edificios rodeados de verde, se limitaría la vida comunitaria. ¡Oyeme, nunca he hablado tanto en mi vida!

—Luis, ¿a quién llamarías —sin vacilación— maestro?

—Yo creo que a Chucho Reyes, quien ha sido maestro de todas las personas que nos interesamos por la plástica contemporánea, como pueden serlo Rivera, Soriano y Siqueiros —quienes llaman "maestro" a Jesús Reyes Ferreira—, es el pintor que mejor nos hizo comprender el color mexicano e influyó definitivamente en nuestro gusto.

LAS IMPRESIONES ESTETICAS DE MI NIÑEZ SON EL FUNDAMENTO DE MI OBRA ARQUITECTONICA. DE MI AMOR AL PAISAJE SALIERON EL PEDREGAL Y LAS ARBOLEDAS

—Entonces, Luis ¿los críticos no se equivocan al relacionar tu arquitectura con tu infancia?

—No, porque yo relaciono mi infancia con mi arquitectura a través de mi amor al paisaje y de mi vida en el paisaje; de allí salieron El Pedregal, Las Arboledas, y siempre he luchado por una arquitectura que no destruyera el paisaje y que fuera acorde con él. De mi amor al paisaje y a los animales del paisaje, a los caballos particularmente, salieron establos, fuentes que en realidad son bebederos o baños de caballos; de allí salieron los muros que protegen a los caballos. San Cristóbal, la casa de los señores Folke Egerstrom que hice en colaboración con el arquitecto Andrés Casillas, reúne los elementos que siempre busqué: el establo, el estanque, el bebedero para los caballos, la casa.

MI ARQUITECTURA ES DEMASIADO AUSTERA PARA LA MAYORIA. EN REALIDAD HE TRABAJADO PARA LA MINORIA

—Luis, has declarado que para ti la arquitectura debe ser emocional, que una casa es un refugio, no una fría pieza de conveniencia. Sin embargo ¿no podría considerarse que tu arquitectura es demasiado austera para la mayoría de la gente?

—Sí, lo creo, estoy de acuerdo contigo. Yo pertenezco a la minoría y en ella me siento bien, absolutamente bien. Amo el rigor, amo la austeridad.

—¿Por qué te han comparado a de Chirico? ¿Por qué han dicho qué lo que tú haces en arquitectura lo hizo de Chirico en pintura?

—Por las terrazas y los patios de una gran soledad. El paisaje de Chirico y de muchos de los surrealistas está caracterizado por la soledad; y muchos de mis ambientes, la terraza misma aquí arriba en mi casa, no podría recordar sino la soledad de un cuadro de Chirico. Yo no me propongo expresar la soledad, no me digo a mí mismo: "Lo que quiero dar es una sensación de soledad". No, la soledad sale sola, en forma espontánea, es la expresión primera del ser humano.

—¿Es tu propia soledad?

—No, porque no me siento solo, y cuando lo estoy, es una soledad absolutamente aceptada.

—¿Y aceptable? ¿Tolerable?

—Sí —sonríe—, buscada.

MEXICO ES UNA CIUDAD CON ESPIRITU MODERNO Y HAY QUE HACER ARQUITECTURA CONTEMPORANEA

Los grandes arquitectos de México, entre ellos Pedro Ramírez Vázquez, autor del Museo Nacional de Antropología y del edificio de Relaciones Exteriores, le han rendido homenaje a Luis Barragán a través de los años. Ramírez Vázquez me dijo en alguna ocasión: "Él, es el más grande" y los jóvenes hablan ahora del "barraganismo" y de la influencia definitiva de Barragán en la arquitectura mexicana. En el número de *Arquitectura de México* del mes de octubre de 1976 que dirige Mario Pani, los arquitectos Tomás García Salgado, Luis Sánchez Renero, Lorenzo Aldana, Félix Sánchez, Mario Lazo, Alfonso López Baz y Mario

Schjetnan Garduño lo reconocen. Luis Sánchez Renero dice: "A mi modo de ver Barragán descubrió la esencia de lo que es realmente el aplanado, al utilizarlo no sólo como recubrimiento sino aprovechando sus diferentes texturas y calidades como lo hiciera Le Corbusier con el concreto u otros arquitectos con diferentes materiales". Mario Lazo añade: "Efectivamente, muchas obras de los que aquí nos encontramos tienen la tendencia Barragán. Es algo así como un común denominador y veo el peligro de que esto sea una moda: el formalismo barraganesco"; y Félix Sánchez, respondiendo a la objeción de que hay otros arquitectos como Augusto Alvarez, Candela, Legorreta y Sordo Madaleno que deben haber influido sobre los jóvenes, afirma: "Creo que el discutir a Barragán se debe a que en él existe esta búsqueda, este deseo de llegar al meollo de las cosas, a la esencia. Esta es una de las enseñanzas de Luis Barragán, como son grandes las enseñanzas de Le Corbusier por el sentido social de su arquitectura". Como los jóvenes también hablaron de lo mexicano y lo internacional en la arquitectura (la madera, la piedra bola, el aplanado, el barro) le pregunto a Luis Barragán:

—¿Tú crees, Luis, que hay una arquitectura esencialmente mexicana?

—No, definitivamente no, no creo que la haya. La arquitectura popular que tanto amo, nos liga al Mediterráneo, lo colonial nos liga definitivamente a España y de lo precolombino hemos quedado fuera; ya no somos precolombinos.

—¿Tú crees que los arquitectos no deben inspirarse en lo precolombino?

—Absolutamente no. Ya no tenemos por qué construir pirámides.

—Entonces ¿estás en contra de edificios como el Anahuacalli?

—Ese edificio es una excepción; lo hizo un artista, Diego Rivera, y pudo darse ese lujo porque ahí expone su colección de arte precolombino y en cierta forma el edificio hace valer los objetos de arte, pero desde el punto de vista general no tendría sentido que los arquitectos mexicanos se pusieran a recrear el arte precolombino. Cuando se ha hecho, lo único que se ha logrado es un pastiche, un total disparate. Incluso en el caso de Diego Rivera yo no habría estado de acuerdo en el Anahuacalli, pero te repito que Diego pudo darse ese lujo. Los arquitectos no pueden dárselo porque salen verdaderos disparates tanto así como las casas de tipo siglo XIX con buhardillas y tejas verdes o rojas y aleros para la nieve que empiezan a pulular en las colonias residenciales. Esto, Elena, es una mentira, demuestra la insatisfacción de la gente, el "quiero y no puedo", el complejo de inferioridad que arrastramos, y digo "complejo de inferioridad" porque es un afrancesamiento que nada tiene que ver con nosotros. Ni con Francia. Si tú visitas la Provence, en Francia, te darás cuenta que las casitas de los fraccionamientos dizque provenzales nada tienen que ver con ella. Es una moda, pero una moda que nos perjudica, como también lo fue la arquitectura colonial-californiana de Las Lomas que cae hasta en el ridículo. Yo atribuyo esto a un complejo de inferioridad, a falta de cultura y falta de seguridad en uno mismo. En El Pedregal, que tanto amo han hecho casas cursísimas que no cuadran con el paisaje. Lo que nos pasa a los mexicanos es que viajamos un poco como nuevos ricos; nos impresiona lo que vemos y no hemos conocido en nuestro país y, sin saber valorar lo propio, simplemente nos ponemos a imitar chalecitos suizos o casitas vascas, mansardas normandas, buhardillas inglesas, para demostrar que hemos estado en Europa y somos muy cultos. Sin embargo, si examinas de cerca lo que es la buena arquitectura, notarás que los franceses en Marruecos, por ejemplo, no hicieron arquitectura francesa, y bien pudieron hacerlo porque en sus manos estaba la planeación de Rabat, Casablanca y otras ciudades. Al contrario, salvaron la arquitectura de carácter popular y se apoyaron en la arquitectura regional, mediterránea, blanca y asoleada. Filosóficamente, no creo que hacer casas francesas te haga francés, ni siquiera amar a Francia. Copiar casas francesas es sólo un manierismo en el cual ni siquiera los propios franceses en Marruecos, en Túnez y en Argel cayeron, porque tenían sentido de la integración de la arquitectura al paisaje. En nuestro país hubo casonas muy bien hechas, todas las de Coyoacán, por ejemplo. Después vimos cómo se destruyeron casas francesas o afrancesadas a lo largo del Paseo de la Reforma pero no creo que aceptaríamos que se destruyeran la Casa de los Azulejos, el Palacio de Iturbide, la Casa de Cortés, la Casa de Alvarado, el Hotel Cortés o el Castillo de Chapultepec, porque son nuestra historia, pero ponernos a construir nuevos castillos de Chapultepec en esta época, es cosa de locos o ¿no te parece, Elenita? Ahora, volviendo a lo precolombino modernizado, todo lo que he visto me ha parecido un error, absolutamente todo es un adefesio, y no te cito los edificios porque no tengo intención de herir a nadie; que cada quien se ponga el saco, pero creo que México es una ciudad moderna y debemos hacer arquitectura contemporánea.

—¿México te parece una ciudad contemporánea?

—Absolutamente y esto me enorgullece; es una ciudad moderna, con espíritu moderno y la arquitectura es moderna. Puede ser buena, puede ser mala, puede ser bonita, puede ser fea, pero es arquitectura contemporánea. Las arquitecturas pasadas, art-nouveau, provenzal, etcétera, las vemos en los fraccionamientos residenciales de los nuevos ricos pero los empresarios, los dueños de grandes hoteles, por ejemplo, siempre tienen el tino y el buen gusto de encargar arquitectura contemporánea y eso habla mucho a su favor.

EN MEXICO, FEA O BONITA, SE HACE
ARQUITECTURA MODERNA Y PARA MI ESTO ES
LO QUE VALE

—México está al día. Pueden hacerse las cosas con pobreza por falta de dinero o de preparación técnica pero el espíritu de México es contemporáneo, como fueron contemporáneos en su tiempo los coloniales y como lo fueron los precolombinos. La arquitectura que hacemos aquí es, en realidad, internacional. Sí creo que hay expresiones regionales en plazas, algunas calles, etcétera, pero una gran urbe, en sí, ya no puede sino parecerse a todas las grandes urbes. En provincia, todavía puedes ver arquitectura regional típicamente mexicana, en el Distrito Federal ya no. Por otra parte yo no soy partidario de conservar ambientes, aunque sé que hay ambientes que crean angustia, confusión, hostilidad, como el del Distrito Federal, y ambientes que crean tranquilidad, serenidad como podrían serlo San Miguel Allende, Tequisquiapan, Morelia, Zamora, Querétaro y otras ciudades de provincia.

—Luis, para ti ¿qué país de América Latina tiene su arquitectura propia?

—Ninguno.

—¿Todos estamos sujetos a la influencia de Estados Unidos, a la de Frank Lloyd Wright?

—Todos hemos recibido influencia internacional. No conozco Sao Paulo; Brasilia para mí no se logró, es feo e inhóspito. Pero Brasilia es obra de Mies Van der Rohe, no es brasileña, es internacional. La influencia de Mies Van der Rohe está también en México. Con las comunicaciones actuales, la arquitectura moderna es internacional y me parece peligroso querer establecer el regionalismo.

—¿Tú no harías en el Distrito Federal un pequeño Guanajuato?

—No, si no estoy loco. No hay que hacer nunca nada, Elena, que suene a decorado, a panel de teatro, a postizo.

Todo lo que es hermoso tiene su razón de ser; es esencial, hace falta. Guanajuato sobraría en el Distrito Federal, en cambio hace falta en el paisaje minero, árido, seco.

LUIS BARRAGAN NO VIVE EN NINGUNO DE LOS FRACCIONAMIENTOS DE SU CREACION

—Oye Luis ¿y tú por qué no vives en El Pedregal que tú mismo creaste?

—En plan de soltero, quise conservar un lugar céntrico, con vías de comunicación accesibles para sentirme más cerca de la gente. Si me hubiera casado quizá viviera en El Pedregal o en Las Arboledas, que me gusta mucho, o incluso en Los Clubes o en un fraccionamiento chico que tenga muchos jardines, mucho verde. Tengo necesidad de estar cerca de mis amigos, de ver espectáculos, de ir a visitar o que me vengan a ver. Si yo estuviera en cualquiera de estos fraccionamientos me sentiría un poco incomunicado. Claro, si tuviera mujer e hijos, tendría ya todo un mundo de relaciones humanas y eso me bastaría, pero como no los tengo, busco la compañía de mis amigos, la posibilidad de ver cine y teatro, de asistir a alguna reunión. Me visitan mucho. A comer ya no invito porque ahora se me dificulta el manejo de la casa. Conozco a mucha gente por mis relaciones profesionales pero veo a pocos; al grupo de amigos que quiero y eso es todo.

LOS APLANADOS DE LUIS BARRAGAN

Antes Luis Barragán solía invitar a comer sopas que parecían flores, verduras que también eran flores, hojas frescas, brillantes, pulidísimas por el agua; manjares inconsútiles, dulces que eran nubes, leves espumas de brisa, peditos de monja, todo ello sobre una mesa de madera clara servida por doncellas fantasmales que ni se sentían ni se veían. Frente al gran ventanal que da al jardín sentaba a sus invitados y sobre un mantel almidonado, la comida parecía hostia de primera comunión. Siempre tuve la sensación de estar haciendo la primera comunión. Luis Barragán, esteta hasta la médula de los huesos, tenía la apariencia de un franciscano suave y un poquito tenebroso. ¿A poco no resulta una perversión sacar a El Pedregal de la lava en que se había ennegrecido? A Luis, siempre lo sentí al acecho, como un gavilán pollero. Después, durante muchísimos años dejé de visitarlo. Pensaba: "Antes de ir a su casa tengo que enflacar diez kilos", porque allí entre esas altas y blanquísimas paredes cualquier llantita adquiría las proporciones de una llanta de tractor Goodrich Euzkadi, negra y desafiante. Cuando en la calle me detenía a echarme unos ricos taquitos de chorizo o longaniza (ya mero de trompa o de cabeza o de nenepil como Díaz Ordaz) pensaba con mala conciencia: "¡Que me viera Luis Barragán! ¡Que Luis

Barragán supiera que me fascina la moronga, la rellena negra, él, que se nutre con pura agua del cielo y puros lirios del valle!". Su ojo crítico, avizor, detallaba con una infinita y tortuosa piedad franciscana al visitante e inmediatamente resaltaban su barriga, su corbata chillona, el vestido de acrílico, el maquillaje excesivo.

Todos los visitantes extranjeros de paso por México querían conocerlo; aquellos de apellidos rimbombantes, aquellos que sabían de su arte. En alguna ocasión le llevé a una señora rumana o húngara afecta a los colguijes, (sin duda, por eso en México a los gitanos los llamamos "húngaros"). Al salir de la casa de Luis empezó a quitarse las peinetas y alisarse el pelo, luego un clavel rojo de esos que daba el señor Vilner en Tane y que se había prendido en el escote, desamarró la mascada de Balmain que tenía en la agarradera de su bolsa y la guardó; poco a poco se fue despojando de todos sus atributos hasta quedar más lisa que uno de los aplanados de Luis Barragán. Bajo la lenta mirada de Luis se había sentido como árbol de Navidad; pensé que abriría la ventanilla del coche y aventaría todo a la calle. No lo hizo. Me dio todos sus chunches y me dijo: "Tome, déselos a las criadas". Su mirada, súbitamente derrotada, me llegó y sentí que Barragán ejercía aun a larga distancia una influencia y un control rasputinianos. La censura es a veces una forma de humillación.

LA TUMBA SIN SOSIEGO

Gran lector de Cyril Connolly: *La tumba sin sosiego* es su libro de cabecera, Luis Barragán no permite el acceso a su intimidad, "su mundo difícil de expresar" como él dice. Disfruta su aislamiento, lo defiende. Él mismo afirma que hay edad para todo; una para bailar, otra para recibir, otra para encerrarse y meditar; hasta llegar a la edad de morir y todas esas edades hay que vivirlas, sin confundirlas. En la Biblia inclusive se dice que hay una edad para matar..."Yo ya no tengo edad para ninguna de esas cosas, recibo de vez en cuando, si quieres quédate hoy a comer, te daré una comida muy sencilla, estoy a dieta; hago distintas dietas, según las estaciones del año, ¿no puedes quedarte?, entonces será otro día".

Nos despedimos y salgo de su monasterio para un solo monje a ver al mundo común y corriente de los chicharroneros y de las misceláneas y respiro tranquila. Dentro de la inmaculada blancura barraganesca, del recogimiento, del jardín repleto de hierbas locas, se levanta una sensualidad afilada y diabólica, una mezcla de refinamiento y de misticismo, de perversión y de pureza que son la esencia misma de Barragán, ese hombre torturado que podría tomarse por un santo, un mendigo del medievo, un juez de la inquisición, un consejero de la reina, un forjador de templarios, un misionero del espíritu santo, un camello que atraviesa el desierto, un monje profano, un actor del siglo de oro, un judío errante, un sheik de Arabia, bello, alto, inquietante, como el mejor de los pensamientos.

Diciembre de 1976

LOS GOLPES DE PECHO DE LUIS BARRAGAN

Ha sido siempre un creador tan dedicado a la arquitectura y tan distinti-vamente desinteresado en crear una imagen pública, que pocas personas fuera de su ámbito tienen una idea de quién es el señor Barragán. Muchos han visto en él a un ranchero elegante, sensible al arte y aficionado a la arquitectura. Otros, a un genio que produce obras maravillosamente discretas, austeras, sobrecogedoras. Y otros, como su colaborador, el arquitecto Raúl Ferrara, han visto, además de todo eso, al ingeniero civil, al hombre de negocios que sabe calcular y predecir los riesgos, al creador de una escuela de arquitectura, al organizador capaz de concebir y proyectar ciudades completas.

Nació el 9 de marzo de 1902, en Guadalajara, Jalisco. Es hijo de Juan José Barragán y Angela Morfín. Sus primeros años transcurrieron en Guadalajara y durante esos tiempos solía pasar temporadas en el rancho de su familia, cerca del pueblo de Mazamitla. De sus casas techadas con teja, de los troncos acanalados que distribuían el agua, de los caballos, de las colinas, habrían de quedar memorias que se tradujeron en parte de sus inclinaciones estéticas. A esas primeras imágenes se fueron sumando otras igualmente importantes en la definición de su estilo: siempre le llamó la atención el silencio de los conventos y los claustros coloniales y también lo impresionaron decisivamente los jardines que descubrió en sus viajes por el mundo.

Después de concluir sus estudios de ingeniería civil en 1925, viajó por Europa durante dos años. Ese primer distanciamiento del ambiente provinciano lo puso en contacto con el mundo del arte europeo de aquellos días: conoció a Stravinsky, a Diaghilev, a Le Corbusier y a Picasso; leyó a Marcel Proust y a Tolstoi. Visitó museos y ciudades e hizo un descubrimiento que decidiría su vocación de "jardinero", como la llama él: los jardines de Ferdinand Bac, en Les Colombiers. Este arquitecto es uno de los mejores diseñadores de jardines del siglo XIX y principios del XX, con influencia árabe y ambientación romántica. A partir de ese momento, los jardines, como recintos de meditación y de retiro, de silencio y de paz, van cobrando un significado cada vez más esencial en la obra de Barragán.

Cuando fue a la Alhambra de Granada, la obra arquitectónica que más le ha interesado de todas las que conoce, encontró parte de los orígenes de la arquitectura mexicana, como la predilección por muros lisos, ventanas pequeñas y jardines interiores; casas orientadas hacia adentro, en las que todo se subordina a la vida de sus habitantes y que son austeras hacia el exterior.

Inspirado en la Alhambra y en los jardines de Ferdinand Bac, hizo en 1941 su primer jardín en la ciudad de México en un terreno que tenía varios niveles que aprovechó para construir plataformas y compartimientos al estilo del Generalife.

En 1930, al morir su padre, viajó de nuevo por Europa y por el norte de Africa. De estos viajes surgieron nuevas contribuciones a su concepto de la arquitectura. Le impresionaron las construcciones de Marruecos, en las que el barro y la tierra de las que están hechas se integran al paisaje. Quedaron grabados en su memoria los interiores en penumbra, los juegos de luz propiciados por las ventanas pequeñas que protegen del sol candente y del calor, los vericuetos de las calles que llegan a fuentes en donde la gente llena sus cántaros de agua.

Otra influencia determinante en las ideas de Barragán fue la de su amigo Eduardo Rendón, un arquitecto hecho fuera de la academia. Él incorporó la sencillez de la construcción popular mexicana —incluidas sus macetas bien cuidadas puestas con gusto y refinamiento—, en las hermosas casas que construyó cerca de la catedral de Cuernavaca, Morelos.

La obra de Barragán va dirigida a dar calidad a la vida del hombre contemporáneo, acosado por las inclemencias de las grandes ciudades. Su asimilación del torrente cultural árabe, europeo y mexicano, no busca repetir elementos, sino encontrar la esencia de aquello que hace agradables y no sólo habitables los lugares donde transcurre la vida. El arquitecto se expone a las influencias del mundo, del pasado, pero tiene que vivir su época y no puede perder de vista el funcionalismo y la solución económica.

Durante sus viajes a Europa conoció a Le Corbusier, y fue a visitar su taller llevado por su gran interés por la arquitectura contemporánea. Aunque comprendió su valor, nunca coincidió con el gusto de Le Corbusier; sin embargo, es innegable la influencia de la escuela funcionalista que recibió de él. Los edificios que construyó, asociado con el arquitecto José Creixell, en la colonia Cuauhtémoc, y las casas diseñadas a fines de los treinta y principios de los cuarenta, se apegaron a esa escuela. Pero pronto la abandonó porque no se adecuaba a la expresión de su temperamento ni lo satisfacía estéticamente. A partir de ese momento empieza a trabajar en la escuela de tradición mexicana y a crear su propio estilo.

Entre 1944 y 1945 concibió la idea de lo que habría de ser el fraccionamiento Jardines del Pedregal. Le impresionó la belleza del paisaje volcánico e imaginó jardines y espacios habitables que se fundieran con la belleza natural de ese lugar. Empezó por adquirir un terreno llamado "El Cabrío", frente a El Pedregal. Allí proyectó un conjunto de jardines, aprovechando la piedra volcánica y respetando sus formaciones naturales, lo mismo que las plantas propias del lugar: cactus, flores silvestres, palos bobos y pirules. Diego Rivera y Jesús Reyes compartieron con

Luis Barragán la fascinación por ese sitio maravilloso, donde se reunían frecuentemente a soñar proyectos, descubriendo extraños rincones y vistas sin paralelo.

Para Luis Barragán una casa es un refugio y por eso se opuso radical-mente a los grandes ventanales que estuvieron tan de moda cuando él definió su estilo. Las grandes ventanas hacen perder todo el control sobre el manejo voluntario del espacio, de los juegos de luz, del color y de algo sumamente importante en el concepto de habitación: la sensa-ción de protección. Por eso adopta la pared y el muro como elemento básico de construcción.

Barragán, como Eduardo Rendón, siempre ha pensado que las casas no son objeto de exhibición, sino lugares dignos y cuidadosamente pen-sados para la comodidad de los que las habitan. La sencillez de su arquitectura es resultado de una combinación de planos, volúmenes y juegos de luz. Pero es resultado también de los materiales que utiliza, los de uso tradicional y común en México: muros de tabique aplanado y pintado, pisos de tablón de pino, pavimentos de piedra de río o piedra laja de canto, piedra de recinto, loseta de barro. La sencillez de todos estos materiales, hasta ese momento utilizados casi exclusivamente en las modestas casas de pueblo, exige más calidad en el trabajo puramente arquitectónico. Barragán logra ese balance de simplicidad y refinamien-to, así como logra también la armonía entre los colores —magenta, azul, lila, amarillo— y los espacios que logra ensanchar o estrechar, oscure-cer o iluminar con ellos.

El propio Barragán comentó a Mario Schjetnan durante una entre-vista: "El color es un complemento de la arquitectura, sirve para ensan-char o achicar un espacio. También es útil para añadir ese toque de magia que necesita un sitio. Uso el color, pero cuando diseño no pienso en él. Por lo general lo defino cuando el espacio está construido. Enton-ces visito el lugar constantemente a diferentes horas del día y comienzo a "imaginar el color", a imaginar colores, desde los más locos e incre-íbles. Regreso a los libros de pintura, a la obra de los surrealistas, en particular de Chirico, Balthus, Magritte, Delvaux y la de Jesús Reyes Ferreira. Reviso las páginas, miro las imágenes y de repente identifico algún color que había imaginado, entonces lo selecciono. Posteriormen-te, en un pedazo de cartón grande, pido al maestro pintor igualarlos, para colocar los cartones sobre las paredes incoloras. Los dejo por varios días y los cambio y contrasto con otros muros; finalmente, selec-ciono el que más me guste".

Entre 1952 y 1955, Luis Barragán realiza la que llegaría a ser una de sus obras más significativas, la Capilla de Tlalpan. Fue una donación suya a la orden de las Capuchinas Sacramentarias del Purísimo Corazón de María. Allí empleó por primera vez el prisma triangular, dando la sensación de una quilla de barco penetrando en el espacio. Es una estructura con movimiento porque se desliza hacia adentro junto con la luz del vitral. El color naranja, que ilumina la capilla, surgió de un accidente fotográfico. Barragán pidió al fotógrafo Armando Salas Portugal que forzara las fotografías a distintos colores, como estudio. Por accidente, una de ellas resultó naranja brillante y Barragán de inmediato se decidió por ese color, que no se usaba en las iglesias. En 1955 recibe el encargo de diseñar un símbolo para la promoción del fraccionamiento llamado Ciudad Satélite, al norte de la ciudad de México. Se le pidió que realizara una fuente, pero él pensó que era necesario un elemento de más carácter. Ya con la idea de hacer unas torres, inspiradas en las torres de San Gimignano, decide llamar a colaborar con él al escultor Mathias Goeritz. Utiliza una vez más, como en la Capilla de Tlalpan, la forma de prisma triangular, con el ángulo orientado hacia el eje del Anillo Periférico, donde se levantan. Semejan quillas que navegan hacia adelante. Todas son de distintas alturas que van de los 30 a los 54 metros y en 1965 fueron pintadas en distintos tonos de naranja y rojo, colores que el arquitecto Barragán seleccionó y consideró más apropiados. Por desgracia, con el paso de los años no se respetó este criterio y en la actualidad están pintadas en colores que no corresponden a su significado original. También en 1957 planea el fraccionamiento de Las Arboledas con sus antiguos socios, los Bustamante. Lo vemos aquí de nuevo como hombre de negocios, dedicado a los bienes raíces. Barragán hizo el proyecto completo de planificación y realización y a su vez proyectó las obras ornamentales y la arquitectura de paisaje como atracción para la venta de los terrenos. En ese tiempo diseña la Plaza del Campanario y la Fuente del Bebedero, aprovechando el camino real de entrada a la hacienda que dio acogida a este fraccionamiento. Todo el proyecto se llevó a cabo teniendo en cuenta al caballo y a los jinetes, para quienes estaba destinado.

Se planearon senderos especiales como galopaderos de caballos y plazas para que se reunieran los jinetes, así como bellos muros de color que juegan con la sombra y el movimiento de los árboles y dan una sensación de profundidad. Como parte de la promoción, Barragán organizó varias competencias de salto a campo traviesa y él mismo diseñó con todo cuidado los obstáculos, los ornamentos y los accesorios de los caballos. Al vender su parte de Las Arboledas, se quedó con un pequeño fraccionamiento que llamó Los Clubes, construido entre 1963 y 1964. Aquí, el arquitecto hace nuevamente un proyecto ecuestre. Para este lugar diseña su famosa Fuente de los Amantes y un gran portón que cierra la salida del fraccionamiento.

Por esa época recibió, junto con el arquitecto Juan Sordo Madaleno, el encargo de proyectar la ciudad de Lomas Verdes, para veinte mil unidades habitacionales o cien mil habitantes. El propietario de este desarrollo era el Vaticano, que estaba interesado en construir complejos de casas para vender. Ambos emprendieron un viaje a Europa para estudiar lo que por aquel entonces se realizaba en materia de desarrollos urbanísticos para habitación.

De regreso a México decidieron dividirse el trabajo. Luis Barragán hizo el urbanismo, o sea el diseño general de la ciudad y el concepto plástico de la misma. Planeó una espina de edificios altos, coronada en el cerro por el edificio símbolo del fraccionamiento: una capilla de mosaico dorado. Hizo también el trazado general de calles, y el estudio de densidades de habitación. El arquitecto Juan Sordo Madaleno hizo, en su taller, toda la parte técnica y, en detalle, las casas. De este proyecto se llevó a cabo una zona que se llamó La Alteña.

Entre las obras más conocidas y fotografiadas de Barragán está la Cuadra de San Cristóbal, residencia del señor Folke Egerstrom en el Fraccionamiento Los Clubes, del Estado de México. Se realizó entre 1964 y en 1966 en colaboración con el arquitecto Andrés Casillas. Es otra obra que Luis Barragán pensó como ambiente para el lucimiento y la exaltación del animal más admirado y amado por él: el caballo. Esta obra consta de tres proyectos interdependientes: el primero es la cuadra propiamente dicha, con las caballerizas, el albardonero, el picadero y las pistas de salto; la alberca y los cuartos de servicio son el segundo proyecto; y la casa es el tercero. Del proyecto original sólo se conservó la proporción de los volúmenes. La zona de las caballerizas tiene amplios espacios exteriores como en las haciendas antiguas y se encuentran elementos plásticos tradicionales como el acueducto, que evoca a los ranchos del siglo XIX. El color juega un papel importante y es la primera vez que lo usa con absoluta valentía y con la asesoría de Luis Ferreira. La alberca en forma de "L" y el corredor que la comunica con la casa, muestran la herencia arábigo-española que ha caracterizado a la obra de Barragán.

En 1976 recibió el Premio Nacional de Artes, e ingresa como miembro del American Institute of Architects.

En 1980 la fundación Hyatt reconoció su talento creador al otorgarle el Premio Pritzker, que es comparable al Premio Nobel.

En 1984 fue nombrado miembro honorario de la American Academy and Institute of Arts and Letters, de la ciudad de Nueva York.

Durante ese año la Universidad Autónoma de Guadalajara le otorgó el título de Doctor Honoris Causa.

En 1985 recibió el Premio Anual de Arquitectura "Jalisco".

Luis Barragán falleció el 22 de noviembre de 1988, en la ciudad de México. En el vestíbulo principal del recinto del Instituto Nacional de Bellas Artes y envuelto con la bandera nacional, descansó por dos horas el féretro con sus restos. Ocupó el mismo sitio que tuvieron al morir Diego Rivera, Frida Kahlo, David Alfaro Siqueiros y muchos otros creadores reconocidos.

Datos obtenidos de: Raúl Ferrara. *Semblanza de Luis Barragán*, México, 1985.

LUIS BUÑUEL

Tengo amigos, los que bastan
para andarme siempre solo.
Góngora

— Aquí en México tengo a antiguos amigos de España que traté en la guerra, a algunos los veo, ya están viejos, sordos — sonríe y señala su aparato en la oreja y luego se señala a sí mismo —. Tengo a mi amigo José Ignacio Mantecón, a Wenceslao Roces, tú lo conoces, el senador que anda por allá. Mis amigos son unos cuantos y nada más. Los veo una vez por mes, comemos juntos. Comimos el otro día, pero yo soy un hombre muy solitario.

— ¿Por qué te gusta tanto la soledad?

— Porque la puedo romper cuando quiero.

— Pero ¿nunca te pesa?

— Por eso la rompo, cuando me pesa. Estoy tres o cuatro días solo con Jeanne, y al cuarto o quinto día de vernos hasta en la sopa y de hablar de todo, vienen unos amigos a tomar unos whiskies. (Voltea a verme burlón, arremeda mi voz y me pregunta riendo: "¿Quiénes?")

— Ya sé que Luis y Janet Alcoriza vienen muy seguido a verte — respondo ufana.

— Mira Elena, tú tienes memoria, de lo que te digo tú resume aquéllo que te interese y lo pones como si otro lo dijese — engola la voz y añade —: "Un amigo de Buñuel nos cuenta que la soledad la rompe cuando él quiere".

— ¿Quiénes vienen a verte?

— De la Colina se presenta cada tres o cuatro meses . De pronto el otro día vino a verme este Juan Ibáñez que acaba de hacer *Divinas palabras* y se quedó un par de horas. A los dos o tres días me telefonea otro amigo; así, a cada rato, viene gente. Y algún extranjero cae de vez en cuando. (Bu - ñuel de nuevo se adelanta burlonamente a mi pregunta y se autopregunta: "¿De qué país?")

—Pues de Francia —hace gestos—, de Estados Unidos...

—¡Ay, Luis, qué malo eres! ¿Cómo voy a hacer mi artí - culo?

—Mira Elena, tú eres capaz de hacer un artículo de cual - quier cosa. Te voy a dar un consejo, puedes dar una idea general, una impresión de conjunto, y lo demás lo inventas y yo tan tranquilo.

Buñuel me cuenta que dentro de un momento irá a la casa de los Alcoriza a tomarse la presión, que ellos se la toman todo el día, todo, todo el día, y que él, Buñuel, se la hizo tomar hace seis meses en España y que la tenía de joven, "y aquí en México tengo la presión de viejecillo res - petable".

—Tú no eres ningún viejecillo respetable.

—Eres curiosa, Elena, una gente curiosa y tenaz, verda - deramente tenaz.

Hace más de un mes que visito a Buñuel, y hace más de un mes que me repite: "Te quiero como amiga pero no como interviuadora", hasta hacerme sentir el peor de los Judas Iscariotes por retener cada una de sus palabras. Para mí, irlo a ver, con o sin entrevista, es una gran alegría. La mañana es siempre blanca en la privada de Félix Cuevas número 27 y desde antes de entrar regreso a no sé qué estado anterior al día de la primera comunión. Veo a Bu - ñuel y vuelvo a ser niña; se me alisan las arrugas. ¿Será porque él es el niño? Habla de cosas muy sencillas, del frío que hace, de la neblina de antier, de la posibilidad de pren - der un fuego de chimenea, de amigos comunes: Octavio Paz a quien quiere, de Carlos Fuentes a quien quiere aun más, de Tristana su perra, y sobre todo, bromea, aguarda mi reacción y vuelve a bromear. Cuando entro a la peque -

ña salita de la derecha casi frente al retrato que le hizo Moreno Villa (otro retrato más grande de Salvador Dalí está en la sala), Buñuel de pie, en su saco de lana a cuadros blanco y negro me pregunta con una ancha sonrisa, sus fuertes dientes al aire: "¿Viene la amiga o viene la periodista?" y respondo: "Judas, Luis, es Judas reencarnado el que ahora te va a besar en la mejilla" y lo beso y desde ese momento queda traicionado para siempre. Luego viene Jeanne, su mujer, alta y hermosa, bien plantada y fuerte (los dos dan la impresión de ser árboles), y Tristana la perra se instala en medio de ambos. Tristana es virgen, gorda y un poco enojona. Ofrezco los servicios de mi perro: Robin. Jeanne alega que no son de la misma raza, aunque los dos son "terrier" y Buñuel clausura el tema diciendo: "Además ya es tarde, que así se quede"... "¿No quieres darle un gustito?" insisto. "¿Qué te hace creer que eso le dará gusto?". Tristana escucha la conversación con su carita interrogante y yo pregunto:

—Así, Luis, que tú eres un feudal español, "machote mexicano, la mujer virgen, la mujer en casa y con la pata rota."

LA MUJER EN LA CASA CON LA PATA LIGERAMENTE ROTA

—La pata ligeramente rota, ligeramente... Sabes, yo soy bastante antifeminista, bueno eso creía en la última película que hice: *Ese oscuro objeto del deseo*. Pensé que las feministas en Estados Unidos iban a enojarse, y fíjate que la película les ha gustado mucho lo cual quiere decir que no sé lo que es "antifeminismo". Yo creo que los afanes de dominio, de poder y de lucha de las mujeres en Estados Unidos han llegado a extremos increíbles. Creo en los derechos de la mujer como en los del hombre y en los del niño, eso sí, creo que ustedes sirven para ser presidentas de la República, para lo que quieran, pero no me gustan los extremos a los que han llegado las feministas.

—¿Cuáles extremos?

—Las manifestaciones, salir a la calle sin corpiño, no sé, los gritos, las reivindicaciones. Nunca me han gustado las reivindicaciones.

—Las mujeres ¿te parecen inferiores al hombre?

Sonríe.

—Son superiores al hombre, siempre superiores al hombre hace ya decenios. ¡Además la liberación de la mujer en Estados Unidos tiene muchísimos años! Ahora en nuestros países latinos siempre ha estado mucho más subordinada y en Francia mucho más libre aunque también ligeramente subordinada, pero eso está bien, ¿no te parece?

Buñuel acaricia a Tristana y a Tristana se le salen los ojos —que por cierto tiene boludos— de agradecimiento. Pero, mujer al fin, le pela los dientes a su amo y señor. Jeanne me hace muecas: "Luis es celoso, es enfermizamente celoso, me ha tenido encerrada toda la vida; desde antes de casarse conmigo ya me celaba. Yo era muy buena profesora de gimnasia, mira hasta dónde levanto la pata (en efecto, hace una demostración sorprendente, y sus piernas son muy bellas con sus medias detenidas por un liguero), pero nada, nada, nunca me dejó continuar y ahora tengo que esperarlo aquí sentada, en la casa, sin moverme. Si no estoy se intranquiliza. Cualquier cosa que rompa su rutina a él lo saca de quicio. Es el más formidable creador de rutinas que puedas imaginar. ¿Viste la película *Él* que filmó con Arturo de Córdova? Bueno, pues *Él*, ese loco, ese hombre que espía a su mujer corroído por los celos, ése es Luis. Esa película es su autobiografía. Ya en París, cuando éramos novios, si alguien volvía la cabeza para verme, Luis se ponía morado de la rabia y se enojaba conmigo."

YO SOY UN HOMBRE MARCADO POR LA RELIGION, ME EDUCARON LOS JESUITAS

—¿Es cierto, Luis, que la generación del 98 de España quedó marcada por el sexo y la sotana? Me lo dijo Luis Cardoza y Aragón.

—¡No tenían nada que ver con la sotana! Eran más bien de tipo liberal, librepensadores, desde Baroja. No veo que Ortega haya sido marcado por la sotana, no veo que Pedro de Ayala lo haya sido; pero hombre, no sé, hombre...

—Oye Luis, pero ¿tú crees que la religión te imprimió su carácter para toda la vida?

—A mí sí, porque durante toda mi infancia me han educado los jesuitas y estar con los jesuitas desde los siete hasta los quince años te marca ¿no? Yo dejé de creer en lo que me decían a los dieciséis años y empecé a pensar por mi cuenta, pero me ha quedado siempre una huella; no es que yo sea un adepto, no soy religioso ni voy nunca a misa, ni creo en nada, pero sí me ha marcado.

> *Por otra parte puedo decir que desde los catorce años hasta estos últimos tiempos, el deseo sexual no me ha abandonado jamás. Un deseo poderoso, cotidiano, más exigente incluso que el hambre, más difícil a menudo de satisfacer. Apenas tenía un momento de descanso, apenas me sentaba, por ejemplo, en un compartimiento de tren, cuando me envolvían innumerables imágenes eróticas. Imposible resistir a este deseo, dominarlo, olvidarlo. No podía sino ceder a él. Después de lo cual, volvía a experimentarlo, todavía con más fuerza.*

Mi último suspiro

—Entonces ¿te importa mucho la religión?
—Sí.
—Oye Luis ¿y el sexo?

—¿El qué?

—El sexo.

—¿El seso?

—Sí Luis, ¡el sexo! Ese ¿no te marcó?

—El seso... Mira, eso cuando vaya a confesarme, entonces se lo contaré al confesor, a ti no —sonríe—. Ahora, si él me lo permite, te lo contaré a ti porque sin permiso no quiero ofender tus púdicos oídos.

—Entonces, Luis, ¿tú crees que esta afirmación de que toda una generación española quedó marcada por la sotana y el sexo es falsa?

—Sí porque en la del 98 no veo esa marca, no me parece. Yo nací en 1900 y pertenezco a la generación del 27 cuando la del 98 ya estaba vivita y coleando. Todos mis contemporáneos, poetas jóvenes que ahora ya están viejos o se han muerto como García Lorca, como el Aleixandre y el tal Guillén y Dámaso Alonso, Alberti, todos son del 27 y ellos son liberales, totalmente demócratas, algún revolucionario, un anarcoide, otro comunista, pero son tipos liberales, de izquierda.

La obra maestra era él, Federico García Lorca. Me parece, incluso, difícil, encontrar a alguien semejante. Ya se pusiera al piano para interpretar a Chopin, ya improvisara una pantomima o una breve escena teatral, era irresistible. Podía leer cualquier cosa, y la belleza brotaba siempre de sus labios. Tenía pasión, alegría, juventud. Era como una llama.

Mi último suspiro

Entre el vivir y el soñar
hay una tercera cosa.
Adivínala.

Machado

—Luis, ¿tú te escandalizas fácilmente?

—No.

—Pero ¿te gusta escandalizar?

—Tampoco.

—Pero ¿te gusta la pornografía?

—No.

—¿Por qué?

—No sé.

—Oye y *El último tango en París* de Bertolucci ¿te gustó?

—Me marché... Es repugnante.

—¿Te pareció repugnante? ¿A ti, Luis?

—Lo vi porque íbamos a contratar a María Schneider. Ella trabajó dos días conmigo y ¡fuera! Por eso fui a ver la película, para verla a ella. Yo no voy nunca al cine, y sólo conozco a los actores cuando hago una película y digo: "Para este papel necesito una chica de veintidós años, rubia. La necesito así, asado"... Bueno ¿ya está tu entrevista?

—No, Luis, no está nada ¿por qué te saliste de *El último tango en París?*

—Porque no me gusta el exhibicionismo pornográfico.

—¡Pero si tú has filmado unas escenas muy atrevidas! Catherine Deneuve, en *Belle de jour* tiene que flagelar a un gordito.

—¡Ah bueno, pero esa es una broma! No era pornografía para nada, era burla, una "boutade", una puntada.

—Pero si también en *El discreto encanto de la burguesía,* cuando están por llegar los invitados a cenar y el asado está en su punto, los dueños de la casa se encuentran haciendo el amor en unos matorrales del jardín y tienen que treparse por la ventana para recibirlos y no sé cuanto.

—Eso es una broma, Elena, una broma, ¿no lo entendiste? ¡A ellos no se les ve hacer el amor!

—Pero si él está jadeante y ella desgreñada.

—Sí, se ve que van a hacer el amor, pero no el momento en que lo hacen. Para mí la pornografía es ver el acto fisiológico.

—Mira cómo eres de mañoso. ¿Y tú nunca has filmado el acto fisiológico —como lo llamas— en tus películas?

—¡Nunca!

—¿De veras, Luis?

Hace un gesto negativo con la cabeza

—¡Nunca! Yo no he hecho nunca una película erótica. En mis películas hay momentos muy fuertes pero los puede ver un niño de ocho años.

—Un niño de ocho años ¿podría ver cómo se revienta un ojo con una navaja de rasurar? ¿Un niño de ocho años puede ver a Tristana coja, con una sola pierna abrirse la bata en el balcón que mira hacia el jardín? ¿Un niño de ocho años puede ver *Ese oscuro objeto del deseo?*

—Sí, sí lo puede ver.

ESE OSCURO OBJETO DEL DESEO

> *Siempre me va U. diciendo*
> *que se muere U. por mí:*
> *Muérase U. y lo veremos*
> *Y después diré que sí.*

Este verso antecede a la novela de Pierre Louys *La femme et le pantin* que Luis Buñuel tomó para hacer su película *Ese oscuro objeto del deseo,* la última que aún no se proyecta aquí pero que ha obtenido un gran éxito, sobre todo en Nueva York. Trata de Conchita Pérez, una mocita maravillosa. Concepción, Concha, Conchita, Chita que se las arregla para permanecer siempre virgen a pesar de un temperamento que derritiría a toda Alaska. Todos la aman, todos la celan.

> *—¿Y si a mí no me diese la gana*
> *De que fueras del brazo con él?*
> *—Pues me iría con él de verbena*
> *Y a los toros de Carabanchel.*

¡Qué guapa! gritan los hombres. ¡Olé! ¡Olé! ¡Olé chiquilla! ¡Otra vez! ¡Olé!

—Pierre Louys —dice Buñuel— fue un escritor pornográfico para su época y alcanzó unas cifras de venta realmente estratosféricas; ahora sus libros serían simples novelitas rosas con picante, pero muy poco. Para 1898, la prosa de Pierre Louys y las situaciones de *La mujer y el muñeco* (o el títere) eran atrevidas, hoy en día su pasión amorosa resulta romántica, idealista.

—Yo creo que tú, Luis, eres romántico e idealista y sobre todo creo que juegas, haces que una avestruz entre por una ventana de la recámara y salga volando por la otra, que un oso irrumpa en una cena de gala, que un obispo se convierta en jardinero y un jardinero en obispo...

—Tómate un martini, ya es hora del martini.

—En *El fantasma de la libertad* los comensales se sientan en torno a la mesa a cenar en una casa de gran lujo y del modo más natural posible se bajan los pantalones, se suben la falda y se instalan en excusados en vez de sillas. Encima de la mesa hay revistas y periódicos y mientras las leen, platican. La sirvienta pasa con el papel de baño en una charola de plata. Después se levanta uno de los invitados y le pregunta a la sirvienta dónde está el comedor y ésta le contesta que siga por el pasillo y entre por la segunda puerta a la derecha. Allí en un cuarto de pequeñas dimensiones se sienta en una silla y desengancha una mesita de la pared y de un armarito saca una torta y se pone a comer muy solito. De repente tocan a la puerta y él muy avergonzado responde: "Está ocupado".

—Si eso te parece pornográfico, entonces, como lo imaginaba, no tienes idea de lo que es la pornografía.

—Así como estas escenas, se te han ocurrido muchísimas más a lo largo de tu vida cinematográfica, desde las primeras: *La edad de oro, El perro andaluz y Las Hurdes* (en realidad, *Tierra sin pan,* un documental sobre la miseria de *Las Hurdes*) hasta *Bella de día, Tristana* y *Ese oscuro objeto del deseo*.

De todas las preguntas inútiles que me han formulado acerca de mis películas, una de las más frecuentes, de las más obsesionantes, se refiere a la cajita que un cliente asiático lleva consigo a un burdel. La abre, muestra a las chicas lo que contiene (nosotros no lo vemos). Las chicas retroceden con gritos de horror, a excepción de Séverine, que se muestra más bien interesada. No sé cuántas veces me han preguntado, sobre todo mujeres: "¿qué hay en la cajita?". Como no lo sé, la única respuesta es: "Lo que usted quiera".

Mi último suspiro

BUÑUEL Y SU ESPECIAL SENTIDO DEL HUMOR

—Es que me aburro hablando de mí mismo, Elena, siento que me repito, que digo lo que ya he dicho, lo que yo ya conozco, la repetición es lo que me aburre. Claro, uno puede variar, cambiar de ideas, yo he evolucionado, pero siempre dentro del mismo plano y soy bastante consecuente. Si nos viésemos tú y yo todos los días amistosamente, hoy y mañana, comiésemos y saliésemos juntos, verías cómo termino por decir siempre lo mismo y para el público esto es aburrido. A un amigo no me importa repetirle las cosas porque para eso es mi amigo, pero que el público sepa qué opino sobre tal o cual asunto, no me gusta, simplemente no me gusta.

—Pero ¿por qué?

EN LA ACTUALIDAD HAY UN EXCESO DE INFORMACION Y YO ODIO LA INFORMACION

—Es que hay un exceso de información y yo odio la información. Si yo fuera dictador de un país dejaría un periódico importante, por ejemplo *Le Monde* en París, y dos revistas cualesquiera, censuradas, yo mismo las censuraría, y lo demás ¡prohibido todo! ¡Eso sería estupendo! Es una broma, Elena, en la cual hay un poco de verdad: mi odio al exceso de información. La televisión ni la odio ni la amo, nunca la veo, jamás, y el radio no puedo oírlo. Oye, espérame que yo voy a cambiarle la pila a esta cosa.

De vez en vez Luis Buñuel se levanta, se quita su aparato contra la sordera, lo retiene entre sus manos, le acomoda no sé qué y vuelve a ponérselo. Entonces le habla a Jeanne, quien siempre anda cerca y le dice:

—Jeanne, hazle la conversación a Elena, sé amable con ella.

Jeanne hace una mueca; los dos, tanto Luis como Jeanne son muy dados a hacer gestos, sacar la lengua, entornar los ojos como moribundos, y en eso hay algo muy juvenil; se embroman el uno al otro, sonríen continuamente. Desde su rincón, Luis pregunta:

—¿Le estás dando conversación a Elena mientras cambio la pila?

Jeanne hace visajes bajo su pelo blanco y sus ojos extraordinariamente traviesos. Me explica: "Siempre está cambiando sus aparatos, juega con ellos. Oye Elena ¿no quieres un whisky?"

Luis regresa a sentarse, Jeanne se levanta y Tristana, la perra, la sigue a la cocina.

—Hablábamos, Luis, del exceso de información y de tu odio.

LAS MALAS NOTICIAS SOBRE EL MUNDO CONTRIBUYEN A LA ANGUSTIA QUE SENTIMOS

—Sí, ves, yo creo que el exceso de información mantiene la angustia de nuestra época, que ya es muy grande. O sea que yo duermo, Elena, me levanto tranquilo y de pronto veo el encabezado "avión secuestrado, tal, tal y tal" y luego que Israel ataca a una aldea y mueren muchas personas, y así se van acumulando las emociones brutales, extrañas, desagradables, que contribuyen sin necesidad al estado de nervios que uno ya tiene.

—Y de esta angustia ¿es culpable el exceso de información?

—¡Claro!

—¡Ojos que no ven, corazón que no siente! Pero ¿tú crees, Luis, que ahora vivimos en una época mucho más brutal que antes?

—¿La actual? Sí, o tal vez siempre ha sido brutal la sociedad, pero como ahora somos demasiados y estamos tan enterados, resulta peor. Hay tanta gente, tantos sabios abominables que están inventando cosas para matar a un millón de personas de tajo ¿verdad?, y todo eso me angustia. Hay temporadas en que leer los periódicos es para mí un disgusto horrible.

—¿Es cierto, Luis, que te indignan los experimentos con animales?

—Sí.

—¿Por qué?

SIENTO GRAN PIEDAD POR LOS ANIMALES PORQUE SON INOCENTES

—Porque los animales me inspiran una gran piedad, todos los animales, todos, los respeto casi más que a los hombres. Los hombres tenemos enemigos porque pensamos; tenemos inteligencia, tenemos moral, estás contra los hombres o a favor de ellos, según lo que hagan, ¿verdad? Pero los animales son todos inocentes, y además tengo por ellos una ternura puramente irracional. El otro día fui a una tienda de ésas en que hay de todo, llamada de autoservicio, y vi a unos animales que se llaman monster; oye tú, ¿se llaman monster?

Rio.

—El monster eres tú, han de ser hampster, unas semi-ardillas, semi-ratas blancas.

—¿Monster? o ¿dragster? Bueno, como se llamen. ¡Ah!, bueno, sí, monster son unas especies de ratas que no tienen cola, unos animales preciosos, y sólo de verlos casi se me saltan las lágrimas, simplemente de mirarlos subir y bajar por la jaula.

—¿Por qué?

—Pues no lo sé, porque habría que estudiar en dónde nace la compasión y ese ya es un problema filosófico que no me interesa —se ríe y blande hacia mí un índice amenazador— y no me vayas a preguntar nada. Pero desde luego, eso puedes hacerlo tú, un ensayo sobre las razones de la compasión, un ensayo muy profundo, eso sería bueno para ti —ríe—; mira, te dejo un campo tremendo de estudio, tremendo, para que te ocupe durante los próximos meses.

—¿Para que yo te deje en paz?

A CIERTOS TIPOS NO LES VIENE MAL UN POQUITO DE TORTURA PERO NO BESTIAL

—¡Elena —se burla—, yo no he dicho eso! La crueldad contra los animales me parece horrible, la tortura aunque sea a un hombre me parece abominable en cualquier situación —sonríe—. Ahora, hay ciertos enemigos feroces, ciertos tipos con los cuales uno tiene que estar en su contra; bueno, pues a esos un poquito de tortura les viene bien, un poquito de tortura, pero no bestial. La máxima tortura soviética, la de la psiquiatría, la mental, me parece tan horrible como la tortura física; la moral también.

—Entonces, Luis, a ti ¿no te gustan los terroristas?

—No, nada.

—¿Ni los secuestradores?

—Depende. Hay ciertas motivaciones políticas que me parecen, si no legítimas, por lo menos puedo explicármelas. Porque en el terrorismo hay siete u ocho tendencias: la del loco que se sube en un avión y lo secuestra, la del deportista o del deportivo que es la más peligrosa porque mata y tal, más que nada porque es un deporte.

— ¿Por qué es muy peligroso, porque se juega la vida?

— Sí, si yo fuera joven en principio me atraería, caramba; en vez de practicar o de ganar el campeonato de esquíes y tal, pues yo voy a asaltar un tren, pues eso es muy deportivo, es peligroso, el peligro me gusta, me gusta verlo de cerca.

— ¿Y las motivaciones políticas?

— Sí, ¿te acuerdas, por ejemplo, de aquel atentado que hubo en Jerusalén hace cuatro años? Unos japoneses que van a Tel Aviv y que ametrallan y matan a 18 puertorriqueños. ¡Eso es de locura, es de locura!

— ¿Y las películas de Costa Gavras las has visto? ¿*Z*, *Estado de sitio?*,

DIVINAS PALABRAS DE JUAN IBAÑEZ, ME PARECE UNA CREACION

Pone cara de sordo y grita

— ¿Las películas del griego Costa Gavras? No, no voy nunca al cine, no las he visto, bueno, una vez, muy de vez en cuando, el otro día vi la película de Juan Ibáñez: *Divinas palabras* — Buñuel sonríe y luego me arremeda y se anticipa, para variar, a mi pregunta y dice con voz de hampster: "¿Y te gustó?" — Sí, me parece una creación.

Llega Janet Alcoriza y le entrega a Luis un paquete azul cielo de cigarros de España llamados Ducados y le explica que se los manda María Elena Galindo, amiga de Paco Ignacio Taibo, una bellísima persona, una delicia de gente, también amiga de Joan Manuel Serrat, y Buñuel a su vez le informa: "Mi querida amiga Elena ha venido aquí a hacerme unas preguntas que no puedo contestarle".

— Mira — dice Janet —, todo lo que tú no le contestes que ella me lo pregunte a mí, yo le cuento todo lo que tú no quieras decirle... y algo más.

— Esta mujer me odia — dice Buñuel, señalando a Janet.

— Te cuento todo, Elena — sonríe Janet.

—Me odia más que yo a mí mismo —dice Buñuel.
Janet advierte:
—Ahora vengo —y se dirige hacia la cocina.

LUIS SIEMPRE HA QUERIDO MUCHO A LOS ANIMALES

Entonces Jeanne viene y se sienta junto a mí.

—En París, Luis me decía que no debía abrirle a nadie, sólo a mis padres y a mis hermanos. Siempre fue muy estricto y de una puntualidad más que inglesa. En México, cuando mis hijos Juan Luis y Rafael ya estaban grandes, tomé clases de encuadernación y debía regresar a las siete en punto. Si llegaba a las siete y cinco, en la puerta me decía: "Son las siete y cinco". Tengo una vecina, María Luisa Giral, con la que juego barajas. Casi me obligaba a regresar antes de terminar la partida. Siempre ha refunfuñado. Si nos invitan a comer a las dos de la tarde, esperamos en el taxi hasta que den las dos. Los mexicanos son muy impuntuales y, sin embargo, seguimos llegando diez o quince minutos antes de la hora. Eso sí, Luis es muy bueno con los animales. En Los Angeles, antes de venir a México, recogí una paloma herida y la curé y tuve docenas de palomas. Como no teníamos dinero Luis me dijo que costaba mucho alimentarlas. En una jaula grande las metimos y las llevamos a otra colonia, lejos de la nuestra. Abrimos la puerta y las palomas se fueron volando. "Estoy triste por las palomas", me dijo Luis al regresar. Al día siguiente me llamó a gritos: "¡Jeanne, ven pronto, han vuelto las palomas!" Todas estaban encima de nuestra casa. Además de las palomas, en Los Angeles tuvimos cuarenta ratitas blancas, en México hemos tenido sesenta. A él le gusta verlas durante horas, pero yo soy quien limpia las jaulas y les da de comer.

Regresa Janet:

—Oye, Luis ¿cuándo nos haces una paella? —Y ahora es Jeanne quien se va a la cocina. Poco después, Janet la sigue.

EL UNICO DIRECTOR DE CINE QUE
VERDADERAMENTE ME GUSTA ES FELLINI

—Luis, a mí me contó Emilio García Riera una anécdota a propósito de ti. Que fuiste al festival de Cannes y te asombraste mucho de que te sentaran entre los grandes, como si tú no fueras nadie, y comentaste: "¡Fíjate, y me han sentado junto a Rosellini!"

—No es cierto, no es cierto, pero siempre, como en todo, hay un poco de verdad. En el año de 1960, en el Festival de Cannes se presentó una película por la que me habían dado una "mención", y *Les cahiers du cinema* organizó una comida cerca de allí con sus redactores, los escritores más amigos, y en una mesa de quince o veinte amigos, pusieron a Rosellini para que la presidiera; y otra mesa también de quince o veinte amigos, la presidí yo. A Rosellini lo conocí en México, pero nunca lo quise ni me gustó nunca su cine, salvo una película o dos. Aquí en México creo que se presentó *Trastévere* y querían darle a él La cabeza de Palenque, el premio del Festival de Acapulco ¿recuerdas?, eso fue en el año 60 y no le saludé porque nunca me ha gustado Rosellini.

—Pero Bergman ¿si?

—¿Bergman? —de nuevo pone Buñuel cara de sordo.

—Sí, Luis, el sueco Ingmar Bergman.

—Nada, nada.

—¿Por qué? ¿No te gustó *Gritos y susurros?*

—No, me aburre. Bergman me aburre. Me gusta Fellini, todo, me gusta mucho Fellini.

—¿Y Visconti?

—También, desde el punto de vista formal; me fascina su mundo, su realidad exterior, sus muebles, sus techos, sus grandes mesas, los trajes, las joyas de sus mujeres y tal y tal y tal.

—Pero de veras ¿Bergman no te gusta? ¿Cómo es posible?

—Me aburre muchísimo quitando una, dos películas, que ni siquiera recuerdo en este momento. ¡En cambio Fellini, nunca lo olvido! Ese sí me fascina.

—¿Y el español Carlos Saura?

A CARLOS SAURA LO QUIERO MUCHO PERO NO ME GUSTA CUANDO PONTIFICA

—Soy un gran amigo de Saura, lo quiero mucho, pero no me gusta nada cuando se pone a pontificar, a filosofar, a hacer consideraciones pseudometafísicas como las que le hizo a esa mujer tan simpática y guapa que fue mujer de Gironella, Bambi, no me gustó nada todo ese teorizar así profundo, profundo, profundo, profundo, profundo.

Regresan Janet y Jeanne y ahora sí Luis va al pequeño refrigerador que está allí mismo en la salita y saca una botella de vodka rusa. Jeanne ha preparado una botana de papas fritas. Tristana la perra gorda gruñe para que Janet y yo nos vayamos porque se acerca ya la hora de la comida y Luis me explica:

—Yo conocí a Janet antes que a Luis (Alcoriza). Oye, Elena, te he puesto muy poco... Porque allí está la botella.

—¿Ya no me vas a contestar a una sola pregunta, Luis?

—Mira, Elena —dice Janet—, hacer una entrevista a Luis es como sacar muelas. —Y luego levanta la voz y le pregunta—: Luis, ¿cuánto me pagas para que yo responda, mejor dicho, cuánto me pagas para que yo no hable?

—Mi declaración, Elena, que tengo una declaración muy importante que hacer y quiero que conste que he dejado a México bien plantado en el extranjero —se ríe y le pregunta a Janet—. ¿No leíste a José Luis Cuevas? ¡Es formidable! Declara: "Dígales a mis compatriotas que he dejado muy bien su imagen en el extranjero, pero muy bien, muy bien plantada. ¡Qué increíble! ¿Verdad? ¡Increíble! Es muy simpático ese tío, muy simpático.

—Pero Luis, él lo dice en serio.

Se ríe.

—¡A mí me encanta, me encanta!

—¡Qué cara dura! Oye Luis —pregunta Janet— ¿nos invitas una copa mañana al medio día?

—Mañana no puedo, sábado y domingo imposible. A partir del lunes cuando quieran, pueden venir aquí a comer, o yo voy a tu casa a comer, o no comemos, o nos tomamos unos martinis. (Luis Buñuel tiene fama de hacer los mejores martinis del mundo.)

—Sí, porque salimos Alcoriza y yo el 2 o 3 de diciembre a España, —me explica Janet, y luego le dice a Buñuel—: Luis, tú estás feliz de que me vaya porque no vas a tener que hacerme un regalo de Navidad —se ríe—, pero puedes dármelo por adelantado.

—Te lo envío por correo.

—No, no, no me fío del correo.

—Te incluyo en un sobre cien pesos. Si se pierde me da igual pero si lo recibes te compras una cosa.

Janet ríe y me dice:

—¿Tú crees que es capaz de darme cien pesos? Si él no regala ni la hora.

—Buñuel —dice Luis— es un nombre judío. El de Janet es Lifchstental. El mío es cristiano, lo más arábigo... Yo soy judío puro, y así me pongo a su altura.

Janet aclara:

—Buñuel viene de buñuelo y todos los apellidos que provienen de objetos y de cosas son judíos.

—Yo me llamo Buñuel Blumenthal.

Jeanne su mujer pregunta:

—¿No te llamas cereza?

—¿Cereza? ¿Yo? ¿Cereza?

—¿No te llamas cereza?

—¿Quién?

—Tú.

—¿Yo cereza?

—Si tú, cereza, ce-re-za, ce-ri-se —dice en francés y Luis pone cara de que no entiende nada.

Janet interviene.

—Cerezuela.

—Ahora entiendo. Cerezuela, pero no cereza. Cerezuela es un diminutivo de cereza.

Jeanne me dice:

—Me da una lata con su sordera... este judío...

LUIS BUÑUEL Y SU JUDERIA

—Yo me llamo Buñuel Blumenthal.

—Y yo Risenfeld Kirchenfeld, —dice Janet— y mi apellido es judío, no soy como Buñuel que esconde sus antepasados judíos.

Buñuel responde muy serio:

—Yo fui presidente de la Liga Antijudía Francesa y me echaron porque mi hijo se casó con una judía cien por ciento.

—¿De veras?

—¡Me echaron!

Jeanne interviene.

—Luis, no le digas esas cosas porque ella cree todo, y lo apunta mentalmente. ¿No te has fijado? Cree todo y así lo va a escribir. Estoy segura de que se creyó el otro día eso de que no les dabas de comer a tus hijos y los encerrabas durante tres días en un ropero. ¿No es cierto, Elena? ¿No te lo creíste? —Jeanne ríe—. No le creas nada a Luis, Elena, nada.

—No, está bien que corra la voz de que me echaron de la Liga Antisemita Francesa. Las judías son tremendas.

—Mira, vaya comentario. ¡Tú sí que eres reaccionario! —asegura Janet. Luego me pregunta:

—Esta es una conversación de locos. ¿Te servirá para tu entrevista?

Buñuel interrumpe.

—Invéntala, Elena, invéntala, ya te lo he dicho, yo nunca te voy a desmentir, créemelo.

—Pero si la invento, Luis, estará tan por debajo de la realidad que no será buena.

Janet, con una vocecita muy dulce y muy insinuante, dice:

—Yo sé la vida de Luis.

—A ver, Janet, ¿de quién ha estado enamorado Buñuel?

—De mí.

—¿Y de quién más?

—Oye, Luis, ¿de quién has estado enamorado? —pregunta Janet— ¿Verdad que de mí?

—¿De quién? (Cada vez que no quiere oír, Buñuel no oye.)

—¡De mí... De míiiiiiii! Sólo porque estoy casada con tu mejor amigo. ¡Si no desde cuándo!

—¿Enamorado de ti, yo? Yo te fui a ver a Hollywood porque estaba enamorado de tu madre —se ríe.

—¡Ah sí, pero como estoy de mejor ver que mi madre...!

—Su madre tiene ahora noventa años —me explica Buñuel riéndose— y es guapísima.

—Siempre ha sido más guapa que yo —dice Janet.

—Más guapa no, —replica Jeanne— pero de cara, es formidable.

Janet habla muy aprisa.

—Es que tú escogiste a mi madre porque eso te evitaba toda clase de compromisos conmigo, porque como mi madre es una mujer muy espiritual y mayor que tú podías tener una relación platónica con ella, cosa que conmigo nada. —Todos ríen, Buñuel sobre todo, y cuando se ríe, hay algo en él de adolescente, de niño casi, que lo hace absolutamente entrañable.

Una de las encuestas surrealistas más célebres comenzaba con esta pregunta: "¿Qué esperanza pone usted en el amor?" Yo respondí: "Si amo, toda la esperanza. Si no amo, ninguna". Amar nos parecía indispensable para la vida, para toda acción, para todo pensamiento, para toda búsqueda.

—¿Es buen papá, Luis? —le pregunto a Jeanne.

—Sí. Siempre se preocupa por sus hijos, siempre ha estado encima de ellos incluso cuando vienen de visita; ya grandes —¡cuando están por cumplir cincuenta años!— los trata como a niños. Cuando adolescentes llegaban a las tres o cuatro de la mañana, Luis preguntaba: "¿A qué horas llegó Rafael?" "A las doce". Se lo preguntaba a él: "¿A qué horas regresaste?" "A las doce". Sólo así podía dormir tranquilo. A mí siempre me ha dicho: "Jeanne ven, Jeanne vete, Jeanne cállate, Jeanne te estoy esperando, Jeanne llegas cinco minutos tarde, Jeanne ven a ver a Tristana, Jeanne ¿dónde están mis anteojos?", aunque lo sabe perfectamente porque es un maniático del orden. El me ha hecho ordenada.

TENGO POCO TRATO CON ARTISTAS

*Cada vez que considero
que me tengo que morir,
echo la manta en el suelo
y me harto de dormir.*
(Popular)

—¿Cuántas horas duermes, Luis?

—Seis, pero me quedo en la cama diez, para seguir pensamientos involuntarios, imágenes que de pronto me recuerdan otras imágenes; veo, por ejemplo, una mosca en la pared y esto me recuerda a otra mosca que una vez mi madre espantó y nunca logró matar. Es muy agradable, sabes, estarse en la cama sin pensar realmente en nada; bueno, pensar sí, pero no en una forma sistemática, disciplinada, sino dejar que los pensamientos le lleguen a uno como les da la

71

gana, canjearlos por otros o seguirlos. A mí, Elena, eso me gusta mucho, me resulta muy agradable y me descansa.

—Pero ¿a qué hora te acuestas?

—A las ocho y media de la noche estoy en la cama.

—¿Y te duermes inmediatamente?

—Ya te dije que no. En la mañana despierto a las seis, a veces antes, y entonces me quedo acostado en ese estado de duerme vela que te platico. A veces tengo obsesiones terribles, terribles obsesiones.

—¿Qué tipo de obsesiones?

—Obsesiones.

—¿Los enanitos?

—¿Qué?

—Sí, los enanitos que siempre metes en tus películas.

—Pero ¡esos no son una obsesión!

—Pero Luis ¿por qué te gustan tanto los enanitos?

—No sé si me gustan o no.

—Es que siempre los pones en tus películas, siempre.

LOS ENANITOS DE MIS PELICULAS ME ATRAEN Y ME REPUGNAN

—Es una atracción ambivalente, me atraen y me repugnan un poco.

—¿Todos?

—Algunos no. El que sale en mi última película es muy inteligente, mucho. Era el íntimo amigo de Cocteau. Es homosexual y se llama Pierre Alle. Además, ha escrito un libro sobre su vida muy interesante; deberías leerlo, Elena.

—Oye, Luis, y ¿tú eres el que escoge a Catherine Deneuve para tus películas?

—Sí.

—¿Por qué?, te gusta mucho ¿o qué?

—Soy yo el que escojo, naturalmente.

—Pero ¿ella te gusta mucho a ti?

—¿Quién? —otra vez pone cara de piedra.

—¡Catherine Deneuve!

—Oye, tú me haces cada pregunta, pues esas cosas son por instinto, ¿por qué te has enamorado de Julita Pérez? No sé, me atrae mucho, me he enamorado de ella ¿por qué? Pues no lo sé.

—Pero ¿tú te has enamorado de ella?

—¿De quién?

—De Catherine Deneuve.

—Noooooo...

—Pero entonces ¿por qué la escoges?

EL PAPEL DE *BELLA DE DIA*

—Pues porque puede ir al papel y en efecto va al papel. Le iba muy bien a *Belle de jour*, y en *Tristana* no va porque para la Tristana debía ser una muchacha española de Toledo y todo mundo sabe quién es Catherine Deneuve, pero esa sí fue una imposición.

—No que tú eras el que escogías...

—Vamos, yo podía haber dicho que no, pero como era una buena actriz y yo había hecho con ella *Belle de jour,* la tomé para *Tristana*... y en *Tristana* me gusta mucho la segunda parte, cuando la hace de coja. Lo demás es falso, Catherine Deneuve haciendo una huérfana toledana es falso completamente; ese es uno de los defectos del filme y lo reconozco.

Jeanne regresa con más papas fritas, acompañada por Tristana, la perra, no Catherine Deneuve, y aprovecho para preguntarle:

—¿Y a ti te gusta Catherine Deneuve?

—Nada; se me hace guapa, pero fría.

—Pero a Luis sí le gusta.

—Pues no sé, pregúntaselo a él. Es como una belleza fría ¿no crees? Oye, yo voy a tomar mi whisky.

—¡Pero si son las doce del día! ¿No es muy temprano?

—Es que comemos a la una. Bueno, hoy Buñuel no come aquí, tiene una invitación.

—Mira —me dice Buñuel—, yo no tengo predilección por determinada actriz, no siento ninguna atracción especial por ninguna de ellas. Estoy fuera de todo eso. A la hora de la película veo objetivamente a actrices y actores y digo: este tipo conviene, este no conviene. Es más, no soy amigo de muchos de ellos. Sólo tengo a dos, que son Paco Rabal —quien ha sido muy amigo mío y esta amistad se hizo a través del cine, claro—, y Fernando Rey. Fernando Rey además de muy buen actor, muy bueno, es muy inteligente. Pero a los demás, sólo los trato durante la filmación, eso es todo.

—He visto muchísimas fotos tuyas en París con Jeanne Moreau y te ves encantado.

CON JEANNE MOREAU SE PUEDE HABLAR

—Ah, con ella es otra cosa, con ella se puede hablar mucho, es muy inteligente, muy deliciosa mujer, muy interesante. Ahora debe tener cincuenta años o más, ya se hizo, creo, una operación facial y ahora es directora de cine y está casada con otro director de cine, me parece que es norteamericano. Esa es una mujer inteligente, Elena. ¿No la conoces? Yo tengo muy poco trato con artistas. ¿Sabes qué otra actriz es buena, muy buena? Stephane Audran, también Delphine Seyrig, pero sobre todo Stephane Audran. Ahora ha ido al Festival de San Sebastián, estaba guapísima, elegantísima, preciosa, y llegó con la delegación francesa, y en San Sebastián no le hicieron ningún caso, no se le acercó un periodista, como si no existiera, peor que Tristana estaba.

—¿Por qué?

—Por nada predeterminado, nada más porque sí. Era el último día en San Sebastián, iban a pasar la película mía en donde ella no trabaja.

—Oye Elena —interrumpe Jeanne—, el otro día dijiste

por televisión que Paco Rabal se había muerto, no se ha muerto, te lo iba yo a decir ¿cómo se te ocurrió?

—¿Quién se ha muerto?

—Nadie, Luis, nadie —le dice Jeanne— nadie, es que Elena se equivocó.

UNA COMIDA CON GUSTAVO ALATRISTE

—Oye, Luis, y ¿con quién vas a comer? —pregunto indiscretamente.

—Con Gustavo Alatriste. El taxi pasa por mí a la una y veinte.

Me imagino a Luis solito en el taxi, y el taxista sin saber que transporta a Luis Buñuel. Hoy, él no está vestido con sus gruesas camisas de lana, sus sacos "sport" comprados en una tienda de autoservicio que le queda muy cerca, De Todo, y donde hay de todo, pero muy feo. Lleva un pantalón gris, un saco azul, una corbata de moñito también azul y una camisa blanca. Para protegerse del frío se ha puesto un suéter de cashmere oxford bajo el saco. Me cuenta que a él le cae muy bien Gustavo Alatriste, que ha sido fácil trabajar con él en *Viridiana* y *El ángel exterminador* —filmadas antes que *Nazarín*—, y mientras lo escucho recuerdo lo que me ha dicho Emilio García Riera: que Luis Buñuel prepara sus películas a conciencia y con una gran meticulosidad, que cuida siempre el dinero del productor en el sentido de que no se aloca y siempre las termina en el tiempo indicado, que su asistente, o sea su hijo Juan Luis Buñuel, es tan pudoroso como él, que jamás tiene desplantes de genio ni berrinches de "artista"; que es un extraordinario trabajador y que todos quieren estar a su lado.

También yo quisiera trabajar alguna vez al lado de Buñuel. Hay en él algo que me conmueve. Es absolutamente ajeno a su propia grandeza. No sabe que es grande, él ni cuenta se da de ello. No sé si lea o no esta maldita entrevista, maldita porque la hago a mansalva, a puros parches que

voy cosiendo lentamente, uniéndolos de visita en visita. Buñuel no ve los periódicos y lo que más le entretiene, como él mismo lo dice, son los: faits divers: "Espantosa muerte de una mujer descuartizada y encostalada" y tal y tal, la nota roja y es en esa página en la que a veces se detiene. No sé si vaya a enojarse conmigo, lo creo incapaz de ello porque tiene una infinita bondad. Sin embargo, a lo largo de mi charla le he dicho en diversas ocasiones:

—Bueno Luis, ya te voy a dejar porque no me gusta que sientas que ante todo soy periodista.

SI FUERAS SOLO PERIODISTA NO ESTARIAMOS PLATICANDO

—Y estás en tu derecho, pero si no fueras mi amiga no estaríamos aquí sentados hablando, porque muy cortésmente te hubiera conducido a la puerta. Hace tres o cuatro meses una periodista española de Zaragoza —hija de un muy amigo mío—, Lola Aguado, vino a Madrid y la recibí; hombre pues encantado y a los tres días me encuentro una entrevista en el periódico *Madrid*, en toda la página y luego adentro en otra media página, una interviú mía en la que nada más hablaba de mí mismo. Ella había hecho toda clase de preguntas, había puesto todas mis declaraciones una tras otra. Entonces yo escribí indignado una carta al periódico *Madrid* diciendo: "Esta señora es hija de un amigo mío a quien estimo mucho y la recibí en casa, y ella traidoramente —que es una cosa que no debe hacerse—, me puso el micrófono debajo de la mesa, truco que me ha parecido de una idiotez tremenda. Y me hizo hablar de mí mismo durante treinta horas, de eso resulta que la he borrado de la lista de mis amigos".

—Y, ¿no la has perdonado?

—Ahora sí, pero yo rehuyo las entrevistas, te aseguro que nadie me ha hecho una; es una cosa que me he impuesto, no dar un solo interviú. Yo no hablo de mí pero al hablar siempre se subraya la palabra con gestos que apoyan la expresión verbal. Por ejemplo, si te digo: "detesto el futbol" y al hacerlo pongo esta cara —Luis Buñuel voltea ojos hacia arriba, los pone casi en blanco en actitud beatífica y sigue entornándolos—, obviamente te estoy demostrando todo lo contrario. Así es de que la entonación de la frase o la expresión del rostro deforma la expresión verbal directa y esto, Elena, es lo que nunca podrá captar una grabadora. ¡Por eso no admiro los aparatos electrónicos ni las grabadoras! Muchas veces puedo decirte una broma estúpida y queda como si estuviera dicha en serio.

—Oye Luis y si yo fuera corista ¿te sentirías más contento?

—Definitivamente sí.

Ríe Jeanne.

—Puedes empezar a bailar ahora mismo, a ver cómo lo haces.

—Es que Luis, a pesar de ti mismo cuentas una serie de cosas y queriéndolo o no, mal que bien, contestas a mis preguntas, y esto dentro de mí va conformando una entrevista.

—Sí, pero también es una forma de hacerme trampa, Elena —sonríe malicioso—. Oye ¿no quieres un poquito de vermut? A la una menos cuarto en punto, me marcho. Fíjate que ha pasado una cosa horrible: Alberto Gironella ha estado en Madrid, ha hecho una exposición y como yo no leo la prensa, ¿lo sabes, verdad?, no me he enterado. Bueno, la leo, la leo, leo las cabeceras de los artículos, paso la sección de cine, la veo, la paso y ya. Y una vez en México me he enterado que él ha hecho una gran exposición en Madrid, precisamente cuando yo me encontraba allá. Esto fue en julio creo. A Carlos Fuentes lo vi, comí con él y con Silvia el 14 de julio en París y también con Gironella. A Carlos lo vi el día antes de marcharme de París, y el día de mi llegada en noviembre comimos en la embajada cuando él todavía era embajador. Quiero mucho a Carlos. Creo que ya va a llegar el taxi... oye, acompáñame, vamos a la puerta a ver si llega.

De camino a la puerta hablamos de Alatriste, de sus películas, de *Q.R.R.* la que más me agradó y de una sobre los henequeneros, que a Buñuel le gustó mucho y que yo no he visto. En cambio, le digo a Buñuel que me pareció espantoso el último discurso de un flaco alto en *México, México, ra,ra,ra* que nos dice en su fascista sermón de la montaña, que México es así y está como está porque nosotros los mexicanos somos flojos, peleoneros, lujuriosos, avorazados, tramposos, cochinos, corruptos, y que nos va como nos va por ineptos, tarados, desidiosos, malvados, pinches ratas al horno. Buñuel no parece haber visto la película o por lo menos no la recuerda así como se la platico. Insiste:

—Ves Elena, voy muy poco al cine, llevo una vida muy monacal, no salgo nunca; hoy salgo, cosa rara, porque tengo que ir a comer con alguien; a mediodía acepto salir pero por la noche nada, porque ceno a las siete y a las ocho y media a la cama. Oye Elena, ¿tú no prefieres leer eso de "murió ayer una mujer atropellada salvajemente" en lugar de leer sobre la OPEP, o sobre PEMEX? —se ríe—. ¡Ya llegó el taxi! ¿Vas a venir mañana?

LO INESPERADO Y LO ENIGMATICO ES LO QUE SUELO PONER EN MIS PELICULAS

—Oye Luis, ¿nunca me vas a dejar de querer?
—¡No! ¿Por qué?

—Porque yo te voy a traicionar.

—¿Qué?

—Voy a publicar lo que me dices. ¿Me lo perdonarás como perdonaste a Lola Aguado cuando lloró en tus brazos?

—Mira, yo delante del Presidente de la República no me atrevería a hablar como contigo, delante del Rey sería mucho más cauto —ríe—, toma nota, así es de que mejor di en tu periódico: "Pues Buñuel no me dijo nada".

—Oye, Luis, y ¿tú piensas lo mismo del surrealismo que cuando eras un joven surrealista?

—Esa es una declaración seria, la resumiré mucho. La verdad es que sólo conservo una leve influencia del surrealismo de mis tiempos y nada más. He evolucionado con mi época y con el surrealismo.

—Pero ¡tus ocurrencias!

—¿Cuáles ocurrencias?

—Todas esas cosas raras que se te ocurren.

Salvador Dalí ha contado muchas mentiras y, sin embargo, es incapaz de mentir. Cuando, por ejemplo, para escandalizar al público norteamericano, escribe que un día, visitando un museo de Historia Natural, se sintió violentamente excitado por los esqueletos de los dinosaurios, hasta el punto de verse obligado a sodomizar a Gala en un pasillo, está mintiendo, evidentemente. Pero se siente tan deslumbrado por sí mismo que todo lo que dice le impresiona con la fuerza de la verdad.

Mi último suspiro

SUELO ACEPTAR LAS IMAGENES IRREFLEXIVAS QUE SE ME OCURREN

—¡Ah! Te refieres a la antigua reacción hacia lo irracional, hacia la irreflexión. Esto me interesa mucho en imágenes;

como soy cineasta, Elena, una imagen me impresiona y no sé de dónde viene, pero como me interesa la acepto.

—¿Siempre si es irreflexiva?

—Si es una cosa razonada, si es una asociación de ideas o de la cultura, la desprecio. Esto, Elena, lo he dicho mil veces, pero ya *mil veces*, no es nada nuevo.

—Luis, ¿consideras que tus últimas películas han sido surrealistas?

—No. Sólo hay un espíritu surrealista.

—¿Pero te sigue interesando, por ejemplo, como antes, todo lo que es insólito e inesperado?

—Lo inesperado sí, y lo enigmático, porque es algo que me ha ocurrido y entonces lo pongo en la película. En *Ese oscuro objeto del deseo* la historia es bastante simple, la película es lineal. Se trata de un hombre maduro que se enamora de una virgen que jamás se le entrega, la historia es lineal pero está interpolada con elementos un poco extraños que se me aparecieron de pronto, no los pensé ni están en el script ni nada, simplemente los metí.

—Yo no he visto la película —dice Jeanne—, pero sé que en ella dos actrices interpretan a la misma heroína. ¿Te imaginas tú lo que es eso? —ríe.

—Oye Luis, y ¿tú lees mucho?

—Ahora nada, nada, nada.

—¿En la noche, antes de dormirte?

—Hace un año que no leo nada. Miro los encabezados de los periódicos, y si hay algo, una mujer descuartizada llamada Elena, lo leo; leo también revistas pero ya veo mal, necesito una luz especial, así es que de libros nada.

—Y antes ¿a quiénes leías? ¿Qué autores te gustaban? ¿El Marqués de Sade o qué?

Ríe.

—¿El Marqués de Sade? ¿Todo el día leías a *Justine*?

LOS ESCRITORES RUSOS ME PARECIERON MARAVILLOSOS, EN CAMBIO PROUST ME ABURRIO

Ríe.

—No, en mi juventud conocía a todos los rusos porque España era el país de Europa que más conocía a los autores rusos; a mí me parecían maravillosos. ¿Recuerdas el barón de Ruyeldorf?, maravilloso, y cuando llegué a París mi primer contacto con la intelectualidad francesa, en el año de 1928, fue con los surrealistas y ellos se quedaron admirados de lo que leíamos los españoles, porque no conocían ni la mitad de lo que nosotros conocíamos, no les habían traducido ni la mitad. ¡Esa fue una gran época de mi juventud, la lectura de los rusos hasta el año de 1925! Luego pasé a la literatura francesa, leí un poco a Proust y me aburrió, así que a la fecha no lo conozco. Me aburre, no sé... Si lo volviera a leer ahora a lo mejor me gustaría, pero en aquella época, ¡imposible!

—Y a los norteamericanos ¿no los lees?

—No, muy poco... Ni me acuerdo.

—¿Faulkner?

—A mí no me gustó Faulkner, me aburrió, pero hay dos o tres norteamericanos que me han parecido estupendísimos y no me acuerdo del nombre.

—¿John Dos Passos o Steinbeck?

—No, Dos Passos nada, es antiguo. A él lo conozco personalmente. Hemingway fue mi amigo.

—¿Y te gusta como escribe?

—¿Hemingway? Tampoco, nada.

—Pero, ¿cómo los conociste?

TRABAJABA EN LA EMBAJADA DE LA REPUBLICA ESPAÑOLA EN PARIS Y LES DI VISAS A HEMINGWAY Y A DOS PASSOS

—Yo estaba en la Embajada de la República Española en París, Elena, de jefe de información. En el momento de la Guerra Civil iba mucha gente a España y yo era el encargado de saber a qué iba y tal y tal y tal, y de dar los *laisser passer*, las visas de entonces; y así les di el salvoconducto a Hemingway y a John Dos Passos y a Joris Ivens, quienes fueron a España.

—¿Y eran muy amigos tuyos?

—Fíjate lo que sucedió: a un profesor español a quien quería mucho toda esta gente, lo fusiló el gobierno republicano español, con gran pesar de Negrín. La mujer de Araquistaín, nuestro embajador en París, dijo que en efecto ni Negrín ni nadie quería su muerte pero en el cajón de su escritorio encontraron las cotas militares; tal cota, 25 Guadarrama. Este hombre era una buena persona, un norteamericano, español de origen, que vino a España. Muchos protestaron por su muerte, pero si se encuentran estas anotaciones en el cajón de su escritorio y estábamos en plena guerra, pues te imaginas... John Dos Passos se enojó muchísimo.

—¿Contigo?

—No, con España, con la República. Salió de España y quería escribir contra la República a raíz de este fusilamiento. Hemingway y Joris Ivens, que eran partidarios de lo nuestro y lo conocían bien, lo convencieron de que no lo hiciera. Así es que Dos Passos salió de España y nunca escribió en contra nuestra.

—Pero tú, Luis ¿cuánto tiempo estuviste dando visas y revisando papeles?

—¿Revisando papeles yo?

—Me acabas de decir que tú dabas las visas.

—Sí, pero yo no revisaba papeles, Elena. Por ejemplo, si

tú querías ir a España, el embajador me pasaba tu nombre; yo ya te conocía y si me preguntaba sobre ti, yo respondía: "Pues Elena Poniatowska es una amiga estupenda porque está con la revolución", —Buñuel saca un sello imaginario—, y entonces pom, pom, pom, pom, yo te daba la visa. A veces el embajador, en algunas ocasiones me ordenaba: "Puede usted darle el salvoconducto a Pedro Gómez", y yo tenía que hacerlo.

Jeanne entra y le pregunto así a boca de jarro:

—Oye Jeanne, y ¿tú te enamoraste mucho de Luis Buñuel?

—¡Ah, yo creo que sí! Yo soy de Lille y vine a París y allí lo conocí. Yo era profesora de gimnasia, y él todavía no hacía cine.

—Cuando empecé a hacerlo —dice Buñuel—, Jeanne era mi ayudante técnica.

MAS DE CINCUENTA AÑOS DE MATRIMONIO: BODAS DE ORO DE JEANNE Y DE LUIS

—Sí, —dice Jeanne—, periódicamente iba al banco a sacar el dinero para la película.

—¿Qué dinero?

—El que me dio la condesa de Noailles —me dice Buñuel—. Eso ya te lo he contado, hasta lo publicaste.

—Sí, —reafirma Jeanne—, y el miedo más grande que he sentido en mi vida fue cuando fui a buscar para Luis treinta mil francos al banco, y tenía tal terror que me siguieran y me lo robaran que tomé un taxi, después bajé del taxi y tomé un autobús, todo para despistar, hasta que acabé viajando en el Metro. ¡Fue una experiencia espantosa porque en aquella época treinta mil francos eran una fortuna!

—Cuando yo me casé —dice Luis—, Jeanne tenía diecisiete años.

—¿Y era muy bonita?

—¡Era bonita! Hoy está desastrosa.

—¡Está preciosa!

Jeanne tercia:

—También él era muy guapo, pero ahora (echa una trompetilla en el aire), ¡míralo cómo se ha puesto con la edad!

—¡Está guapísimo!

—¿Me ves guapo?

—Sí Luis, muy guapo.

—Tenemos más de cincuenta años de casados, te imaginas Elena —dice Jeanne—, cincuenta años de aguantarnos el uno al otro. Llegamos a México en 1945, el 31 de octubre de 1945, como refugiados, porque Luis había estado antes de paso en éste que es ahora nuestro país.

LUIS BUÑUEL ES MUY BUEN PADRE DE FAMILIA, NUNCA LES PEGO A SUS HIJOS

—Oye, Jeanne, y Luis ¿era buen padre de familia?

—Sí, muy buen padre.

—¿Enojón?

—No, nunca les dio a los chicos ni una cachetada. ¡Nunca!

Interviene Buñuel.

—Pero sí los encerraba yo durante tres días, en un cuarto sin comer.

Jeanne sonríe.

—¡Ah, eso sí! —y luego advierte de nuevo—: No digas esas cosas porque lo va a creer y lo va a apuntar.

Hablamos de lo grandes que son sus dos hijotes que parecen dos osos, Rafael y Juan Luis.

—Rafael mide un metro y noventa y dos —dice Jeanne—, y Juan Luis mide un metro ochenta y cinco.

—No, Rafael mide un metro noventa y tres —corrige Luis Buñuel.

—Bueno noventa y dos o noventa y tres es lo mismo.

—No, porque Rafael mide un metro noventa y tres.

—Nosotros nos conocimos —continúa Jeanne— en París en el año de 1925, ya cumplimos nuestras bodas de oro, cincuenta años, te imaginas. Ayer, 9 de diciembre, Juan Luis cumplió 44 años de edad. ¡Tenemos tres nietos! ¡Es mucho chiste resistir tantos años porque cada uno tenemos nuestros defectos, él los suyos y yo los míos, pero los dos nos tenemos paciencia, Luis me la tiene y yo también le tengo mucha a él.

—Me imagino que ha de ser difícil vivir con un genio.

—¿Difícil? No, no es difícil Elena. Como todo el mundo él tiene sus malos ratos pero yo también tengo los míos. Incluso Tristana a veces se pone de mal humor ¿verdad Tristana?

—Y ¿cómo veniste a México, Luis?

VINE A MEXICO DE PASO Y ME QUEDE HASTA AHORA

—Vine de paso, como te lo he contado. Después de haber estado al servicio y a la disposición de la Embajada de España en París, fui a Estados Unidos en misión oficial y con pasaporte diplomático; allá permanecí siete años trabajando en el Museo de Arte Moderno como director y productor de cortos culturales. Estaba yo en Hollywood cuando en casa de René Clair, la primera productora de Bresson, Denise Tual, me propuso llevar al cine y venimos a México.

En Nueva York, encontré a Saint-Exupéry, a quien ya conocía y que nos asombraba con sus trucos de ilusionismo. Veía también a Claude Lévi-Strauss, que participaba a veces en nuestras encuestas surrealistas, y a Leonora Carrington, recién salida de una casa de salud de Santander, en España, donde la había encerrado su familia inglesa. Leonora, separada de Max Ernst, compartía, al parecer, la vida de un escritor mexicano, Renato Leduc. Un día, al llegar a la casa en que nos reuníamos, perteneciente a un tal Mr. Reiss, entró en el cuarto de baño y se duchó completamente vestida. Después de lo cual, chorreando, vino a sentarse en una butaca del salón y me miró fijamente. Instantes después me cogió del brazo y me dijo, en español: "Es usted muy guapo, me recuerda a mi guardián". Mucho más tarde, durante el rodaje de La Vía Láctea, Delphine Seyrig me contaría que, de pequeña, se había sentado un día en mis rodillas en el transcurso de una de estas reuniones (en casa de Reiss).

Mi último suspiro

—Aquí conocí a Fernando Benítez en casa de Enrique Gual, un crítico de arte que seguramente conociste, y estuvimos bebiendo whisky (Buñuel dice güisky) y Fernando Benítez me dijo: "¿No le gustaría a usted quedarse en México?" y yo respondí: "Yo, encantado." Benítez era el secretario particular de Héctor Pérez Martínez, secretario de Gobernación, y me dijo: "Vuelva usted a Hollywood y por el cónsul de México allá, tendrá usted noticias nuestras." Estaban pequeños nuestros dos chicos; a mí me gustaban mucho los Estados Unidos, el país, el paisaje, pero ya me había aburrido un poco y Jeanne también, así es de que cuando me dijeron en el Consulado de México: "Aquí tiene usted la visa", nos venimos a México los cuatro. Recuerdo que coincidimos con Todos Santos, con el día de Muertos y nos encantó México desde el primer momento.

—¿No extrañas Francia, Jeanne?

—No, para nada.

—Yo no veo nunca a Fernando Benítez —añade Luis—, pero me cae muy bien, y realmente si estamos aquí en México, es por él. Pero nosotros nos nacionalizamos mexicanos en 1948, no somos refugiados.

Nunca he sido un adversario fanático de Franco... Lo que me digo ahora, mecido por los sueños de mi inofensivo nihilismo, es que el mayor desahogo económico y la cultura más desarrollada que se encontraba al otro lado, en el lado franquista, hubieran debido limitar el horror. Pero no fue así. Por esta razón, a solas con mi dry-martini, dudo de las ventajas del dinero y de las ventajas de la cultura.

Mi último suspiro

—Y ¿fue entonces cuando hiciste cine comercial?

—Sí, *Gran casino* con Jorge Negrete y Libertad Lamarque. En esa película se alternaban los charros, los mariachis y los tangos: un tango, una canción de mariachis.

—¿Y a ti te gustan los mariachis, Luis?

Ríe.

—No, ni los tangos.

NO SE POR QUE ME ESTIMAN, PORQUE MIS PELICULAS SON MUY MALAS

—No comprendo, Elena, por qué me estiman ni por qué me han dado el nombre que tengo en el cine. Te lo digo sinceramente. Mis películas son malas, algunas, muchas de ellas malisísimas, entonces me extraña cómo tengo ese nombre. Te lo digo francamente, no es falsa modestia.

—Pero ¿tú siempre tratas de dar lo mejor posible o no? ¡Trabajas a conciencia! ¿O no?

—¡Eso sí!

—Entonces, confía en el buen gusto de los demás y no en el pésimo tuyo.

Sonríe a medias.

—Oye, mira, te voy a dar algo, ven, yo no soy borracho ni mucho menos pero soy un poco alcohólico, tengo cincuenta años de serlo —sonríe—. Tú bebe conmigo una cosita cualquiera.

—¿Y tu tensión? ¿No te subirá la tensión con el alcohol, y entonces al tomarte Janet la presión no corresponderá a tu estado normal?

—¡Que se fastidie la tensión!

Buñuel nos sirve a los dos, copitas de vodka rusa auténtica y me promete vodka polaca *Viborowa* para la próxima. Me sirve lentamente y me pregunto si adivinará que hace quince días, desde la famosa cena de *La Letra Impresa* tomo todo lo que me ofrecen. ¿Un jaibolito? Un jaibolito, ¿una copa de vino tinto? Una copa de vino tinto, ¿de blanco?, de blanco, ¿un vermut? Venga el vermut, todo lo mezclo. El alcohol ejerce en mí un extraño efecto porque el vino tinto me late en los tímpanos, me pulsa en las muñecas, me exalta y en la noche me ovillo en la cama esperando el sueño y mirando el techo inútilmente, en blanco. Busco los valiums de Guillermo, no los hallo y vuelvo a enroscarme, de nuevo me levanto a hurgar en el cajón, no encuentro maldita la cosa y sólo me queda esperar a que den las seis y media de la mañana y tenga yo que prepararme para llevar a los niños a la escuela. Quisiera confiarle a Buñuel que todos mis atavismos polacos se me están viniendo a la sangre, que qué hago, pero en ese momento se presenta de nuevo Janet y le advierte:

—Sírveme como a Elena porque aunque ella dice que no, estoy segura de que le gusta mucho. ¡Estas mujeres que luego dicen que no beben, que nada más una lagrimita, un suspiro, ésas, Luis, son las peores!

Hablamos de los Césarman, de lo unidos que están estos hermanitos-brothers; de García Márquez, de Alvaro Mutis y otra vez de los Césarman. Janet dice cuánto adora a Teodoro; volvemos al judaísmo, a la pureza de la sangre, Buñuel se apellida de nuevo Buñenthal y así se va la conversación, a tontas y a locas, sin que nadie pretenda ser inteligente —sino todo lo contrario—, y Buñuel pueda intercalar bromas y risas porque a Buñuel le gusta reír, y reír así, de nada, de todo, sin la menor idea preconcebida. Janet le cuenta qué pasó en tal o cual cena, qué dijeron, qué comieron, qué bebieron, lo tarde que se acostaron, lo aburrido o lo divertido que estuvo. Buñuel pregunta ¿qué? ¿qué?, y para la oreja cuando algo se le va y Janet habla en voz muy alta. Jeanne, su mujer, a propósito de sangre, dice casi gritando:

—Yo soy la más pura de todos... Soy del norte de Francia, soy de Lille.

—Y luego ¿te fuiste a París?

—Sí, por la guerra del 14 y permanecí cuatro años en los sótanos a causa de los bombardeos.

—Oye, Luis —pregunta Janet Alcoriza— ¿y qué dijo tu familia cuando te casaste con una mujer no judía?

Luis responde muy serio:

—El rabino dijo: "Se casa Luis con una flamenca. ¡Fuera de la Liga Judía!"

—Ese es amor. Ves, Elena —dice Janet—, ese judiazo por los cuatro costados se casó con una cristiana.

Lo de judiazo hace reír a Luis. En cambio Jeanne dice:

—Gracias Luis, que te casaste conmigo.

—No, de nada, de nada. —Luis pone una cara de perdonavidas y Janet me dice:

—¡Sabes, Elena, hace veinte años que oigo esta misma conversación! ¡Nunca cambian!

—Oye, Luis —pregunta Janet— ¿Elena es de confianza?

Luis me hace muecas.

—¡Total!

—Es que he traído toda la propaganda para nuestro viaje de luna de miel a Canadá. —Y me confía—: Siempre planeamos huir.

Luis me dice:

—Janet quiere que yo abandone el domicilio conyugal y me vaya con ella a Toronto.

Ella grita:

—Yo no escogí Toronto, tú fuiste el que dijiste que nos fuéramos a Toronto.

—¿Por qué Toronto? —pregunta Luis.

—No lo sé, no lo sé, tú me lo dijiste, vámonos a Toronto y aquí traigo toda la literatura, mírala, mira la nieve para que patinemos.

Jeanne se lleva la mano a la frente.

—¡Lo que les patina es la cabeza! Cada vez que se ven —y esto es muy seguido—, dicen que van a fugarse y nunca se van, sólo lo dicen pero jamás se han ido, por más que Luis Alcoriza y yo estemos cooperando para su huída.

—¡Ya ves, Luis, otra vez va a frustarse nuestra luna de miel! —dice Janet y añade—: Luis, otra copa, otra copita.

—¿Quieres un vaso grande?

—Sí. ¡Yo aguanto mucho, a mí me entrenó Buñuel a beber, por eso aguanto! ¿Sabes, Elena, lo que me enseñó Luis a beber, porque yo odiaba el sabor? El martini; ahora me pone alegre en seguida; y como lo hace él ¡es una ex-plosión! ¿Quieres que te haga uno? ¡Es el mejor martini del mundo! Nadie como Buñuel para hacerlos.

Hablamos de Oscar Dancingers, (¡Pobre Oscar!, dice Buñuel). Con él de productor filmó Luis su primera pelícu-la comercial en México: *Gran casino*. Luego le pregunto a Luis por la entrevista de dos mil trescientas páginas y cua-renta capítulos que le hicieron al alimón Turrent y José de la Colina.

—¿Qué entrevista?

—Una en que cuentas tu vida entera.

—No cuento mi vida entera, es una entrevista sobre co-sas técnicas de cine.

—Dice Pepe que hasta fueron a San José Purúa para hablar con más tranquilidad y que mientras ellos, Tomás Pérez Turrent y él se murieron de frío, tú, con una salud envidiable, dormías con la ventana abierta.

—¿Eso te dijo? ¡Es cierto, pero la entrevista es técnica, es de cine, no es sobre mi vida! Los dos vinieron muchas veces a verme, muchísimas, bueno, menos que tú... no, creo que más —ríe—. Pero últimamente no he visto a De la

Colina, y tampoco me ha dicho nada. Max Aub también había hecho un libro y antes de morir tenía una gran cantidad de material y se lo dejó a Pegua, su mujer, para que el joven yerno lo ordenara todo, pero no creo que haya hecho nada.

—Oye Luis, ¿y a ti te gusta que hagan libros sobre ti o no te importa nada?

—Nada, nada, tengo docenas de libros y no los leo.

—¿Ni uno solo?

—Bueno, he leído alguno, leí últimamente uno que hizo el director de la Cinemateca de Lausanne y ése no está mal. Leí otro de Aranda, un español, que lo escribió hace dos años y desde luego hay otros muchos pero no los he leído.

DESAFIO A QUIEN DIGA QUE ME HA ENTREVISTADO EN LOS ULTIMOS DOCE AÑOS

—Y cuando te hacen entrevistas por asalto, cuando te asedian, ¿te enojas?

—¡No me hacen entrevistas, Elena! Desafío a cualquiera que diga que me ha hecho una entrevista en los últimos doce años. Que venga uno y me diga: "Yo le hice a usted una entrevista". ¡Pues no es cierto! No me gusta porque yo siempre digo lo mismo y los entrevistadores hacen más o menos las mismas preguntas más o menos inteligentes, pero siempre parecidas. Oye, ¿por qué no publicas la misma que me hiciste hace quince años antes de que fuéramos a Lecumberri? Puedes publicarla igualita, total, da lo mismo... y también puedes contestar tú misma las preguntas. "¿Qué piensa usted del tiempo en México?" —hace una gran mueca— y yo respondo, pero a ver pregúntamelo:

—¿Qué piensa del tiempo en México, señor Buñuel?

—Admirable durante el verano y horrible durante el invierno. ¡Interesantísimo! Ves, Elena, lo que yo no doy son opiniones de tipo general porque no me gusta exhibirme en público; mis ideas, mi conducta, pues son muy privadas, no quiero alimentar a las porteras —se ríe—, aunque no sé si aquí las porteras leen los periódicos.

NO QUIERO QUE MI NOMBRE Y MI VIDA PRIVADA ESTEN EN LA BOCA DE LAS PORTERAS

—Tú estás pensando en Francia, Luis, en las famosas *concierges* quienes desde su ventanilla y con su tejido de gancho vigilan a ver quién sube al departamento de la guapa muchacha del cuatro, y saben por qué se emborrachó anoche el del 7, qué le pasa a la del 5 que siempre deja a su hijo encerrado, etcétera, etcétera. Aquí este tipo de porteras no existen. Pero, ¿a poco en París no dejas que te hagan entrevistas?

—No, no, vino la hijastra de Georges Sadoul, Yvonne, que trabaja en *Le Monde* y cuando estuve en Madrid ella habló de larga distancia de París a Madrid para volar allá y hacerme un interviú y le dije que no; ella es una chica muy inteligente, casada con un hijastro de Gerard Philippe, un hijo de Anne Philippe. ¡Ah!, y ¿sabes lo que me hizo este play boy de José Luis de Villalonga?, apareció en un *Playman* o *Play-boy* italiano —una revista mucho más sicalíptica que el *Play-boy* llena de mujeres totalmente desnudas—, una entrevista conmigo de ocho páginas, con fotografías mías, y anunciado con una extraordinaria amabilidad "Y nos abre su corazón". Luego seguían ocho páginas. ¡Y este señor, Elena, yo no lo he visto, no lo conozco, no he estado nunca ni a veinte metros de él! Toda la entrevista la tomó de libros. ¡Esa sí que es deshonestidad! Entonces yo, que no rectifico nunca, dije: "A este señor yo no le he visto, no lo conozco; de nombre, sé que es un playboy y tal, pero no lo he visto jamás". Y el Villalonga y tal contaba cosas de mi vida y de mi infancia que sacó de libros, y, entre otras cosas decía que cuando yo estaba con los jesuitas nos íbamos todos a masturbar delante de la imagen de la Inmaculada —ríe—. ¡Yo nunca hice eso, te imaginas! Por eso no leo ya nada. ¡Además, toda esa cantidad bárbara de información se olvida al día siguiente! ¿Tú crees que hay alguien a quien le importe realmente? ¿Otro vodka? Vamos a servirnos todos otro vodka antes de la comida.

Le pregunto a Jeanne:

—¿Por qué es sordo Luis?

—Porque le conviene —ríe. En realidad es sordo del oído derecho desde los 18 años, porque se rompió un tímpano al disparar un fusil. Siempre tuve que gritar un poco para hablar con él si me equivocaba de oído; pero ahora sí ya no oye.

Janet se pone a contar otra cena muy chistosa a la que asistió José Luis Cuevas; dice que Gironella está por llegar de París, que Fuentes está en Nueva York y vendrá pronto, que el ambiente se va a poner muy "padre" y la conversación rueda, rueda, se va por acá, por allá como una bola de alegría y Buñuel ríe y yo lo miro reír y soy feliz.

Diciembre de 1977.

LAS SANTAS SEMANAS DE LUIS BUÑUEL

Hijo mayor de una familia de cuatro hermanas y dos hermanos, Luis Buñuel nació el 22 de febrero de 1900 en Calanda, provincia de Teruel, España. Por aquellos años, este pueblo aragonés contaba con menos de cinco mil habitantes, dos iglesias y siete curas. Era una sociedad aislada e inmóvil, en la que las diferencias de clase estaban bien marcadas. El respeto y la subordinación del pueblo trabajador a los grandes señores, a los terratenientes, profundamente arraigados en las antiguas costumbres, parecían inmutables. La religión omnipresente, se manifestaba en todos los detalles de la vida. Las campanas anunciaban los oficios religiosos (misas, vísperas, ángelus), los hechos de la vida cotidiana, con el toque de muerto y el toque de agonía, y Buñuel jugaba a decir misa en el granero, con sus hermanas de feligresas; tenía varios ornamentos litúrgicos de plomo, un alba y una casulla.

La familia Buñuel se mudó de Calanda a Zaragoza cuando Luis tenía sólo cuatro meses, pero habrían de volver todos los veranos y Semanas Santas, de allí la huella que dejó Calanda en la mente de Buñuel. Además, a menos de tres kilómetros del pueblo, cerca del río, su padre mandó construir una casa de descanso — rodeada de huertas — a la que llamaron La Torre. Como el mismo Buñuel lo reconoce, pasó, sin apremio, la primera parte de su vida entre el piso de Zaragoza (que ocupaba toda una planta de una casa estilo burgués y tenía diez balcones), la casa de Calanda (que era estilo Gaudí), y La Torre.

Hasta que estalló la guerra de 1914, el mundo parecía un lugar inmenso y lejano, sacudido por unos acontecimientos que no afectaban a España porque llegaban a ella muy amortiguados. Durante los catorce primeros años de su vida, Buñuel no vio ni a un negro ni a un asiático, salvo, quizás en el circo. Si acaso había una comunidad discriminada, ésta era la de los protestantes, por instigación maligna de los jesuitas. Pero, de antisemitismo, ni asomo. Los españoles, en sus rezos y relatos de la Pasión de Cristo, podían llenar de insultos a los judíos, sus perseguidores; pero nunca identificaron a aquéllos de antaño con sus contemporáneos.

Cuando tenía trece o catorce años salió de Aragón por primera vez, invitado a casa de unos amigos que veraneaban en Vega de Pas, cerca de Santander. El paisaje vasco, de nubes, lluvia, bruma y musgo húmedo, causó en él una impresión indeleble.

Buñuel aprendió a leer con los corazonistas y, al año siguiente, ingresó como medio pensionista al colegio jesuita de El Salvador, donde estudió siete años caracterizados por una disciplina férrea, una vigilancia constante, y un silencio casi nunca interrumpido. En esta atmósfera se desarrollaba una enseñanza en la que la religión ocupaba un lugar preeminente. Buñuel era un estudiante destacado, pero su conducta no era de las mejores. Por un enfrentamiento con el jefe de estudios, se vio obligado a concluir su bachillerato en otra institución llamada El Insti - tuto. Ese cambio de escuela lo expuso a la lectura de Spencer, Rous- seau, Darwin y Marx. Poco antes había empezado a tener sus primeras dudas sobre la religión que tan cálidamente lo arropaba. Aquellas du - das se referían a la existencia del infierno y, sobre todo, al Juicio Final, una escena que le resultaba inconcebible.

La vida universitaria de Buñuel tuvo varias etapas. Empezó a estu- diar para ingeniero agrónomo animado por su afición a las ciencias naturales pero, como reprobó tres cursos consecutivos de matemáticas, tuvo que cambiar de carrera. Para complacer a su padre escogió inge- niería industrial, y si bien sacó adelante los cursos de matemáticas, esta carrera le resultaba aburrida y no quería concluirla. Afortunadamente habló de su desgano con amigos de su padre, quienes intervinieron para que lo dejara seguir su afición por las ciencias naturales. Durante un año trabajó con tal interés en el Museo de Historia Natural que, siendo ya un viejo, era capaz de reconocer a primera vista muchos insectos y dar su nombre en latín. De hecho, Buñuel siempre tuvo un cariño muy especial por los animales. Cuando era niño tuvo monos, loros, halcones, sapos y ranas, culebras, un lagarto africano, un cordero, y hasta una caja de sombreros llena de ratones grises que un día tuvo a bien liberar en un granero, instándolos a "crecer y multiplicarse". Los únicos animales que la familia Buñuel nunca pudo aprender a amar y a respetar eran las arañas.

Después de aquel año, durante una excursión a Alcalá de Henares dirigida por Américo Castro, Buñuel se enteró de que en varios países solicitaban lectores de español. Como no aceptaban estudiantes de ciencias naturales, dio un último y brusco viraje hacia el estudio de la historia.

La mayor parte de los siete años de vida universitaria, años de forma - ción y encuentros, Buñuel los pasó en una especie de campus universita - rio a la inglesa: la Residencia de Estudiantes. Allí se sumergió en el ambiente literario madrileño, conoció a los escritores españoles que fueron maestros del pensamiento de la generación de 1927, de la que formó parte. Entre esos grandes escritores se encontraban Ortega y Gasset, Unamuno, Valle Inclán, Eugenio d'Ors, e incluso Galdós, a quien sólo vio una vez, en su casa, muy viejo y casi ciego, y de quien más tarde adaptaría Nazarín y Tristana. También conoció a los poetas Anto- nio Machado, Juan Ramón Jiménez, Jorge Guillén y Salinas.

Sus contemporáneos y amigos eran, Jorge Luis Borges, Alberti, Alto- laguirre, Cernuda, José Bergamín, Dámaso Alonso y Pedro Garfias, entre otros. Pero sus amigos más queridos fueron Federico García Lor- ca y Salvador Dalí.

Durante esos años, Buñuel cultivó el hipnotismo, y se entusiasmó por el jazz, hasta el extremo de empezar a tocar el bajo. También cobró

95

afición a los deportes. Cada mañana, descalzo y con calzón corto, inclu - so con el suelo cubierto de escarcha, corría por un campo de entrena- miento de la Caballería de la Guardia Civil. Fundó el equipo de atletismo del colegio, que tomó parte en varios torneos universitarios, y hasta practicó el boxeo amateur.

En 1925, se creó en París un organismo llamado *Societé internationale de coopération intellectuelle*. Como de antemano se veía que Eugenio d'Ors sería designado representante de España, Buñuel expresó al di- rector de la Residencia su deseo de acompañarlo, como su secretario. Así se inició la larga estancia de Buñuel en París, donde descubrió su vocación cinematográfica y encontró a la mujer que lo acompañó toda la vida, su esposa Jeanne Rucar.

Tres días después de su llegada, se enteró de que Unamuno estaba en París. Unamuno acudía diariamente a una peña que se reunía en *La Rotonde*. En ese mismo lugar Buñuel también se puso en contacto por primera vez con los que la derecha francesa llamaba despectivamente *les méteques,* extranjeros que vivían en París y ocupaban las terrazas de los cafés. Entre esos extranjeros había un grupo de pintores a quienes Buñuel frecuentaba casi a diario, Ismael de la Serna, Pablo Picasso, y Juan Gris, así como Vicente Huidobro, el poeta chileno.

Desde que llegó a París, Buñuel iba al cine con frecuencia, hasta tres veces al día. Descubrió *El acorazado Potemkin,* que durante mucho tiempo le pareció la mejor película de la historia del cine. Pero com- prendió que quería ser cineasta al ver *Der müde Tod* de Fritz Lang.

Buñuel se inscribió en la escuela de actores de Jean Epstein, director de origen ruso, quien figuraba entre los más célebres del cine francés, junto a Abel Gance y Marcel L'Herbier. Casi todos los alumnos, excep- to Buñuel, eran rusos blancos emigrados.

El perro andaluz (1929) lo ubicó en el seno del movimiento surrealis- ta. Esta película nació de la confluencia de dos sueños: Dalí lo invitó a pasar unos días en su casa y, al llegar a la ciudad catalana de Figueras, Buñuel le contó un sueño que había tenido, en el que una nube cortaba la luna y una navaja de afeitar hendía un ojo. Dalí, a su vez le dijo que la noche anterior había visto en sueños una mano llena de hormigas. Y añadió: "¿Y si, partiendo de esto, hiciéramos una película?". Escribie- ron el guión en menos de una semana, siguiendo una regla muy simple, adoptada de común acuerdo: no aceptar idea ni imagen alguna que pudiera dar lugar a una explicación racional, psicológica o cultural, abrir todas las puertas a lo irracional, no admitir más que las imágenes que los impresionaran, sin tratar de averiguar por qué.

Cuando el guión estuvo terminado, advirtieron que la película sería totalmente insólita y provocativa y que ningún sistema normal de pro- ducción la aceptaría. Por eso Buñuel pidió a su madre una cantidad de dinero, para producirla él mismo. De regreso a París se puso en contacto con los intérpretes, Pierre Batcheff y Simone Mareuil, Duverger, el operador y los estudios Billancourt. En quince días se rodó la película. Apoyado por dos miembros del grupo surrealista, Man Ray y Louis Aragon, Buñuel presentó su filme ante la plana mayor del movimiento surrealista: Max Ernst, André Breton, Paul Eluard, Tristan Tzara, René Char, Pierre Unik, Tanguy, Jean Arp, Maxime Alexandre y Magritte. También asistieron mecenas aristócratas, los de Noailles, escritores, pintores y arquitectos célebres, entre ellos Picasso, Le Corbusier, Cocteau, Christian Bérard, y el músico Georges Auric. Al terminar la película, se oyeron gritos y aplausos llenos de aprobación. A partir de ese momento, Buñuel asistía a las reuniones diarias de los surrealistas en el café *Cyrano* de la Place Blanche y, alguna que otra vez, en la casa de Breton, en el 42 de la Rue Fontaine.

Buñuel decía que una de las inclinaciones profundas que más lo acercaban al surrealismo era su locura por el placer de soñar y por la ensoñación diurna. El entendía el surrealismo como una especie de llamado escuchado, en lugares tan diversos como los Estados Unidos, Alemania, España o Yugoslavia, por ciertas personas que utilizaban ya una forma de expresión instintiva e irracional, incluso antes de conocerse unos a otros.

En 1929, filmó *La edad de oro* apoyado económicamente por la misma familia francesa, los de Noailles, que lo admiraban. Película de una hora, trata del amor loco, del impulso irresistible, pero imposible de ser, que atrae a un hombre hacia una mujer. La primera proyección, reservada a un grupo de íntimos, tuvo lugar en casa de los de Noailles. Algún tiempo después, organizaron una proyección en el cine *Panthéon,* e invitaron a la flor y nata de París que no salió muy convencida. Al día siguiente, Charles de Noailles fue expulsado del Jockey-Club, y su madre tuvo que hacer un viaje a Roma para interceder por él ante el Papa, ya que incluso se hablaba de excomunión.

La película se estrenó en el *Studio 28,* al igual que *El perro andaluz,* y se proyectó durante seis días a sala llena, pero la prensa de derecha arremetió en tal forma en su contra, que, una semana después, el prefecto de policía la prohibió. No podía verse sino en exhibición privada o en cine-clubs. Por fin en 1980, fue distribuida en Nueva York y en 1981, en París. La amistad entre Charles de Noailles y Buñuel duró hasta el fin. Con el paso de los años Charles también se quedó sordo, de manera que cuando comían juntos hablaban poco, pero seguían entendiéndose.

Gracias a los de Noailles, el delegado general de la Metro-Goldwyn-Mayer vio *La edad de oro* en una exhibición privada. Inmediatamente le propuso a Buñuel viajar a Hollywood a aprender la técnica fílmica norteamericana. Buñuel, que adoraba América antes de conocerla, aceptó la propuesta y viajó a los Estados Unidos en 1930.

En Hollywood, conoció a Chaplin e iba a menudo a su casa de Be-verly Hills, a jugar tenis, a nadar y a tomar baños de vapor. Chaplin vio —por lo menos diez veces en su casa—, *El perro andaluz*.

Regresó a Madrid en 1931 y en 1933 filmó su tercera película: *Las Hurdes (Tierra sin pan)*, con el premio que su amigo anarquista Ramón Acín había ganado en la lotería y que puso a su disposición. *Las Hurdes* es una región montañosa desolada, en la que no había más que piedras, arbustos y cabras. El filme es un documental sobre estas tierras altas antes pobladas por bandidos y judíos que huían de la Inquisición.

En 1934, Buñuel se casó con Jeanne, y prohibió a los parientes de su mujer que asistieran a la boda en la Mairie du XXème, no por estar en su contra, sino porque la familia, en general, le parecía odiosa.

En París, mientras trabajaba en el doblaje de las películas de la Paramount, bajo la dirección del esposo de Marlene Dietrich, había empezado a estudiar en serio el inglés. Poco después se marchó de la Paramount y aceptó el puesto de supervisor de doblajes de las producciones de la Warner Brothers en Madrid. Tenía un despacho en la Gran Vía y un piso de seis o siete habitaciones en el que vivía con Jeanne y su hijo Juan Luis, muy pequeño todavía.

En julio de 1936, Franco desembarcaba al frente de tropas marro-quíes con la intención de acabar con la República y restablecer "el orden" en España. Jeanne y el niño Juan Luis acababan de regresar a París. Poco tiempo después Buñuel se reunió con ellos ya que consiguió empleo como encargado del protocolo de la embajada española. Allí permaneció hasta el final de la guerra civil.

En 1939, Buñuel regresó a Hollywood contratado como asesor histórico y técnico para la realización de una película sobre la guerra civil española —*Cargo of Innocents*—, asunto que atraía enormemente a los norteamericanos. Se disponía a comenzar su trabajo, cuando llegó un ultimátum de Washington: la Asociación General de Productores Americanos, por orden del gobierno, prohibía simple y llanamente toda película sobre la guerra de España, fuera a favor de los republicanos o de los fascistas.

Buñuel permaneció unos meses en Hollywood aislado y sin recursos. En aquel momento tuvo noticia de que la fracción del ejército en la que él estaba enlistado había sido movilizada. Tenía que ir al frente. Escribió a su embajador en Washington para ponerse a su disposición, pidiéndole que lo repatriara así como a su mujer, pero éste le respondió que le avisaría cuando lo necesitaran. Pocas semanas después, terminaba la guerra.

Abandonó Hollywood en donde no podía hacer nada, y decidió irse a Nueva York a buscar trabajo en lo que fuera. Allá fue contratado como jefe editorial del Comité para Asuntos Internacionales, ideado por Nelson Rockefeller, en el recinto del Museo de Arte Moderno. Su misión era seleccionar películas de propaganda antinazi y distribuirlas en tres lenguas, inglés, español y portugués, destinadas a todo el continente americano. Buñuel vivía en la esquina de la calle 86 y la Segunda Avenida, en pleno corazón del barrio nazi; frecuentemente tenían lugar manifestaciones a favor del régimen fascista. Nueva York apagaba las luces por la noche para protegerse contra posibles bombardeos, y en el Museo de Arte Moderno, como en todas partes, se multiplicaban los ejercicios de alarma. En esas circunstancias, Buñuel reencontró a varios miembros del grupo surrealista: André Breton, Max Ernst, Marcel Duchamp, Seligmann, Tanguy, así como Antoine de Saint-Exupéry y a Claude Lévi-Strauss.

En 1944, volvió a Los Angeles para trabajar en el doblaje de películas. Dos años más tarde habría de viajar a México que escogió como su residencia permanente. Buñuel se naturalizó mexicano en 1949.

Su primera película en México fue *Gran casino* con Jorge Negrete y Libertad Lamarque. Luego filmó otra comercial: *El gran calavera.* Pero en 1950, *Los olvidados,* le dio el Premio de la Crítica Internacional a la mejor dirección, que otorga Cannes, y trece Arieles en México. El éxito de este film — inspirado en tribunales para menores y de hospicios— es perdurable, y la película ha sido considerada por todos como una obra notable. En el mismo año de 1950, Buñuel realizó *Susana* con Rosita Quintana. En 1951, *La hija del engaño, Una mujer sin amor* y *Subida al cielo;* esta última, interpretada por Lilia Prado, obtuvo el Premio de la Crítica. En 1952, hizo *El bruto* con Pedro Armendariz, Rosita Arenas y Katy Jurado; *Robinson Crusoe,* cinta maravillosa y sencilla, exenta de los detalles "buñuelescos": heridas sanguinolentas, seres deformes, etc., y *Él* —interpretada por Arturo de Córdova—, que fue una de las películas favoritas de Buñuel.

En 1953, le tocó su turno a la obra de Emily Bronte: *Cumbres borrascosas,* lectura predilecta de Buñuel, aunque su traslado a la pantalla no lo satisfizo del todo. En 1954, filmó *El río y la muerte* con Columba Domínguez, y en 1955, *Ensayo de un crimen* con Ernesto Alonso y Miroslava. Buñuel filmó en 1955 *Cela s'appele L'Aurore,* adaptación de la novela de Emmanuel Robles, con Georges Marchall y Lucía Bosé; y en 1956 *La mort en ce jardin,* co-producción también, con Charles Vanel, Simone Signoret y Goerges Marchall. En 1958, *Nazarín* obtuvo el Gran Premio Internacional de Cannes. Los intérpretes eran: Marga López, Paco Rabal y Rita Macedo. En 1959, *La fievre monte au Pao (Los ambiciosos),* con la actuación de María Félix, Gerard Philippe y Jean Servais. En 1960, Luis Buñuel hizo *The young one* con Zachary Scott.

En 1960, volvió a España después de veinticuatro años de ausencia. Durante esa primera estancia —limitada a unas pocas semanas—, Francisco Rabal ("Nazarín"), le presentó al mexicano Gustavo Alatriste, quien se convertiría en productor y amigo. Poco después, filmaron *Viridiana* con la actuación de Fernando Rey y Silvia Pinal. Este filme obtuvo la Palma de Oro en Cannes, pero fue inmediatamente prohibido por el ministro de Información y Turismo del gobierno de Franco porque sugiere explícitamente una relación de amor entre tres.

Otras películas realizadas en los primeros años de esa década son: *El ángel exterminador,* rodada en México, y *Memorias de una doncella,* producida por Serge Silberman, filmada en París y en la que participó la actriz Jeanne Moreau.

Belle de jour, 1966, se filmó con la actuación de Catherine Deneuve, y fue el mayor éxito comercial de su vida.

En 1968 rodó, en París, la película *La Vía Láctea,* basada en la obra de Menéndez y Pelayo *Historia de los heterodoxos españoles.* En este filme, que es un paseo por el fanatismo, colaboró Jean-Claude Carrière con quien Buñuel se identificó más que con ningún otro escritor.

En 1969, filmó, en la ciudad de Toledo, la película *Tristana,* con Catherine Deneuve y Fernando Rey, basada en la novela epistolar de Benito Pérez Galdós. En 1972, obtuvo el Oscar de Hollywood con el filme *El discreto encanto de la burguesía.*

En 1974, rodó *El fantasma de la libertad,* homenaje a Karl Marx, que habla de la libertad política y social, así como de la libertad del artista y del creador, tan ilusoria la una como la otra.

En 1977 filmó, con la actuación de Fernando Rey, Angela Molina y Carola Bouquet, *Ese oscuro objeto del deseo,* historia de la posesión imposible del cuerpo de una mujer, basada en la novela *La femme et le pantin* de Pierre Louys.

En España, Buñuel produjo y dirigió películas comerciales como *Centinela alerta, Don Quintín el amargado, La hija de Juan Simón,* pero la mayoría no están firmadas, porque Buñuel no les confiere el mismo valor que a las películas que reflejaban sus verdaderas inclinaciones artísticas.

Cuando los jóvenes le pedían consejos, Luis Buñuel contestaba invariablemente: "Para ser un buen director de cine es necesario tener personalidad, amor al cine e inteligencia. La técnica no es indispensable porque se adquiere con la experiencia". Buñuel daba, con estas palabras, una lección de humildad porque todos saben que fue un gran técnico, un vivisector que ha hecho escuela. Su cine y sus imágenes tienen un valor creativo excepcional.

Datos obtenidos de: Poniatowska, Elena. *Palabras Cruzadas.* México: Era, 1961.
Buñuel, Luis. *Mi último suspiro.* Jean Claude Carrière, Plaza y Janés, 1982.

MANUEL BENITEZ: EL CORDOBES

Son las once y veinte de la mañana y el matador está en bata. —Bien decía Cagancho que un negocio que no da para levantarse a la una de la tarde, no es negocio—. Por lo visto, este otro andaluz piensa lo mismo. De espaldas a la puerta, el Cordobés está sentado en una sillita. A pesar del pelo largo —si no, ¿cómo se prendería la coleta?— veo su nuca, frágil, casi infantil. A su lado, su banderillero, Paco Ruiz, la hace de peluquero. Tiene una secadora en la mano —de ésas que usamos las mujeres— y un peine y unas tijeras en la otra, pero no le ha cortado nada, porque el famoso mechón permanece en su puesto, intacto, fijo hasta la eternidad. El cuarto del hotel está lleno de gente; dos señores gordos vestidos de gabardina gris, o verde olivo, o rata, en fin, ese color que no importa, salen en el momento en que yo entro. Miguel Laguna, el mozo de espadas, recoge rápidamente la ropa interior del torero, tirada en el tapete. —Así se acuestan los jóvenes de hoy; nunca doblan su ropa antes de dormir—. Miguel Laguna, con un "pitillo" en la esquina de la boca, se ha puesto a planchar camisas blancas frente al tocador. Junto a nosotros se sienta un picador, al menos eso parece, alto y flaco como una lanza, con un bigote también flaco: Raúl Otero García. El Cordobés sonríe y me desarma. Desarma toda su figura. "¡Es un niño!", pienso, "¡Válgame Dios, si es un niño!" Bajo el fleco, miran dos ojos risueños que en cierto modo embisten.

—¡Aja matador!

Delgado y nervioso, bien bragado, el Cordobés es un torero noble. Trae en la sangre la bravura de su raza. Es un torero para una faena, pero una faena repartida a lo largo de quince, veinte, cincuenta, cien, quinientas, mil corridas. Mira con los ojos fijos, y se come mansamente las "s". Habla con voz baja, diría yo, dulce, uniforme. Y sobre todo se queda quieto. Quieto, quieto. No mueve ni las manos. Quieto. Detenido frente al toro que se le arranca desde la puerta de toriles, el Cordobés espera.

—¿Y usted? ¿Es valiente o es torero?

—Yo soy de las dos cosas un poquito.

—Es que los expertos en eso de los toros dicen que usted al que torea es al público. ¿Usted qué opina?

—Bueno no veo yo por qué voy a torear al público. ¿Y los toros qué? ¡A ver que les echen uno vivo pa'dentro!

—¿Qué?

—¡Que les echen los toros vivos pa'dentro!

—Y también dicen que es usted un gran espectáculo, no un gran torero; que usted sólo les gusta a los villamelones (los que no saben de toros). Usted, ¿qué dice?

—No. Yo soy un charlot —pronuncia: "charló".

—¿Un qué?

—Un cómico vamo'.

—Pero, ¿por qué es usted un cómico?

—Po'que no soy torero.

—¡Claro que es usted torero!

—¿Ah si? —se ríe—. Entonce' ¿cómo me hizo usted antes esas preguntas? A ver, ¿cómo decían antes esa' preguntitas?

YO DOMINO LA MULETA

—¿Usted se siente más seguro con el capote o con la muleta?

—Con la muleta.

—¿Y por qué?

—Porque la domino mejó'.

—¿Sólo por eso o porque los críticos taurinos afirman que usted lo hace mejor con la muleta?

—No. Eso es lo que yo siento, la muleta. Yo siento todo en el toreo. Pero la muleta, la muleta me la domino má'.

—Oiga, ¿y es cierto que en las corridas de provincia usted le besa el cuerno al toro?

—¿Yo? ¿El cuerno al toro? ¿Quién le ha dicho eso?

—Dicen...

—¡Ah! ¡Quien dice eso 'tá loco!

UN BICHO CON DOS CUERNOS

—Bueno, ¿y qué cosa es un toro?

—¿Un toro? —abre los ojos como si se le fueran a reventar.

—Sí, un toro.

Silencio.

—Un bicho con dos cuernos.

—¿Y qué cosa es un torero?

—Un hombre como otro cualquiera.

—Pero, ¿qué cosa hace el torero?

—El torero, pues como cualquiera, torear.

—¿Y qué cosa es una chicuelina? ¿Y una verónica? ¿Y un pase natural? ¿Y una gaonera?

—Bueno, pues uno cita... —se interrumpe abruptamente—. Oiga, ¿y uté'po'qué no va a lo' toro'? —Todos sus acompañantes ríen y me miran con infinita conmiseración.

—Se dice que algunos toreros presienten cuando los va a agarrar el toro. ¿Usted presiente las cornadas?

—Ese tendría que ser un sabio, y yo no lo soy.

—Pero cuando lo cornaron en Granada y en Valencia, ¿cómo estuvo eso?

—Toreando.

—Sí, ya sé que toreando, pero, ¿cómo lo agarraron?

—En un par de banderilla' me agarraron.

—¿Las dos veces?

—No, una vez toreando con la muleta y otra vez poniendo un par de banderilla'.

—Cordobés, ¿le tenía usted miedo al público mexicano?

—No. Yo no tengo miedo ma' que a lo' toro'.

—¿Mucho miedo?

—¡Mucho!

—¿Desde cuándo? ¿Desde que empezó a torear? ¿Desde que era novillero puntero?

—Claro.

—¿Qué no dicen que al principio los novilleros no tienen conciencia del peligro?

—Yo tengo miedo de'de antes de ve'tirme de torero.

—Antes de vestirse de torero...

—Ya tengo miedo, claro.

—Oiga Cordobés, y cuando todavía no era torero, ¿qué hacía?

—Yo trabajaba en el campo.

—Usted, ahora, ¿cuántos años tiene?

—Tengo veinticinco.

Parece un muchachito de diecisiete años, un chamaco simplón y vulnerable.

—Y, ¿cuándo empezó a torear?

—Llevo tre' año' ya.

—Y, ¿encuentra usted exigente al público mexicano?

Sacude su cabeza mechuda. Hace un mohín con la boca, algo así como un puchero.

—Bueno, regular, como en to'os sitios.

—Y, ¿qué es lo que a usted más le gusta del público?

—La' niña', la' niña' para bailar con ella'j y que me acompañen.

104

DE POLITICA YO NO SE NA'

—Cordobés, ¿cree usted que después de Franco, don Juan
—el chico— dirigirá a España?
  —De eso yo no entiendo. Yo de toro' y malamente.
  —¿De política no?
  —De eso no entiendo na'.
  —¿Y es usted monárquico?
  —¿Qué es eso?
  —¿Le gustan a usted los reyes, los que tienen corona?
¿Le gustaría que hubiera un rey en España?
  —Yo de eso no entiendo. Yo estoy muy bien como estoy.
  —¿Le gustan a usted los reyes o los revolucionarios?
  De repente me doy cuenta que detrás de mí, el señor
Raúl Otero García le ha hecho toda clase de señas al Cor-
dobés. Lo pesco agitando su pluma atómica dorada, en
señal negativa y me vuelvo hacia él:
  —Y usted, señor, ¿por qué le está aconsejando que no
conteste?
  —Son mi' nervio' señorita, mi' nervio'... Yo soy muy ner-
vioso.
  En este momento me gustaría que a Raúl Otero García
le diera un vértigo y se quedara atorzonado hasta el final
de la entrevista. Ya de por sí tengo que sacarle al Cordobés
las respuestas con tirabuzón, y luego está su censor. Con
razón el señor Raúl Otero García, flaco y seco, me pareció
salir de las tinieblas de la Santa Inquisición.
  —Cordobés, y de la política internacional, ¿qué piensa?
¿Qué piensa de China Roja?
  —Nada, na', yo no entiendo na' —esta vez el Cordobés
se ríe.
  —¿Ni quiere entender, o qué?
  —Ni quiero entender.
  —¿Por qué no quiere entender?
  —Porque con lo' toro' es lo bastante.

YO NO SE CUANTO GANO

—Bueno, ¿y cuánto dinero gana por corrida?

—Eso no sé, e' cosa del apoderado.

Al llegar encontré al apoderado, Manuel Chopera, en el comedor del hotel, desayunándose. Es muy cordial y accesible.

—¿Y a poco el señor Chopera no le dice cuánto le van a pagar?

—No, ha'ta que no lleguemo' a España y no no' demos cuenta, yo no sé na'.

—Pero, ¿aquí en México cuánto gana?

—No sé, deverita' que no lo sé.

—¿Usted arriesga su vida y no sabe por qué?

—No, ha'ta que no lleguemo' a España, no.

—A mí se me hace que lo que usted no quiere es contestar.

—Le estoy diciendo que no sé, señorita.

Aunque el Cordobés y Raúl Otero García, que lo cuida como cancerbero, no quieren decir nada, se sabe que en la actualidad es el torero más taquillero. En México le pagan por corrida ciento setenta y cinco mil pesos.

GUARDO MI DINERO A VER SI TIENE CRIA

—¿Qué hace usted con su dinero?

— Lo estoy guardando, a ver si tiene cría alguno. Lo estoy guardando a ver... —se ríe.

Coro de risas.

—Pero, ¡usted tiene fincas en España!

—Tengo una en Jaén.

—¿Cuántas?

—Una.

—¿Muy grande?

—Bueno, regular.

—Que tiene olivos, ¿no? ¿Cuántos? ¿Cincuenta mil?

—No sé, no me ha dado tiempo contarlos. Tiene bastantes.

— ¿Y quién los cuida mientras usted torea?

— Mi' hermanos, mi' hermanos.

YO QUIERO SER BANQUERO

— ¿Y qué es lo que usted quisiera ser después de torear?

— Banquero.

— ¿Por el dinero?

— Claro, banquero pa' mover el dinero, claro.

— ¿Por qué?

— Porque le tengo afición a eso.

— ¿Le gusta el dinero?

— Claro, ma' que lo otro que me dijo ante'.

— ¿Qué cosa le dije antes? ¡Ah, la política! ¿Le gusta más el dinero que la política?

— Sí, el dinero e' lo que me gu'ta. Eso sí lo sé.

— El dinero es lo que le gusta pero no sabe usted cuánto gana por corrida.

— Pue' no lo sé, ya le dije, no lo sé. Tengo tanta afición que no sé ni lo que gano.

— ¿Y a qué horas toca usted la guitarra y canta flamenco?

— Ora como tengo la mano no puedo hacer na', no puedo hacer na', pero depende.

— ¿Qué le pasó?

— Me di un corte, toreando.

Trae la mano vendada. En el cuarto de baño, alguien está preparando su baño de tina. Se oye el agua que cae bonito. Miguel Laguna saca unas gasas para curar la mano del niño.

— Oiga, ¿y usted nunca está solo? ¿Siempre permanecen en el cuarto con usted cinco o seis acompañantes?

— Sí, e' la cuadrilla. Yo viajo con la cuadrilla.

— ¿Y no le gustaría estar solo?

— ¿Pa' qué?

YO SOY MUY FELIZ

—¿Cuál sería para usted el colmo de la desgracia, lo peor que le podría pasar?

—¿A mí?, ¡a mí que no me pase na'!... De desgracia' ni miguita'. De eso na', vamo'.

—¿Y qué es lo que lo haría a usted más feliz? ¿Cuál sería para usted el colmo de la felicidad?

—Como e'toy, va bien.

—Ahorita, ¿es usted muy feliz?

—Sí, muy feliz.

—¿Y usted se considera inteligente?

—Bueno, regular, pa' defenderme.

—¿De quiénes se tiene usted que defender?

—Pa' defenderme... pa' defenderme de los periodista'.

—¿En qué año va usted en la escuela?

—¿En qué año? —se ríe—. ¡Si no he empezado el primero!

—¿Todavía no ha empezado? ¿Pero está estudiando?

—Sí, e'toy estudiando.

—Y, ¿ya sabe usted leer?

—Un poquito, sí.

—¿Y escribir?

—Pa' defenderme un poquito.

—¿Para firmar los cheques?

—Bueno, y los autógrafo' y to'o.

—Y, ¿por qué cree usted que cada vez que torea llena las plazas?

—Ah, eso sólo el público lo sabe. Yo no.

—¿No sabe usted por qué va el público?

—Porque le gustará cómo toreo, me supongo.

—¿Por qué cree usted que se ha convertido en un ídolo? Cuentan que en España, el año pasado no hablaban más que de usted.

—Esas son cosa' del público, de las masas.

El fenómeno El Cordobés se parece un poco al fenómeno

James Dean. De pronto, aparecen jóvenes-niños-inocen-
tes-querubines-sortilegios-maravillas-santos y demonios
que ejercen un poder misterioso sobre la multitud. Su in-
flujo es mágico. Simpático y espontáneo. El Cordobés es
una piedra imán. Hacía mucho que un torero no ejercía ese
atractivo. Sólo Manolete. Al Cordobés se le quiere y ya.
Cae bien porque sí. Es un ídolo y punto.

—Cordobés, ¿y a usted le importa mucho ser un ídolo?

—A mí me gu'ta, claro, me gu'ta, como a todo el mundo
le gu'taría, vamo'.

—Y usted, ¿con quiénes está? ¿Con los ricos o con los
pobres?

—Yo, con todo el mundo.

¡Ah, qué muchacho, libre de demagogia! ¡Ah, qué muchacho, que dice sin poses exactamente lo que siente!

—Pero, ¿no era usted pobre antes?

—Sí, pero no porque fui pobre no voy a e'tar con to'o el
mundo.

—Yo pensaría que usted estaría especialmente con los
pobres.

—Yo e'toy con to'o el mundo, hombre.

—¿Y qué cosa hace por los pobres?

—Pues ayudo en lo que puedo.

—¿En qué por ejemplo?

—Pues dando corridas a beneficio de ellos, festivales,
cosas así. Lo que yo pue'o hacer, lo que está a mi alcance.

ESPAÑA ES MI TIERRA Y MI CASA

—¿Y usted cómo ve a España? ¿De no haber nacido allá, a
dónde le hubiera gustado nacer?

—En cualquier sitio.

Cualquier otro visitante, para hacernos la barba, hubiera
dicho México, pero el Cordobés nació antes de que se ins-
tituyeran los pecados —niño antes del pecado original— y
no sabe lo que es la adulación o la zalamería.

—Y para usted, ¿qué es España?

—Pues España e' mi tierra y mi casa.

TRANQUILO, TRANQUILO

—Y ¿qué piensa usted cuando la plaza se desboca y le grita: "¡Oleeee!"?

—Yo lo veo tranquilo, tranquilo.

—¿Usted los domina?

—No, y a vece' tampoco a lo' nervio' mío'.

—¿Tiene muy buenos nervios?

—Bueno, regular. De pronto se suelta to'o, y to'os se descacharran y está toda la plaza llena de nervio' por to'os lados y salen hasta por los tendidos y to'o.

Esta es la primera frase larga del Cordobés. Claro que se comió todas las "s" como buen andaluz, pero si yo no las incluyera, nadie comprendería.

—¿Y le gusta a usted filmar películas?

—Regular. Porque yo tengo más fe en los toro', que es lo mío. Los toro' me quitan mucho tiempo.

EL FAMOSO MECHON DE PELO

—Cordobés, ¿es cierto que usa ese famoso mechón de pelo para tapar una cicatriz que tiene sobre la frente?

—No. Yo lo uso porque e' costumbre mía, desde muy chico, desde siempre.

—¿Y nunca se escapa usted de la cuadrilla, de todas estas personas que lo cuidan? ¿Qué hace usted aquí en México, fuera de torear? ¿Adónde va? Ahorita que se levante, ¿adónde va a ir?

—Voy a comprar una cazadora.

—¿Una qué?

—Una chaqueta. Me gusta la cacería.

—Y, ¿no va usted a algún café especial en México? Hay tantos cafés de españoles que se pasan el día entero diciendo que ya mero se muere Franco.

—No, yo salgo y donde me parece me meto.

—¿Por la calle de Niza?

—Por aquí y por allá.

—La última pregunta, Cordobés, ¿desde chico supo usted que iba a ser torero?

—¿Yo? Si todavía no lo sé siquiera, todavía...

Enfundado en su bata de satén guinda, custodiado, descalzo —a pesar de las pantuflas allí tiradas—, el Cordobés vuelve a sonreír. En su sonrisa está la arena, el sol, los tendidos, la sangre, de todas las plazas de España.

Febrero de 1964.

EL CITE DE NALGAS DE MANUEL BENÍTEZ, EL CORDOBES

Hijo de Angela Clara Benítez y José Benítez "el Renco" y hermano de Angelita, Encarna, Pepe y Carmela.

Cuándo Manuel Benítez nació, Palma del Río tenía doce mil habitantes y "...era una sociedad compuesta por tres familias terratenientes, apoyadas por una pequeña clase media, y por la amorfa multitud representada por José Benítez 'el Renco'... que cultivaba todos los campos a extramuros de Palma, sin tener siquiera un huertecillo de propiedad particular".

La casa de los Benítez estaba en la Calle Ancha. "Las casas de la Calle Ancha eran parecidas. La mayoría tenían una sola planta; algunas, dos y todas estaban enjalbegadas. Había que estar constantemente blanqueándolas, con un cubo lleno de agua y cal".

Cuatro familias vivían en esa casa y compartían un mismo fogón. Los Benítez habitaban el segundo piso. Contaban solamente con un cuarto que tenía una ventana que daba a la calle. Había una mesa, un armario y cuatro sillas que la madre había traído como dote.

José Benítez trabajaba en el campo, en todas las grandes fincas, como la de don Félix Moreno, el mayor terrateniente de Palma y en cuyas tierras habrían de internarse, subrepticiamente e innumerables veces, los adolescentes Manuel y Juan Horillo para torear vaquillas.

El clima de pobreza y el miedo a la Guerra Civil española abatió a la familia Benítez, la empobreció hasta el extremo y la dividió. El padre del Cordobés era un trabajador duro y honrado sin otro interés que el de proporcionarle a su familia el sustento; pero en el año de 1936 las condiciones de trabajo de los campesinos se hicieron intolerables; estalló la huelga general y al poco tiempo José se unió al ejército republicano. Tras la derrota fue hecho prisionero y los estragos de la guerra, aunados a los maltratos de la cárcel, debilitaron su cuerpo que no pudo sobrevivir a la tuberculosis. Murió a los cuarenta y cinco años casi sin haber conocido a su hijo Manolo.

A partir del verano de 1936 la familia Benítez quedó a cargo de doña Angela, madre de cinco niños, que en aquel tiempo tenía treinta y un años. En Palma del Río las condiciones de vida eran extremadamente precarias, en especial para las muchas familias cuyos hombres habían muerto o desaparecido. Los Benítez emprendieron el camino hacia Pueblo Nuevo del Terrible, entre Andalucía y la meseta de la Mancha. Allí, Angela y sus dos hijas mayores encontraron trabajo cocinando para una de las unidades nacionales que defendían el pueblo.

En 1939, después de tres años de guerra, los Benítez —como millones de españoles— empezaron a volver a sus casas y a buscar a sus seres queridos perdidos en la confusión del conflicto. Pero el hambre de la postguerra fue tal en los años 40 y 41 que el índice de mortalidad alcanzó su máxima cifra; entre sus víctimas segó la vida a la madre de Manuel Benítez quien murió en mayo de 1941. Juan, su esposo, la sobre-vivió dentro de la prisión algunos años más, así que a partir de ese momento Angelita, la hermana mayor, se hizo cargo de la familia. Ella como nadie habría de padecer las aventuras del pequeño de la familia. Manolo fue encerrado varias veces en la cárcel, acusado de robo, pero sin duda lo que más angustiaba a su hermana eran sus incursiones furtivas en el mundo del toreo. "Para sus corridas nocturnas, Manolo y Horillo preferían las vacas bravas a los toros; era una muestra de respe-to a la norma que establece que un toro no debe ser lidiado antes de salir al ruedo". Este par de amigos pasaron su adolescencia recorriendo caminos, campos y plazas andaluzas en busca de una oportunidad que los lanzara definitivamente al ruedo.

Manolo la encontró cuando ya casi era demasiado viejo para empe-zar a torear en el mundo de los grandes. Pero el 20 de mayo de 1964, fecha en la que confirmó su alternativa en la Plaza de las Ventas, fue memorable para el toreo y para España. Algo muy especial empezaba a ocurrir con el fenómeno del Cordobés", el renacimiento del interés por la fiesta brava. "Veinte millones de personas, las dos terceras partes de la población española se apretujaban ante los aparatos de televisión, esperando presenciar la consagración definitiva como matador de toros, del joven lugareño de Palma del Río". Pepín Garrido y Paco Ruiz fue-ron sus banderilleros.

El valor de el Cordobés lo ha convertido en el español "...más cele-brado y discutido de su generación. Venerado como un semidios por millones de españoles, y detestado por otros millones. Ha sido califica-do de embaucador, de payaso, de bárbaro, de comediante, de intruso carente de arte y que ha convertido al toreo en un rito salvaje sin gracia ni belleza. Para sus admiradores, había devuelto su emoción a una insti-tución que había llegado a ser un espectáculo manido, volviendo a hacer de ella lo que fue en sus orígenes: un combate furioso entre un hombre y una fiera. "El Cordobés —sostiene el decano de los críticos taurinos españoles—, es la repudiación de todo ese misticismo a lo Hemingway que deformó la fiesta".

A los ataques dirigidos contra él, el Cordobés responde: "Yo les digo: bajen al ruedo conmigo. Cuando hayan sentido los pitones del toro pasar junto a su cara y sus pulmones, cuando los hayan visto a pocos centímetros de sus ojos, entonces los tomaré en serio. Que sepan que podría torear como Manolete o como Ordóñez. Pero entonces sería otro Manolete, otro Ordóñez. Yo quiero ser lo que soy, el Cordobés, el único Cordobés".

En 1975, Manuel Benítez anunció que abandonaría los toros para retirarse, con su esposa Martine y sus tres hijos, a su inmensa finca de Villalobillos, treinta kilómetros al sur de Córdoba.

Sin embargo pocos años después volvió a torear, primero para corridas de beneficencia y después, en 1979 y 1980, en ocasión de auténticas temporadas organizadas por Paco Ruiz, su antiguo banderillero. Hasta la fecha el Cordobés no ha dejado de torear definitivamente.

Es difícil entrevistar al Cordobés aun estando en Córdoba. Sin duda debe estar cansado de contestar preguntas y por eso les ha pedido a las muchachas de servicio que lo nieguen aunque se encuentre en su domicilio. Cuando está en Córdoba vive frente a un parque en un amplio departamento de un edificio con elevadores silenciosos, corredores alfombrados y oscuros, y buzones ordenadamente colocados en el vestíbulo como si fueran criptas.

Datos obtenidos de la novela de Dominique Lapierre y Larry Collins: ...*O llevarás luto por mí*, Barcelona, Plaza y Janés, 1968. Y por el señor Bolio del diario *La Afición*.

JORGE LUIS
BORGES

El rostro de Borges da una luz blanca. Es un rostro expuesto. En él se detienen las miradas, permanecen el tiempo que les da la gana. Es una cara devastada por una multitud de miradas. Su madre diría: "¿Qué tanto le ven a mi hijo?", lo defendería contra el escrutinio. La boca tiene algo sensual que desciende hasta la papada, la frente es grande y pensativa, el cabello desamparado, el traje azul muy oscuro; como un girasol el rostro va hacia el sol de las otras caras sin darse cuenta que la única que tiene combustión propia es la suya.

Hace un momento Borges entró al comedor del Hotel Parque de los Príncipes, en la parte alta de Las Lomas, del brazo de Miguel Capistrán y de Claudine Hornos de Acevedo, su colaboradora en la preparación de un libro sobre Spinoza. A su paso se levantaron Natasha González Casanova, que lo abrazó y lo besó :("¡Borges, soy Natasha, la hija de Pedro Henríquez Ureña!"), el doctor Arnaldo Orfila Reynal, paisano y editor de su *Nueva Antología Personal*, que va en la quinta edición; el licenciado Pablo García Sáinz, Alvaro González Mariscal y Graciela Carminatti, — los tres integrantes del programa televisivo *Encuentro* —, Daniel Dueñas y su mujer Marta, Mina Zamudio y Rogelio Cuéllar, el excelente fotógrafo contratado para retratarlo todo el tiempo y en todo lugar durante los cuatro días que permanecerá en México.

Ahora Borges se ha sentado a la mesa. Le ofrecen té, se lo traen, le preguntan si quiere una tostada, se la ponen en las manos así sin nada y él la dobla y humildemente se la lleva a la boca. Hay en su gesto algo de los niños de Dickens, una manera de borrarse, de arrinconarse; como si Borges estuviera avergonzado: "¡Que no me vean! ¡Que no me vean!"

LAS VISITAS

—Está tan contento aquí —me explica Miguel Capistrán—, que no se siente cansado; al contrario, México lo ha removido tanto que le sugirió un poema y por eso quiere ir a Teotihuacan, para estar en la Ciudad de los Dioses. Hace tiempo que él no escribía; hasta creyó que había perdido la capacidad de imaginación.

> *Yo viajo muchísimo porque me gusta sentir los países. Si me quedo en Buenos Aires, mi vida es pobre, debo estar constantemente fabulando, dictando. En cambio si viajo estoy recibiendo nuevas impresiones, y a la larga, todo eso se convierte en literatura.*

Hoy comieron con él Carlos Monsiváis, Salvador Elizondo, Gabriel Zaid, Juan José Arreola —a quien le tiene un afecto muy especial—, y después de la comida llegaron Joaquín Díez Canedo, Ignacio Solares y esa mujer despampanante que es María Rodríguez, —ambos se conocen desde Argentina—; las hermanas Carmen y Magdalena Galindo quienes lo impresionaron gratamente por su cultura y la inteligencia de sus preguntas.

Natasha González Casanova se ha sentado a un lado de Borges; el doctor Arnaldo Orfila Reynal del otro. Natasha le pregunta a Borges, —y lo llama así a secas, Borges—, acerca del libro que la señorita Barrenechea ha escrito sobre él, y Borges responde:

—No lo leí porque el tema no me interesaba.

Yo no sé lo que significa mi obra. No sé si tengo una obra. Son más bien fragmentos, borradores, pero la gente ha encontrado algo en ellos y, acaso, algo haya en ellos, a pesar de mis intenciones.

UNA INFINITA CORTESIA

Ríen, Borges sólo sonríe; Natasha pregunta de nuevo si su personaje "El Kadir" es su papá (Henríquez Ureña), como lo afirma la autora Barrenechea y Borges aclara: "Puede ser... pero yo no lo sabía..." Entonces su acompañante Claudine, que tiene mucho de Borges en la elegancia y en la disposición, dice que es un buen libro con un análisis de un estilo serio y cuidadoso. Después hablan de Mallea, de Sábato, de Cortázar, de Bioy Casares y Natasha emite juicios que hacen reír a Borges: "¿Bioy Casares? La primera vez, Pablo, mi marido, me preguntó si era uno de sus seudónimos; no lo conocía. Lo conocen por culpa suya, Borges". "¿Mallea? Ese pasó de la nada a la nada". "¿Cortázar? (sobre cuyo libro *El libro de Manuel* Natasha escribió una estupenda crítica) sólo suscita el entusiasmo de la gente joven". Borges emite un juicio sobre Martínez Estrada: "Era muy agrio". Y Natasha añade para mi información: "Sí, tenía un genio de mierda". Hablan de revistas literarias, de *Sur* naturalmente y Borges dice: "Una revista muy respetada, prestigiosa, pero sin compradores, sin lectores ni avisadores (aquí diríamos "sin publicidad"). Sale muy irregularmente". Hablan de *Proa* y oigo los nombres de Molinari, Güiraldes, Guillermo de Torre y escucho a Borges decir: "Fue una muy buena época. Ahora ya no hay revistas, lo único que interesa ahora es el futbol y la política". Borges informa que Néstor Ibarra va a dirigir su versión en verso de *Les femmes savantes* de Molière que ha traducido como *El espejo de las niñas*. Dice algo acerca de que Victoria Ocampo donó su casa a la OEA y de pronto ya no oigo nada porque un mesero se ha puesto a barrer la alfombra con aspiradora. ¿A quién se le ocurre, frente a Borges y a las siete de la noche? La aspiradora se lo traga todo. En el rostro de Borges no aparece el menor asomo de molestia, y esto me llama mucho la atención, esa cara lisa por la cual nunca pasa la altanería o el disgusto; esa faz que sólo se encoge cuando de repente se le cierra la voz durante varios segundos y lucha convulsionado por recuperarla. Entonces uno aguarda, como se aguarda a los tartamudos, hasta que el flujo regrese, el rostro se descongestione y el pensamiento, siempre espiritual, siempre original, siempre único siga su curso, el cauce único que le ha dado Borges. Orfila Reynal le pregunta por el empleo de su tiempo en México, y Borges le responde: "Yo no pregunto, las cosas suceden", lo cual hace reír. Un periodista inquiere qué pasaría si él fuera inglés y le dice, levantando la cara hacia él, porque Borges ciego parece ver siempre a su interlocutor: "Si yo fuera inglés, sería imperceptible". Nuevas risas.

BORGES QUIERE ESTAR EN LOS SITIOS Y VISITARLOS

—Borges está aquí, invitado por Televisa para el programa *Encuentro* —me había advertido Miguel Capistrán— en el que van a participar los mexicanos Juan José Arreola, Salvador Elizondo y Marco Antonio Montes de Oca. Ya hemos ido a la Capilla Alfonsina porque él quería conocerla antes de recibir el premio Alfonso Reyes.

—Pero si no ve.

—Sí ve, manchas o sombras amarillas, pero no los rostros; no reconoce a uno más que por la voz.

—Maestro —intervengo— don Alfonso tenía un retrato suyo junto a su escritorio, pegado a la pared con un clavo.

Sonríe y pregunta:

—¿Con un clavo?

—En un marquito

Y dice:

—Sonrío por lo del clavo.

Pide saludar a Octavio Paz, le gustaría verlo pero Octavio está en Harvard. Han venido reporteros de todos los periódicos y le hacen las mismas burdas e ignorantes preguntas que yo, pero él nunca se pone de mal humor, trata a todo el mundo con cortesía. Su rostro sigue expuesto a todas las miradas. Se levanta, las dos manos sobre su bastón. Se despide sin vernos y camina hacia afuera, hacia la puerta de salida. Es el único que tiene sentido de la orientación.

A la mañana siguiente, a las nueve treinta, Borges me recibe en su bungalow para la entrevista. Súbitamente no hay nadie; nos dejan solos, él sentado en su sillón, su bastón a un lado, un suéter bajo su traje gris oscuro, el cabello blanco y lacio, recién peinado, los ojos azules que quién sabe por qué presentimiento siempre se dirigen al interlocutor, de suerte que uno se siente visto y olvida que Borges está ciego.

EL HECHO DE QUE SEAMOS AMIGOS ÍNTIMOS SE DEBE A QUE NUNCA NOS HAYAMOS HECHO CONFIDENCIAS

Hago todo lo que puedo para no ser sentimental, especialmente cuando escribo. Pero quienes piensan que jamás he conocido el amor se equivocan. Puedo afirmar que estoy constantemente enamorado. El primer amor de mi vida fue Ava Gardner. A veces veía sus películas dos veces al día, y después me despertaba para verla al día siguiente otra vez.

—Tengo un pequeño grupo de amigos que son los más íntimos; nos tratamos de "usted" (sonríe) y creo que el hecho de que lo seamos se debe a que nunca nos hayamos hecho confidencias. A mí no me gusta una amistad o una intimidad brusca; me desagradan mucho y les tengo horror.

—A los besos, a los abrazos...

—Bueno, en ciertos momentos no les tengo horror, pero no es eso lo que quería decir, sino cuando se empieza por la intimidad antes de haber llegado a la amistad, cuando se empieza por el abrazo antes de haber llegado al apretón de manos. Mi abuela era inglesa, de Northumberland, North Country Yard, frontera con Escocia —la tierra de las guerras con los escoceses y con los daneses—, y nosotros somos gente reservada, la hay en Buenos Aires, aunque en Argentina ante todo es muy tímida. Por ejemplo, si en una reunión usted entra y oye que alguien alza la voz, generalmente será un español, porque un argentino no lo hace. Un gaucho, para decir que no a algo, responde: "Usted lo dice". Yo tuve ocasión de conocer gente, bueno, cuchilleros, tornilleros que nunca usaban malas palabras, nunca alzaban la voz y hasta asistí a unos desafíos o provocaciones, y el que quería pelear con el otro y podía acabar matándolo empezaba mostrándose casi servil y muy cortés.

DE CUCHILLOS Y DE ARMAS DE FUEGO

—Una cortesía peligrosa.

—Sí, una cortesía peligrosa. Todo esto ocurrió en 1929, ahora ya no se dan esas cosas. Ahora la gente usa armas de fuego.

—Ahora la gente se mata a quemarropa; ya no hay ningún juego de desafío, ya nadie le avisa a nadie.

—Hoy existen muchos crímenes en Argentina, hay gángsters. Se mata por ejemplo, a traición, a mansalva, cosa que antes nadie hubiera hecho; hubiese quedado como un cobarde, un ventajero. Si se decía de alguien que había matado a otro sin avisarle, sin darle tiempo a buscar un arma, esto bastaba para desacreditarlo. Y si usaban arma también. Se pensaba que si un individuo tenía que recurrir al revólver era un cobarde, sobre todo si lo mostraba, porque el tipo que llamaban "el guapo", el cuchillero, llevaba el cuchillo (se desabotona el saco) en la sisa del chaleco, debajo del brazo, por eso cuando uno se hallaba entre gente de ese ambiente sabía que tenía que fijarse y al ver el bultito darse cuenta que el hombre estaba armado. Pero nunca se hablaba de eso y el revólver sólo se sacaba cuando ya estaba decidida la pelea, pero ahora todos esos ritos han muerto y en Buenos Aires hay muchos más crímenes que antes.

LOS CAMPESINOS PREFIEREN VIVIR EN LA MISERIA EN BUENOS AIRES: POR ESO HAY VILLAS-MISERIA.

—¿Y la miseria, señor Borges?

—La gente del campo quiere vivir en la gran urbe, por eso Buenos Aires, hasta casi el centro de la ciudad, está lleno de habitaciones miserables que se llaman púdicamente "villas de emergencia", "villas-miseria"; se encuentran pobladas por gente del interior que prefiere dormir sobre la tierra en habitaciones de hoja de lata; la división entre un cuarto y otro está hecha por pedazos de cartón que cuelgan del techo abajo, pero la gente prefiere esa vida, un inquilinato, a vivir en el campo. Viven miserablemente; comen poco y mal, pagan por cuotas un aparato de televisión.

—Aquí sucede lo mismo pero dicen que en Argentina, al menos en Buenos Aires, el pobre es de saco y corbata y té a las cinco de la tarde.

—No, no, ahora en Buenos Aires mucha gente no se viste como yo de saco y corbata porque usan por ejemplo una tricota; el uso del saco y la corbata es casi... anacrónico. El té a las cinco tampoco; la gente toma mate, no toma té. ¿El té a las cinco? Eso lo hubo en mi tiempo, en la clase media, pero en el pueblo jamás.

—Y usted ¿cree que Argentina está declinando?

—Sí, creo que ya antes de la primera dictadura estaba declinando; luego vinieron las "villas miseria", a las que me acabo de referir, y ahora es, sobre todo, un país, yo no sé... Por ejemplo, estuve una semana en España, la gente me hablaba muy mal de Franco, y no se veía un retrato de Franco por ninguna parte. En general encontré un país sonriente (sonríe él mismo) de una gran hospitalidad.

—En América Latina se multiplican los retratos de los presidentes en todas las dependencias burocráticas, y tal parece que nuestros países son un inmenso y desordenado archivo de efigies de dictadores —me atrevo a decir.

—Así que no había un solo retrato de Franco...

—No, pero puede ser sólo una prueba de la fuerza de Franco, es decir, que él se siente tan seguro que no necesita probar nada. En cambio, en Buenos Aires, aun después, cuando triunfó Perón de un modo tan inesperado en las últimas elecciones, todo el mundo estaba de mal humor, gritones y enojados incluso los peronistas. Se sentía un foro de rencor, las manifestaciones eran hostiles. En cambio en el año 55, cuando ocurrió lo que se llamó la Revolución Libertadora, y Perón huyó finalmente a España, recuerdo que recorríamos las calles y que no había un solo "¡muera!", se hacían algunas bromas nomás, pero éramos felices. Se sentía un gran consuelo, ¿no? Los partidarios de él, no sé, o se quedaron en sus casas o se sumaron a ese estado de alivio general. Yo preferiría no hablar de política, porque para mí es un tema penoso.

INCAPAZ DE DECIR QUE NO

Ayer, alrededor de la mesa y antes de que Borges se sentara, decía Natasha González Casanova: "El año pasado, su madre —Leonora Acevedo, conocedora y traductora como él— que tenía 96 años, lo ayudaba a atravesar las calles de Buenos Aires". Asimismo Natasha sugería a los periodistas

—que nos mirábamos cohibidos— preguntas de entendidos: "Pregúntenle qué puede decir de las obras que ha escrito en colaboración con Adolfo Bioy Casares; pregúntenle de sus personajes, H. Bustos Domecq y B. Suárez Lynch". De suerte que cuando Borges llegó a tomar su high tea, el té de las siete de la noche, se mostró encantado por nuestra erudición recién insuflada por Natasha.

Después, todo fue fácil, porque Borges ama los bon mots, las respuestas ingeniosas; ama también provocar y oír las risas de quienes lo rodean. Conmueve su cortesía, su finura, su deseo visible de no herir a nadie; se lo comento a Natasha y me dice: "¡Oh, sí; es incapaz de decir que no! Si ahora mismo un bárbaro le ofrece un mole negro de Oaxaca, se lo acaba. ¡Si le dicen que hay que ir al monumento a la Revolución, él va!".

Hace un momento Miguel Capistrán contaba febril, entusiasmado: "Es impresionante su condición de gigante; el primer latinoamericano que respetan las literaturas europea y norteamericana y que influye en ambas. Lawrence Durrel reconoce influencias suyas; Alain Resnais, el cineasta francés, se inspiró en un relato de él para hacer su filme: *Je t'aime, je t'aime*. No hay escritor de mayor renombre, es el padre de Cortázar, Arreola, Bioy Casares, el iniciador de una literatura nueva —absolutamente intelectual—. Como ningún otro contemporáneo, Borges reúne la sabiduría, la cultura, el oficio literario y la imaginación. Humanista al estilo de Alfonso Reyes, ha sido traducido a todos los idiomas. Es una vergüenza que aún no le den el Nobel".

Para el joven Capistrán siempre había sido un mito traer a Borges. Me lo encontraba cada año con sus libros bajo el brazo y exclamaba: "Ahora sí viene Borges a dar una conferencia en la Universidad de Jalapa". Sorprendida por su persistencia, no podía dejar de pensar: "Cada quien tiene su idea fija: la de Capistrán es traer a Borges a México". Ahora que lo ha logrado, parece natural, "aunque en Argentina —me aclara— todo el mundo daba por seguro que Borges no haría el viaje".

Cuando, de nuevo junto a Natasha, digo: "Borges es muy reaccionario", ella responde: "¿A quién se le podría ocurrir llamar conservador a Proust o a Balzac? Bueno, por lo menos Balzac podría aventar un guantazo, dar una bofetada, devolver..." "Entonces, Natasha —insisto— ¿no importa que sea reaccionario?". Natasha responde vehemente: "Lo que importa es que Borges es un gran escritor". La gente rodea la mesa y algunos turistas lo ven con curiosidad; como diciendo: "¿Quién será?". "¿Qué le verán a éste?". "¿Qué estará pasando?"; se detienen un momento y luego se desentienden y se van. Unos muchachos giran como mariposas nocturnas alrededor de un foco, llamándolo maestro. La señora Claudine, que acompaña a Borges, da de cuando en cuando alguna información adicional. Capistrán me explica: "La señora Claudine de Acevedo lo ayuda. Se conocieron en Suiza cuando él tenía 18 años y ella 2, y su relación data desde entonces. Borges tiene sus devotos y una cauda de seguidores en Latinoamérica".

LA LITERATURA INGLESA ES TAN RICA QUE SI YO FUERA INGLES SERIA IMPERCEPTIBLE

—Ayer, maestro, hizo usted reír cuando le preguntaron qué pasaría si fuera inglés y respondió que sería imperceptible.

—Claro, porque la literatura inglesa es tan rica que así sería yo (se hace para atrás, tartamudea). No quiero ofender a mis colegas, pero no pueden compararse con los escritores ingleses. Yo me siento argentino; bueno, siento la tristeza de su actual situación política — qué bochorno—, pero creo que mi país ha producido —no sé cómo decirlo sin ser vanidoso— quizá algunas grandezas menores o mayores, quizá...

—¿Y cuáles serían esas grandezas mayores y menores?

—Ante todo el haber producido algunos hombres como Sarmiento, digamos; luego, la guerra de Independencia: cuando los ingleses invadieron Buenos Aires fueron rechazados dos veces, no por las tropas españolas que huyeron, sino por la población civil, la de la capital; no por la gente del campo que nada sabía del país ni del patriotismo ni de nada de eso, sino por los citadinos. En la guerra de independencia participó mi bisabuelo; él sólo tendría 16 años cuando salió de Buenos Aires, murió a los 26 y ya se había batido, mandó una carga de caballería en Junín, y sobre todo en la batalla de Ayacucho; y luego la resistencia que hicimos nosotros los Unitarios. Un abominable pariente mío llamado Manuel de Rosas, un tirano espantoso, hizo algo sin embargo, que nos honra: organizó un país hasta engrandecerlo, indudablemente, porque aun la Argentina de 1810 —bueno, desde luego la ciudad era más chica, la población menor— fue una nación creciente, con esperanza, con sonrisa. ¡Y la Campaña del Desierto, también! —parece buscar algo con la punta de su bastón—. Hubo la batalla de San Carlos en la que estuvo mi abuelo, De Borges; la guerra con los indios fue muy brava, tanto que no se tomaban prisioneros; esa sí fue una guerra cruel, ¿eh?, porque los indios lanceaban a los cristianos, a los blancos, y los cristianos degollaban a los indios; fue espantosa; concluyó poco antes de 1890 y se llevó a cabo en el desierto, en la pampa... (hace una pausa y continúa en voz baja): Y creo, yo no sé, exagerando yo diría que personas... (hace otra pausa deliberada), que personas anónimas, personas de vida decorosa, personas de vida valerosa, como mi madre, pueden justificar un país. Y quizá sea eso más importante que todas las guerras victoriosas que hemos tenido con el Brasil, con el Paraguay, con los españoles, con los ingleses antes de la independencia. Yo creo que el hecho de que se den vidas rectas en un país es muy importante... ¿cómo?

EN GENERAL LOS GRANDES HOMBRES NO SE PARECEN A LA MAYORIA DE SUS COMPATRIOTAS

Borges interroga con todo el rostro; quiere asegurarse, asirse. Dice con gran frecuencia "no sé"; como si no estuviera seguro; las palabras parecen ser parte de su sangre, de su carne; son las únicas que logran transformar sus facciones al agolparse tras de él esperando a que les abra la puerta. Se atropellan; el semblante de Borges, blanco y rosa, liso, ajeno a las arrugas, se convulsiona; agacha la cabeza y se le separa el pelo blanco cuidadosamente peinado. Inquiere con un levísimo gesto de ansiedad:

—¿No cree usted que es muy importante el hecho de que se den vidas rectas en un país?

—Sí, señor Borges, sí, sí absolutamente.

—Porque después de todo al juzgar a un país por sus grandes hombres no es uno muy justo, porque los grandes hombres en general no se parecen a sus compatriotas.

—Pero ¿cómo se entera uno, señor Borges, de la existencia y de la acción de las personas que tienen una vida decorosa, valerosa?

—¡Ah, eso es otra cuestión! Si se entera uno o no, no importa. Que Dios se entere, eso basta... Salvo que yo no creo en Dios.

—Sin embargo, sus apreciaciones son religiosas, señor Borges; la oración, el sufrimiento, la expiación, el recogimiento, el decoro; miles de almas humildes y anónimas que ofrecen su sacrificio diario y hacen que una fuerza espiritual suba desde la tierra hasta Dios, ese es un concepto religioso.

—Quizá sí, no lo sé. Lo importante es que las cosas

sucedan; pero que los demás se enteren, esto ya es cosa de... (se ríe) casi de periodismo, ¿no?, de historia.

—¿No cree que la difusión es importante?

—No, no lo es.

—Pero la gente vive cada vez más hacia afuera. Your inside is out, your outside is in, dicen los Beatles; que los demás sepan, que los demás vean. La vida es un inmenso aparador perfectamente iluminado.

ME LLENA DE ESTUPOR QUE LA GENTE ME CONOZCA, PERO YO ESCRIBIRIA AUN SIN SER CONOCIDO

—Mire, vamos a poner un ejemplo. Yo no creo que lo que yo escriba tenga mayor importancia; estoy asombrado de que haya tantas personas evidentemente inteligentes y de diversos países del mundo que hayan tomado en serio lo que yo escribo, y esto es algo que agradezco y me llena de estupor. Pero al mismo tiempo, si yo viviera en una isla desierta como Robinson Crusoe, tuviera vista y tuviera papel y pluma, seguiría escribiendo por una necesidad íntima.

—Pero, ¿qué escritor conoce usted que escriba sólo para sí mismo, que jamás lea su obra a otros, que no publique?

UN HOMBRE A QUIEN LE GUSTABA MUCHO PENSAR

—Conocí en Buenos Aires a un escritor, Macedonio Fernández; lo que él ha escrito no creo que sea mayormente importante; conversábamos y era muy lacónico para hablar y muy cortés, de modo que él siempre le daba una forma interrogativa a lo que decía, porque le parecía que decir: "A mí se me ocurre tal cosa", ya era una soberbia. Entonces, él decía suavemente: "Habrás pensado muchas veces tal cosa". De su obra, me parece que podemos olvidarla fácilmente, pero de su persona, era un hombre, yo lo sentía, que tenía genio y ese genio se manifestaba digamos en el diálogo; un diálogo que no era sino lacónico y, sin embargo, excepcional. No era brillante y no le hubiera gustado serlo, como tampoco le hubiera gustado ser conocido, porque todo eso le incomodaba. Era simplemente un hombre a quien le gustaba mucho pensar.

—¿No quería que se conocieran sus pensamientos; que se divulgaran?

—Que se conocieran o no, no le interesaba absolutamente.

Borges se va; de pronto sigue el hilo de sus propios pensamientos, va tras una idea; me olvida y luego regresa apenado y enfoca de nuevo su rostro al del interlocutor. Además transfiere sus emociones; uno sonríe cuando él sonríe, baja la cabeza cuando él la baja. Su ceguera resulta nueva, al menos para mí; tengo la impresión de estar frente a un paisaje lunar, blanco, gris, blanco, gris, en el cual no hay sombras; tengo la sensación de flotar, suspendida en el aire. De suerte que cuando Borges me pregunta:

—¿De qué estábamos hablando?

—No sé... Perdóneme. Sí sé... de...

—¡Qué bueno que es usted insegura! ¡No me gusta la gente vociferante y segura!

—Maestro, ¿por qué le da usted tanto valor al hecho de no querer herir a nadie, incluso en la conversación, en el diálogo, en el menor encuentro?

EL PECADO CAPITAL DEL HOMBRE, COMO LO DECIA STEVENSON, ES LA CRUELDAD

—Me parece que el pecado capital del hombre, y aquí estoy plagiando a Stevenson, no es el rencor, es la crueldad. Creo que esto es lo imperdonable; ser cruel con un chico, con un animal, con otra persona; esto es algo que no puede perdonarse. El hecho de que una persona sea cruel no puede rescatarse con otras virtudes (sonríe). Ahora... claro, la estupidez tampoco me parece recomendable, pero la crueldad me parece horrible.

—Elena Garro dice algo muy chistoso con respecto a la estupidez. Recuerdo que una vez que íbamos con Javier Rojo de la Vega, un líder campesino, le conté que un escritor conocido nuestro era muy trabajador, y que por afanarse en la tarea diaria estaba salvado. Y me respondió con una sonrisa diabólica y radiante: "Sí, pero si es un estúpido por más que se afane, no puede salvarse".

Borges sonríe.

—Me gustaría conocerla, a Elena Garro.

ES INCOMODO SER CONOCIDO; MI PADRE QUERIA SER INVISIBLE

Nada cruza por esas facciones tranquilas como el lago Lehmann, uno de los lagos suizos, nada las contrae, salvo el no encontrar las palabras que han de darle forma a su pensamiento, pero, ¿el exterior? ¿Qué le llega a Borges del exterior? Esto quizá pudiera contestarlo la señora Claudine, pero desgraciadamente se ha ido al Banco. Miro a Borges y permanezco al margen, en la otra orilla. Como todos los hombres solitarios que tienen una poderosa vida interior —y desde hace más de 15 años él no tiene nada a la vista que lo distraiga—, Borges, abstraído, parece hablarse a sí mismo; de allí que su dicción sea también difícil de captar, porque se traga algunas palabras, no pronuncia las últimas vocales y uno siente al inglés que lo habita cuando dice la palabra "invisible", por ejemplo. Me extraña no oír el "vos" argentino: Borges siempre dice "usted" (¿o será porque está en México?) y sólo una vez le oí un "sentís". Borges se concentra y uno teme romper el hechizo en el que está metido, con alguna pregunta torpe. Ha de escuchar sus propias reflexiones, formularse una idea. Habla mucho del encanto que tiene una frase cuando se la concibe, antes de transcribirla al papel.

—La esencia de la literatura está en la concepción; en el momento mismo en que se la concibe, la saca a la luz; en eso está... ¡Entonces sí es literatura!

—Y, ¿después?

—Después se presentan los problemas de la escritura; transladar el pensamiento al papel; hacerlo con ciencia, con cuidado, con más o menos exactitud. Lo que es un misterio, es de dónde surge el material literario.

—Y que el material literario sea bueno.

LA FAMA ES UN ACCIDENTE QUE NO TIENE LA MAYOR IMPORTANCIA

—He notado que la satisfacción que da escribir una página mediocre es la misma satisfacción que da escribir una página más o menos legible, tolerable. Hay un placer en el trabajo mismo y ese placer lo siente el escritor y sin duda lo siente el músico, el pintor, el arquitecto, más allá de la calidad de lo que hace; el hecho de trabajar alegra y aunque uno supiera que todo eso iba a ser destruido, uno trabajaría igual, porque la fama —me parece— es un accidente, no tiene mayor importancia. Por ejemplo, yo he conocido a escritores que me han dicho: "Yo quiero ser famoso", y esto es algo que yo no he entendido. Respondo: "¿Por qué quieres ser famoso? Me parece de lo más incómodo ser famoso. Yo más bien quisiera ser invisible", (se ríe). Cuando mi padre me dio *El hombre invisible* de Wells, me dijo: "Aquí tienes al *Hombre invisible*... Yo querría ser invisible", y luego agregó sonriendo: "Y lo soy". Los dos hablábamos siempre en inglés y me lo dijo así: "Here's Well's *Invisible man*, I wish I were invisible... Well, so I am..." (se ríe y repite): "So I am". Por eso publicó un solo libro de los muchos que escribió y destruyó los otros. Cuando nos fuimos a Europa, en 1914, me dijo que uno de los motivos que él tenía era no sólo la fuente de nuestra civilización: Europa, sino el hecho de que ya había demasiada gente que lo conocía en Buenos Aires; que él quería establecerse en alguna ciudad europea en donde la gente ni siquiera pudiera pronunciar su nombre. Y nos fuimos a Ginebra. Mi padre se llamaba Jorge Guillermo Borges. Allá se hablaba francés y el sonido de Jorge es inaccesible, y el de Borges también, de modo que mi padre se transformó en Georges Guillaume Borges y el Borges (Borges habla a la perfección francés, inglés, alemán) a veces se convertía en Bosh y esto le gustaba a mi padre; le gustaba muchísimo. Nos quedamos allá todo el transcurso de la Primera Guerra Mundial. Yo tengo un gran amor por Suiza, sobre todo por Ginebra, pero siento amor por muchas ciudades; allá viví cinco años, es natural, pero también siento afecto, por ejemplo, por Edimburgo, donde habré pasado una semana, aunque en este afecto actúen la memoria de Stevenson, de Boswell, de Hume y de otros (sonríe). Se ama a los países por la gente que ha vivido en ellos.

LOS COMERCIANTES QUE SE HAN INSTALADO EN LAS LETRAS SON LOS QUE QUIEREN EL EXITO INMEDIATO

—Entonces usted sí cree en aquella sentencia de Goethe que el que se afana en la tarea está salvado.

—¡Oh, sí lo creo, si es un escritor, sí; ahora, si escribe pensando: "este libro voy a publicarlo en tal editorial y espero llegar a vender tantas y tantas ediciones", entonces no es un gran escritor; es un comerciante que se ha instalado en las letras (hace una pausa, sonríe y pregunta): ¿Le parece mal que yo diga eso?

—No, no, maestro, pero me parece que cada vez más los escritores aspiran a tener lectores y esto es comprensible.

—El éxito inmediato, ¿comprensible? ¡No! Eso es porque no son escritores o quizá es cuestión de generaciones. Yo me acuerdo que publiqué mi primer libro en el año 23; una edición de 300 ejemplares, que era lo corriente entonces, y no los mandé a ningún diario, a ningún escritor, a ninguna librería; los fui repartiendo entre los amigos. Hay un amigo mío que yo creo que es un excelente poeta, Carlos Mastronardi —a quien considero mi mejor amigo junto con Adolfo Bioy Casares—, que podría publicar en los grandes diarios de Buenos Aires, en *La Prensa* o en *La Nación,* pero publica en el interior del país, en ciudades mediterráneas como Tucumán o Córdoba. Yo le pregunté por qué y me dijo: "Bueno, si yo publico en Buenos Aires, mis amigos se creen obligados a leer lo que yo he escrito, luego a felicitarme, luego a discutir el poema. En cambio, si yo publico en Tucumán o en Córdoba, donde no conozco un alma, en diarios que no llegan a Buenos Aires o que llegan tardíamente, entonces nadie me molesta por lo que yo he escrito".

—Salvador Elizondo, en México, siempre ha declarado que no le importa tener lectores, pero a mí se me hace extraño que un escritor no quiera tenerlos. Claro que entre Salvador Elizondo y Luis Spota, me quedo mil veces con Salvador Elizondo.

—¿Quién es Spota? Porque Salvador Elizondo sí sé quién es. —Sonreímos.

—Ya lo ve, maestro, he ahí la consagración. Que Borges sepa quién es determinado escritor, ¿qué más podría desearse?

Se mueve en su silla.

—¿Tiene calor? ¿Desconectamos el calefactor?

—¿Puede doblar esta sobrecama?, ya no la necesito. Ha salido el sol, ¿verdad?

—Sí, maestro.

—Veo manchas amarillas.

CARLOS MASTRONARDI: EL MEJOR POETA ARGENTINO Y EL MENOS CONOCIDO

—Maestro, ¿y Carlos Mastronardi es buen poeta?

—Para mí es el mejor poeta argentino y el menos conocido porque él ha tratado de ser desconocido.

Borges se pone a hacer juegos de palabras; uno de ellos con la palabra polaca Kroll —rey— y me explica que el kaiser alemán viene de la palabra "César". Se ve que esto le encanta, es un verdadero descanso; me pide que le diga palabras en polaco y le digo las cuatro que sé; Borges se divierte grandemente.

—¡Nadie imagina que en la palabra Lord hay un pan escondido! Viene de la palabra Hlaf; actualmente loaf —"a loaf of bread", sabe usted— pero hlaf es más lindo porque aquella h inicial, y hlaf-ford dio Lord y Lord se aplica a Dios.

—My Lord and my God.

—¡Qué raro que en la Biblia inglesa, que usted conoce sin duda, cuando le preguntan a Dios su nombre, él dice: "I am that I am" "Soy el que soy". Yo diría: "I am who I am", y algunos lo han traducido como "Soy el que manda", pero a mí no me parece tan lindo. En cambio "Soy el que soy" en latín: *Ego sum qui sum*, es bellísimo. Insisto en que "I am that I am" es muy raro, ¿no?

—Lo que me parece raro es que siempre desemboquemos en Dios.

—¿Sí? No sé. No creo en Dios, no quiero ofender a los católicos; mi madre es católica.

—Pero usted, señor Borges, propone siempre soluciones cristianas: perdonar en vez de vengar.

—A propósito del tema de la venganza del que hablamos ayer, hay un dicho: "Mejor es vengar al muerto que llorarlo", y esto me parece horrible; llorarlo me parece más natural y más humano. Pero otra historia que recordé anoche al pensar en su pregunta, es una anécdota que se cuenta de un doctor Henderson en Inglaterra, en el siglo XVIII, que me parece que es la historia de un hombre valiente. Estaba discutiendo de teología con alguien; de pronto el otro se impacientó y le tiró un vaso de vino a la cara.

—¿A la cara de Henderson?

—Sí, y Henderson le respondió entonces: "Bueno, esa es

una disgresión; sigo en la espera de sus argumentos". Actuó en forma muy serena porque en un momento como ése, dejarse llevar por la pasión, o enojarse u ofenderse, ¿no?, para él no tenía sentido. Henderson estaba interesado en el tema que estaba discutiendo y el hecho de que el otro se hubiera enojado y le hubiera tirado un vaso de vino a la cara, le parecía —incluso injuriándolo—, menos importante que el tema a tratar. Bueno, anoche pensé que quería contarle a usted ese cuento.

—Pero la venganza...

—Ahora, entre los germanos la venganza era considerada un deber, pero eso es porque no había justicia.

—En los países en los que no hay justicia ¿la venganza es considerada un deber?

—Entre los germanos, se entendía entonces que un familiar debía vengar la muerte de un pariente, matando a su asesino. Entonces era al pariente de ese primer verdugo —ahora también muerto— en el que recaía el deber de la venganza, y así sucesivamente. En los Estados Unidos, en las regiones del Sur, en los feudos, familias enteras vivían en enemistad perpetua con otras familias; intentaban matarse uno a otro y la venganza pasaba de padre a hijo. La herencia se trasmitía de una generación a otra a tal grado que ya no se sabía por qué las familias eran enemigas, pero seguían tratando de eliminarse.

—Es que hay dos polos ¿no, maestro? Por un lado la venganza y por el otro, el olvido.

SI ME HAN INJURIADO Y YO LO OLVIDO ES COMO SI NO ME HUBIERAN INJURIADO

—El olvido es el fin de todas las cosas, porque si me han injuriado y yo lo olvido es como si no me hubieran injuriado. El perdón... me parece mejor el olvido que es el fin de todas las cosas, ¿no? Ahora, un poeta argentino, Almafuerte, escribió un poema corto contra el perdón, porque dijo,

el perdón era una forma de soberbia. —Borges engola un tanto la voz y recita en voz alta,
pero a medio camino las palabras se le licuan en la garganta
y se me va un verso y no me
atrevo a pedirle que repita su
esfuerzo, y dice en voz sumamente alta—: "Cuando el hijo
de Dios el inefable,/ perdonó al
ladrón... puso sobre la faz del
universo/ la más horrible injuria
imaginable".

—¿No le parece lindo? ¡Es
lindo!

No me parece nada lindo pero me callo y Borges prosi-
gue:

—Porque Almafuerte dijo en su poema: si yo perdono a
alguien es una forma de vanidad, porque yo me muestro
moralmente superior a él. Hizo también unos versos rarísi-
mos que terminan así: —"No soy el Cristo que te perdona,
Soy un Cristo mejor, soy el que te ama".

—¿Qué lindo, no? Almafuerte es la única persona en el
mundo que ha dicho: "soy un Cristo mejor" (se ríe). Si
usted puede aprender ese verso, me gustaría. Almafuerte
era maestro de escuela en la provincia de Buenos Aires, y
no tenía título, de modo que en cuanto las autoridades se
enteraban que había abierto una escuela, tenía que huir y
abrir una nueva en otro pueblo. Cuando él llegaba a un
pueblo en medio de la llanura, abría la puerta de su casa y
la dejaba abierta, tiraba la llave y aunque era un hombre
muy pobre, su puerta siempre estaba abierta para que cualquier pobre pudiera entrar y también vivir en la casa. Re-
cogió así a muchos chicos pobres; tenía media docena de
muchachos en su casa. Hizo también algunos versos horribles como: "doy al que pide pan, pan y puchero", esos,

bueno, son versos feos, pero su idea de vivir en una casa con la puerta abierta para que cualquiera pudiera entrar, aunque fueran maleantes y forajidos, me gusta como me gustan sus poemas escritos en la soledad.

— Entonces fue un maestro furtivo.

ESTOY RELEYENDO A KIPLING, WELLS Y LOS CUENTOS DE POE, NO SUS ESPANTOSOS POEMAS

— Sí, las autoridades lo perseguían porque no tenía título de maestro (repite Borges). Ahora estoy releyendo a H. G. Wells, a Kipling, a Poe, sus cuentos, no sus espantosos poemas. Poe, como usted, creía en la venganza.

Borges tiene una manera de hacerlo a uno sentir Jesucristo superestrella que destantea y confunde, "Dostoievski era de su misma opinión"... "Flaubert escribió algo parecido a lo que está usted diciendo" que lo manda a uno por la estratósfera, sólo para caer como piedra en el pozo cinco minutos después. Charla largamente, sin cansarse; las palabras son su comunicación con los demás, y las formula como señales, las echa como puentes; por eso un tema lo lleva a otro, una anécdota hace surgir otra y uno, al fin periodista, se queda a la orilla oyéndolo, con todas las preguntas en los bolsillos de la "tricota" como dicen los argentinos — ¿vendrá esta palabra del francés "tricot"?

— Mi abuela, que era inglesa, de Northumberland, decía que Cristo debió ser un ser horrible, espantoso, cargado con todos los pecados del mundo. Necesariamente esta carga lo afeaba. Por eso, están equivocados todos los pintores que lo muestran hermoso.

ESTUDIO AHORA LOS ANTIGUOS IDIOMAS ANGLOSAJONES

—¿Su familia ha sido muy importante en su formación? ¿Su madre, su padre, su abuela?

—Sí, mi familia y los libros. Leí sin parar —y la lectura es un acto más completo que el acto de escribir— durante toda mi vida, es decir, hasta hace quince años en que me tienen que leer. Por eso no estoy al tanto del "boom" literario y todas las preguntas sobre literatura actual se quedan sin respuesta porque prefiero releer. Algunas obras conozco, claro está, pero prefiero estudiar irlandés y los antiguos idiomas anglosajones; también me he dedicado a conocer a Spinoza, un filósofo al que nunca he podido entender totalmente.

Soy muy ocioso, para mí la lectura ha sido uno de mis placeres más intensos; ahora la lectura me está vedada, pero me queda el recuerdo de los libros que he leído. Ese recuerdo también es un acto creador: por lo general, cuando uno se acuerda de algo, lo modifica. Bueno, el escritor tiene ese curioso destino: escribir.

—Entonces, ¿su mundo es el pasado?

—No, no, soy un hombre del siglo XX que guarda buenos recuerdos. Siempre he sido un hombre tímido, un escritor también tímido. Al escribir mis notas sobre otros escritores, nunca me atreví a decir "gran escritor", por ejemplo, porque me sonaba a fácil, a demasiado fácil; se decía comúnmente y a propósito de cualquiera. Ahora lo siento porque no elogié lo suficiente. Bueno, pero podríamos hablar de otras cosas. ¿Por qué no me habla usted de lo que hace?

Es otra de las exquisiteces de Borges; su cortesía. Cortés también con Natasha que tenía que ir a recoger a Pablo, ya no recuerdo dónde, y tuvo que levantarse de la mesa y

Borges insistió en acompañarla, su bastón en la mano, hasta la puerta de salida. Al regresar, volvió a la pregunta:

—¿Por qué no me habla de usted?

—¿De mí? Mejor de una tía mía que una vez repuso a mi petición lo siguiente: "No, tú no puedes casarte con este joven porque no hace juego con nuestros muebles".

Entonces Borges ríe; da gusto oírlo, y finaliza:

—Esto parece de Wilde.

Y volvemos a lo de siempre, a la literatura. Borges dijo en la introducción a su *Antología personal* publicada por Siglo XXI: "Todo regalo verdadero es recíproco. Dios, de quien recibimos el mundo, recibe de sus creaturas el mundo".

Ahora Borges ha muerto a los 86 años, en Suiza, el 14 de junio de 1986. Cáncer del hígado. Lo sabía. Un mes antes se había casado con María Kodama, una mujer serena, sedante, prudente, erudita, entregada a él, y sobre todo a su obra. Borges, criatura que le dio a Dios el mundo, no nos dará más libros; no escribirá poemas, ni cuentos, ni ensayos, no oiremos su voz, y esto es lo que más nos entristece. Decía: "Puesto que no somos inmortales, todo lo que decimos acerca de la muerte ha de ser, necesariamente, profético". Y luego: "Querría ser borrado por la muerte, y luego olvidado".

Pero hay una lección que quisiera recordar, difundir y honrar de manera especial: la de su caballerosidad. ¡Ah cuánta admiración siento por ella! Recuerdo que la segunda vez que vino a México hubo una conferencia de prensa en el hotel Camino Real a la que acudí presurosa. Los periodistas se habían sentado en una mesa gigantesca en forma de T; habían venido reporteros de todos los periódicos y le hacían las mismas preguntas que demostraban su desconocimiento, pero él nunca se puso de mal humor; trataba a todo el mundo con finura. A su lado María Kodama ponía a veces la mano sobre su brazo para repetirle alguna pregunta o hacer algún comentario y guardaba el mismo hermetismo oriental que afinaba más aun sus rasgos y la línea de sus párpados bajos jalados hacia las sienes. De vez en cuando tomaba un minúsculo sorbo de agua, mientras que al lado de Borges, aguardaba una taza de té que parecía agua sucia y que jamás llevó a sus labios.

Después de llegar tarde por ir a ver *Las zapatillas rojas*, película inglesa de ballet, en la que el actor me recordó físicamente a Jorge Luis Borges, irrumpí irreflexivamente dentro del círculo de preguntas de la conferencia de prensa:

—Y usted, ¿por qué recibió un premio de manos de Pinochet?

Digo *irreflexivamente*; hoy sé que lo hice en forma agresiva porque esa pregunta —por instinto—, no me nacía desde dentro y no era mía. Sólo me hacía eco de otras voces airadas que juzgaban políticamente a Borges quien, había declarado que los militares eran los salvadores de América Latina, como en años anteriores había apoyado la intervención norteamericana en Vietnam. María Kodama inclinó entonces su cabeza hacia él y puso su leve mano sobre las dos manos apoyadas a su vez en la empuñadura del bastón. Ni siquiera apunté la respuesta de Borges —algo acerca de que eran tan malas las dictaduras fascistas como las comunistas— porque proseguí con la voz cada vez más chillona:

—Y ¿por qué acepta tantas entrevistas?, ¿por qué aparece usted en público cuántas veces se lo solicitan?, ¿por qué?

Entonces Borges me dió una lección que jamás he de olvidar. Dijo muy distintamente:

—Por cor-te-sía.

Me avergoncé de mí misma. A partir de ese momento, además de leerlo, empecé a recortar sus declaraciones, las entrevistas que le hacían. Me di cuenta de que Borges iba mucho más allá de las ideologías; que al tildarlo de "viejo reaccionario", o de "fascista" como lo hacían algunos, la ofensa no era para él porque Borges, por índole propia, estaba fuera de cualquier declaración de ese tipo. ¿Para qué y por qué interrogarlo sobre estos temas? En todo caso, sus respuestas serían más bien las de un anarquista.

Unos años antes había aceptado permanecer durante dos horas o más escuchando mis preguntas sin saber siquiera quién era, salvo que no podía aportarle absolutamente nada y jamás me preguntó por mi ideología, credo, estatura, nivel académico, o autoridad moral para interrogarlo.

ODIO OBSESIVO POR LA VENGANZA Y EL RENCOR

No suena el teléfono, no llegan otros periodistas, la señora Claudine ha ido al banco, y Miguel Capistrán ¿dónde andará?, hace un momento lo vi pasar con Graciela Carminatti y ahora no aparecen por ninguna parte; no hay ruido en el bungalow, sólo el sonido perceptible del calentador rojo y redondo colocado a los pies de Borges a una prudente distancia. De repente me pregunta:

—¿Cuántas personas hay en el cuarto?

—Sólo estamos usted y yo.

—Mejor. Me cohibe la gente.

—¡No es posible! Usted está acostumbrado a hablar.

—Digamos charlar; que ésta sea una charla en la que yo preferiría no hablar de política porque para mí la política es un tema penoso.

—Ayer nos dijo usted, maestro, que a la gente ahora lo único que le importa es el futbol y la política.

—Sí, y por eso, como a mí no me importa ninguna de las dos cosas... (ríe); es decir, en política tengo una posición bien definida. Yo fui nombrado director de la Biblioteca Nacional por la Revolución Libertadora. En cuanto hubo el cambio de gobierno, pedí mi jubilación, inicié las gestiones y renuncié al cargo. No me molestaron personalmente de ningún modo; no ejercieron ninguna presión sobre mí. Al contrario, me dijeron que pensaban respetarme pero yo sabía que respetado o no, estaría siempre involucrado en un sistema, digamos... (su rostro se congestiona) por el cual siento aversión; obligado a pequeñas humillaciones, vejaciones, o simplemente a complicaciones, ¿no? De modo que renuncié, y como pensé que tenía que llenar mi vida en seguida con otra cosa, con la señora Claudine Hornos de Acevedo pensamos escribir un libro sobre la filosofía de Spinoza para tratar de olvidarnos de esas cosas, ¿no?

SOY LIBRE PENSADOR COMO LO ERA MI PADRE. MI MADRE ES RELIGIOSA.

—Además, estoy tan preocupado por el estado de salud de mi madre, ella ha cumplido 97 años. En Argentina yo le dije al médico: "¿Es que puedo ir a México?" y él me respondió: "Sí, pero que sean pocos días porque yo no puedo asegurarle nada a usted. Su madre no puede curarse ni puede mejorar tampoco; simplemente tratamos de hacerla durar".

—¿Ella quiere vivir?

—Ella querría morirse porque sufre mucho físicamente y es más, se da cuenta de que mentalmente hay grietas, pequeñísimas grietas pero las hay, en la memoria. A veces confunde la vigilia con el sueño y a veces se siente arrepentida de haber vivido tanto. Dice: "Bueno, 97 años es una exageración". Cuando los cumplió me dijo: "Son muchos años, se me fue la mano". Y después: "Vivir tanto es una equivocación", como si fuera un error voluntario, ¿no? Ella es creyente, piensa que uno vive el término que la Santa Escritura señala y todas las noches le pide a Dios que ésa sea la última, pero estoy seguro que ahora no es así; ahora estará pidiendo durar hasta que yo vuelva porque sé que la noche anterior — me lo dijo la sirvienta—, mi madre no durmió y se la pasó llorando, aunque al mismo tiempo insistiendo en que yo tenía que hacer este viaje, que el Premio Alfonso Reyes significaba un gran honor, y si yo no lo hacía ella iba a sentirse como un estorbo en mi vida que sólo servía para dar trabajo.

—¿Usted es creyente?

—Yo no, yo soy libre pensador, como lo era mi padre (levanta levemente su cara hacia el sol). Ella sí es creyente. Mi madre fue una mujer muy valiente; estuvo presa un mes durante la primera dictadura —el primer gobierno de Perón— por haber tomado parte en una manifestación política y yo, que era un escritor menos conocido que ahora, pero que con todo se sabía cuáles eran mis opiniones, tenía un detective que me seguía y me vigilaba (suelta el bastón y levanta las dos manos). En fin, todos hemos sufrido muchas cosas, y sin duda yo personalmente he sufrido menos que nadie.

MI HERMANA TAMBIEN ESTUVO PRESA

—¿Menos que nadie?

—Claro. Si pienso en gente que ha sido torturada o si pienso en mi hermana que estuvo un mes en una cárcel de prostitutas a la cual la mandaron a propósito para humillarla, en donde sólo había un cuarto de baño y novecientas mujeres... ¡quizá pueda usted imaginar lo que era eso! Bueno, pero mi hermana es religiosa; llegó a la cárcel, rezó su Padre Nuestro, su Ave María y sus compañeras me contaron que inmediatamente después se quedó dormida. A mi madre le dieron por cárcel la propia casa —arresto domiciliario— porque tenían miedo que se muriera. Mi hermana nos hizo llegar una carta y para tranquilizarnos nos dijo que la prisión era un lugar lindísimo, que sus compañeras eran encantadoras, que era una vida mucho más tranquila que la vida de cocktail-parties, por ejemplo, y que estaba dibujando muchísimo y que ya que mis abuelas y mis abuelos pelearon —y muchos murieron en batalla— por la patria, ella también lo estaba haciendo por el solo hecho de estar encarcelada; que no nos afligiéramos porque todo estaba muy bien (sonríe ampliamente). Tanto que yo pensé: "¡Pero ha de ser un lugar horrible porque una cárcel nunca puede ser agradable!". Si a usted le dijeran que no puede salir de este cuarto empezaría a notar algo horrible en él. A mi madre y a mi hermana las amenazaron con que su mes de prisión podía alargarse. Bueno, pero podríamos hablar de otras cosas, ¿por qué no me habla de lo que usted hace?

> *El agnóstico que hay en Borges murmura un rezo cada noche antes de acostarse, promesa que le hizo a su madre moribunda: es una promesa siempre, ¿no? Yo lo digo en español, a pesar de que Dios debe saber inglés antiguo. Él debe ser un experto de todo lo que yo conozco, y por supuesto, ha escrito todos los libros que existen.*

HE LEIDO POCAS NOVELAS

Hablamos de Victoria Ocampo a quien conocí en París gracias a la intervención de Elena Garro y Borges asevera:

— Yo conozco la obra de Paz y he visto bosquejos a lápiz de Elena —no sabía yo que se llamara Garro—, dibujos hechos por Silvina Ocampo, la hermana de Victoria.

—Ah, y ¿ha leído *El hogar sólido*, una obra de teatro, mágica y sorprendente? ¿Conoce su novela *Los recuerdos del porvenir* que no sólo se pueden contar entre las mejores, sino que es la más bella de la literatura mexicana?

—No sabía que escribiera, no sabía yo eso. Qué raro que no me lo dijeran; es una mujer de la que me han hablado con entusiasmo.

—¿Ha leído usted muchas novelas?

Sonríe.

—No, fuera del *Quijote* y fuera, por ejemplo de Meredith, de Flaubert, he leído pocas novelas, pero si me dieran a elegir un novelista en el mundo —en esas encuestas tipo que suelen hacer: "¿Qué libro elegiría si se quedase en una isla desierta?", yo escogería a Conrad, indudablemente. Ahora están reconociéndolo en Inglaterra.

—Y ¿por qué le gusta tanto Conrad?

—Por la misma razón por la que me gusta Bernard Shaw; porque en general los novelistas, por lo poco que sé, tienden a mostrar lo más triste del hombre, tienden a mostrar las flaquezas, las miserias, las querellas; en cambio a Conrad y Shaw, siendo tan distintos, les gustaba imaginar personajes heroicos, es decir, tenían la antigua idea de la épica; los héroes debían ser ejemplares o tratar de serlo; por ejemplo, bueno, desde luego Lord Jim aunque al final flaquea, pero todo el propósito de él es el de expiar esa culpa del principio, ¿no?, del naufragio.

—Y usted, ¿cree en la ejemplaridad? ¿Usted es ejemplar?

Sonríe.

—No, ni siquiera he sabido ser feliz.

—¿Ser feliz es ser ejemplar?

—Quizá mi felicidad deriva del lenguaje.

—Usted ha hecho felices a sus lectores, maestro.

Sonríe irónico.

—Esa es otra broma de la literatura fantástica.

—En dos poemas usted insiste en la felicidad...

Si pudiera vivir nuevamente mi vida
en la próxima trataría de cometer más errores.
No intentaría ser tan perfecto, me relajaría más
sería más tonto de lo que he sido, de hecho
tomaría muy pocas cosas con seriedad.
Sería menos higiénico.
Correría más riesgos, haría más viajes, contemplaría
más atardeceres, subiría más montañas, nadaría más
ríos.
Iría a más lugares adonde nunca he ido, comería
más helados y menos nabas, tendría más problemas
reales y menos imaginarios.
Claro que tuve momentos de alegría. Pero si pudiera
volver atrás
trataría de tener solamente buenos momentos.

Por si no lo saben, de eso está hecha la vida,
sólo de momentos;
no te pierdas el ahora.
Yo era uno de ésos que nunca iban a ninguna parte
sin un termómetro,
una bolsa de agua caliente, un paraguas, un paracaí-
das;
si pudiera volver a vivir, viajaría más liviano.
Si pudiera volver a vivir comenzaría a andar descalzo
a principios de la primavera
y seguiría así hasta concluir el otoño.
Jugaría con más niños, si tuviera otra vez
la vida por delante.
Pero ya ven, tengo 85 años
y sé que me estoy muriendo.

— Y el otro dice así:

He cometido el peor de los pecados que
el hombre puede cometer. No he sido
feliz. Que los glaciares del olvido
me arrastren y me pierdan, despiadados.
Mis padres me engendraron para el juego
arriesgado y hermoso de la vida,
para la tierra, el agua, el aire, el fuego.
Los defraudé. No fui feliz. Cumplida
no fue su joven voluntad. Mi mente
se aplicó a las simétricas porfías
del arte, que entreteje naderías.
Me legaron valor. No fui valiente.
No me abandona. Siempre está a mi lado
la sombra de haber sido un desdichado.

Borges escucha con incredulidad, con atención, acostumbra escuchar con seriedad, no se distrae, sin el bastón, sus dos manos sobre la colcha, se ve más desamparado.
Sonríe.

—¿Qué puede importarme ser desdichado o ser feliz? Eso pasó hace ya tanto tiempo... Estos poemas son demasiado inmediatos, autobiográficos, son remordimientos.

—¿Y Tolstoi y Dostoievski y Balzac y Proust?

—No los niego, pero desde luego me parecen inferiores a Conrad. En Dostoievski, por ejemplo, existe una gran complacencia en mostrar las bajezas de la gente. En *Crimen y castigo* —una novela admirable que he leído muchas veces— al final resulta que los personajes que uno tiene que admirar son un asesino y una prostituta, y eso es bastante raro porque ellos son los héroes. Raskolnikoff me parece un personaje muy real, uno lo siente pero no lo quiere. Uno puede querer a Don Quijote, pero querer a Raskolnikoff, no. Es una persona vanidosa y que además comete un crimen por dinero; se nota que Dostoievski se complacía en ambientes y en personajes así. Tolstoi me parece superior. Ahora, en el caso de Proust —ya sé que estoy quedando muy mal—, también me cuesta entrar en su mundo, no puedo interesarme en él y lo mismo me sucede con Henry James, sobre todo con los personajes de la novela de James, porque sus cuentos son admirables, pero en sus novelas James pensaba más bien en situaciones y luego creaba personajes para esas situaciones. Henry James al final dictaba y eso influyó en su estilo. Ya no fue conciso sino para Cabrero. A él le gustaba también la idea de venganza, como a usted; eso es lo que yo no entiendo, la venganza me parece algo horrible. Qué raro (habla como para sí mismo y su voz es apenas un hilo de voz), Kipling, un escritor que yo admiro mucho, tiene tantos cuentos cuyo tema es la venganza...

—Yo nunca le dije, señor Borges, que me gustara la venganza.

Sonríe.

—¡Sí, lo dijo usted ayer!

YO NO SOY VENGATIVO, SIEMPRE OLVIDO LAS OFENSAS

—No. Lo que dije es que en México se procede por venganza: ojo por ojo, diente por diente; el no vengar un agravio es señal de cobardía.

—Es que yo no entiendo la venganza porque después de todo vengándose uno no deshace lo que se ha hecho; si alguien mata a una persona que quiero, matándola a mi vez no resucito a mi muerto; de modo que me parece que cometo otro acto que también es irreversible. A mí la venganza me parece horrible y sobre todo la gente vengativa. Voy a darle un ejemplo así, humildísimo. En Buenos Aires hay tres o cuatro personas que yo sé que no debo saludarlas y ellas saben que no deben saludarme a mí, y eso significa que hemos sido amigos y luego nos hemos enemistado, por lo tanto resolvimos dejar de ser amigos. Pero yo he olvidado todo el episodio con tal perfección que actualmente sé que soy enemigo de Fulano pero ya no sé por qué, porque no me acuerdo. Y luego, para haber llegado a ser enemigo pienso que antes debí haber sido bastante amigo, porque uno no es enemigo de personas que apenas conoce. Es imposible en una relación tan íntima. Me pasó con un escritor argentino; un día nos encontramos en una comida, yo estaba sentado al lado y todavía podía ver. Pensaba: "Este es Fulano de Tal, pero yo no tengo que hablarle porque estamos peleados". Cuando llegamos a la hora del café volví a pensar: "Pero, esto es ridículo", y le dije:

"—Oiga, dígame, ¿usted es Fulano de Tal?

"—Sí. Y usted es Borges.

"—¿Y estamos peleados?

"—Sí —me volvió a decir él.

"—Bueno, le digo, yo no sé por qué estamos peleados, me he olvidado del motivo.

Y él me dijo —no sé si fuera verdad—:

"—Pues yo tampoco me acuerdo.

147

"—Entonces volvamos a ser amigos porque así es mucho más cómodo, ¿no?".

—En primer lugar —continúa— algo raro tiene que haber ocurrido. Yo creo que el rencor es una bajeza.

—Pero usted, ¿no cree, señor Borges, que guardar silencio ante una ofensa es una falta de carácter? ¿No es de cobardes?

—Como no creo en el libre albedrío, si una persona me ha ofendido, bueno, eso estaba en su destino. Yo creo que así estaba dispuesto, que es culpa que venía de siglos atrás. Que lo tengan a uno por cobarde o por valiente no tiene ninguna importancia.

—Entonces, ¿qué es lo que tiene importancia?

—Yo creo que lo que tiene importancia es obrar de un modo justo; ahora, por ejemplo, si usted me dice que una persona ha ofendido gravemente a otra, sí es un problema, desde luego... (busca con el rostro). Por ejemplo Poe, Edgar Allan Poe creía en la venganza y decía además que el vengador tiene que obrar de modo que el vengado sepa que es él quien lo ha atacado porque, por ejemplo, si hay dos enemigos y uno mata a otro de un balazo en la calle sin mostrarse, no hay venganza. Para que la haya, el vengador tiene que gritarlo, si no, se queda insatisfecho; simplemente ha cometido un crimen.

Se calla, sumido en sus propios pensamientos. Sin bastón, Borges parece un recién nacido. ¿Será el bastón un arma de defensa? No lo imagino levantándolo contra alguien.

—Esto que me dice usted, maestro, tiene algo que ver con su cuento *Emma Sunz*, ¿verdad?, porque Emma, a pesar de ser contraria a la violencia, mata para vengarse. Desde un principio sabe que lo único que le importa es vengar a su padre.

—¡Qué curioso! (su cara se viene hacia adelante). ¡Qué curioso que me hable de *Emma Sunz*!

—¿Por qué curioso?

—Es que pensé que usted no había leído mis cuentos.

—¿Por qué, maestro?

—Por las preguntas que me hace.

Me avergüenzo.

—¿Porque no soy erudita ni vengo preparada?

—No —dice dulcemente—, prefiero su frescura. Usted tiene una *awareness,* puedo percibirla.

Se me cae la libreta. Ay, Dios mío.

—La señorita Emma Sunz es una Electra que no deja pistas, ¿verdad, maestro?

—¿Así la ve usted? ¿No le parece que esta recámara es un poco fría, Elena?

—Helada. ¿Quiere que lo tape a usted con una de las cobijas de la cama?

—Creo que bastará con la sobrecama, por favor.

—Voy a decirle a Miguel Capistrán que arregle esto.

—¡Ah, sí, qué joven excelente!

—El no puede permitir que usted pase frío.

—No, él no lo sabe; es el hotel. Así son los hoteles.

—Ahora mismo voy a ir a la recepción a pedir que calienten el cuarto. ¿Me espera tantito?

—Tantito (y se ríe).

—Bueno, un poquitito.

Corro, la salud de Borges en mis manos. Allá al fondo, con sus párpados cerrados me aguarda en un cuarto congelado el mayor escritor de América Latina. ¿Y si le pasa algo? Son las once de la mañana. "Sol, sol, ¿dónde estás? ¿Por qué no calientas el bungalow? ¿Por qué no entras por la ventana? No te escondas, sol, ve a echarte encima de Borges, ándale, no seas malo, ¿qué puede darle México a Borges si no eres tú? Andale solecito, dispersa las nubes, sal y míralo recién bañado y ya viejo; ándale, Borges es posiblemente el único que puede mirarte sin pestañear; el único que puede sostenerte la mirada. Sol, sol, sol, ¿qué te cuesta dirigir hacia él uno de tus rayos?, pero pícale, pícale que hace frío".

Regreso corre y corre al bungalow. En la administración dijeron que "ahorita", que "ya van", que "un momentito". Sigo rogándole al sol que se apure, y de pronto, dando traspiés, lo veo; son sus pasos. Da cuatro pasos más, entra a la recámara, se arrellana pálido a los pies de Borges.

—Maestro, ya vino el sol.

—Su retina debe ser extrasensitiva porque yo no lo per- cibo.

—Ahora mismo va a sentir usted su magnetismo, Maestro.

Diciembre de 1976.

BORGES VALE EL VIAJE

Jorge Luis Borges nació en Buenos Aires el 24 de agosto de 1899. Bilingüe desde su infancia aprendió a leer en inglés antes que en español por influencia de la abuela materna, Fanny Haslam, nacida en Northumberland. Desde su niñez lo ligó una estrecha amistad con su hermana Norah. Sus juegos prefiguran los temas de algunos de sus relatos. De esa época datan su horror a los espejos y a las máscaras de carnaval, y su fascinación por los tigres y las fábulas. En 1905 declaró a su padre que quería ser escritor; a los siete años escribió un resumen de la mitología griega; a los ocho, un cuento, *La víspera fatal*, inspirado en un episodio del *Quijote*; a los nueve tradujo del inglés *El príncipe feliz* de Oscar Wilde.

Después de haber estudiado inglés en la casa de una institutriz, miss Tink, ingresó en una escuela primaria del estado y descubrió su singularidad por la violenta reacción que causó a todos sus compañeros por su vestimenta —usaba cuellos altos estilo Eton—, por su miopía —llevaba gruesos anteojos— y por su falta de destreza física.

Una prolongada visita al norte de Uruguay determinó su imaginación gauchesca.

En 1914, debido a su ceguera casi total, el padre se jubiló y decidió pasar una temporada con la familia en Europa. Se instalaron en Ginebra al estallar la Primera Guerra Mundial y en esa ciudad Georgie inició su bachillerato en el Lycée Jean Calvin; allí aprendió francés en una cordial atmósfera internacional en que su singularidad no era excepción. Durante esos años leyó mucha literatura francesa: Hugo, Zolá, Voltaire, Flaubert, Maupassant, Baudelaire, Rimbaud, Henri Barbusse, Romain Rolland. Y también descubrió a Carlyle y a Chesterton, a Stevenson, Mark Twain y H. G. Wells. Aprendió alemán por su cuenta con la ayuda de un diccionario y de los poemas de Heine. Gracias a esta lengua, descubrió a los poetas expresionistas. Leyó mucho a los filósofos de esa época: Schopenhauer, Nietzsche, Fritz Mauthner. Fue entonces cuando también se encontró por primera vez con los escritos de Walt Whitman los cuales, por un momento, le parecieron encarnar la Poesía.

En 1919, la familia se marchó a Lugano; luego, por un año viajó a España. En Sevilla, Borges inició su vida literaria, uniéndose a un grupo de jóvenes poetas de vanguardia, los ultraístas, a los que aportó sus vastas lecturas y un conocimiento directo del expresionismo alemán. En estos años leyó mucho a Quevedo, Góngora, Gracián, Villarroel, Unamuno, Manuel Machado.

En 1921, los Borges regresaron a Buenos Aires. El joven poeta redescubrió su ciudad natal, sobre todo los suburbios del sur. Bajo la tutela de Macedonio Fernández, escritor todavía inédito, fundó varias revistas, entre ellas: *Prisma*, mural ilustrado con xilografías de Norah y *Proa*. También escribió para revistas de mayor circulación como *Nosotros*, que publica su "Manifiesto ultraísta". La amistad con Macedonio cambió su orientación literaria; su desdén por la popularidad, sus paradojas, fueron su modelo.

En 1923 viajó de nuevo a España y la víspera del viaje publicó *Fervor de Buenos Aires*, libro de poemas en edición de autor, con una carátula hecha por su hermana.

Al regresar, en 1924, funda en Buenos Aires la segunda *Proa*, esta vez con la colaboración de Ricardo Güeraldes que aún no publicaba *Don Segundo Sombra*. Borges colaboró activamente en *Martín Fierro*, revista de los jóvenes vanguardistas.

En 1925 salieron dos nuevos libros: *Luna de enfrente* e *Inquisiciones*. Por esa época conoció a Alfonso Reyes, embajador de México en Buenos Aires, de ahí se inicia su larga amistad con el escritor mexicano. Según su propia declaración, Borges aprendió de él su estilo neobarroco.

En 1929 apareció *Evaristo Carriego*, que más que una biografía del poeta popular es un pretexto para evocar el barrio en el que pasó su infancia.

En 1931 Victoria Ocampo fundó *Sur*, la revista literaria más influyente de América Latina. Borges fue uno de sus colaboradores.

En 1932 publicó un conjunto de ensayos con el nombre de *Discusión*. Conoció a Adolfo Bioy Casares —nacido en 1914—, que se convertiría en el compañero de infinitas aventuras literarias.

En 1933 la revista *Megáfono* consagró la mitad de su número 11 a una "Discusión sobre Borges", en el que participaron escritores latinoamericanos y españoles. El novelista francés Pierre Drieu la Rochelle —que lo conoció en Argentina—, acuñó entonces la célebre frase: "Borges vaut le voyage" (Borges justifica el viaje). También fue nombrado asesor literario en el suplemento sabatino del diario popular *Crítica*. Publicó allí reseñas de libros, traducciones y una serie de relatos, supuestamente biográficos que constituyen sus primeros ejercicios narrativos.

En 1934 viajó por el norte agreste de Uruguay. En Salto, Tacuarembó y Rivera, conoció la última frontera gaucha y vio asesinar a un hombre en una pulpería. Muchos detalles de sus relatos gauchescos provienen de este único viaje.

En 1935 publicó *Historia universal de la infamia*, y en 1936 sus ensayos *Historia de la eternidad*. Comenzó a colaborar regularmente en el semanario femenino *El hogar* con artículos sobre literatura y una sección bimestral, "Guía de lecturas: libros y autores extranjeros", que abarca, sobre todo, obras recientes en francés, inglés y alemán. Para las ediciones *Sur* tradujo *Un cuarto propio* de Virginia Woolf, y en 1937, con Pedro Henríquez Ureña, publica *Antología clásica de la literatura argentina*. Tradujo también para *Sur* el *Orlando* de Virginia Woolf. Por amistosas recomendaciones consiguió un puesto de primer ayudante en la Biblioteca Municipal Miguel Cané. Cuando iba hacia su trabajo, en el tranvía, leía en italiano *La Divina Comedia* y *Orlando el furioso* de Ariosto, y en francés las obras de León Bloy. En 1938 murió su padre a consecuencia de una hemiplejía.

Jorge Luis depende cada vez más de la ayuda de su madre porque va quedando, como su padre, gradualmente ciego. Ella se convirtió en su amanuense. Prologó *La metamorfosis*, de Kafka, y en 1939 publica en *Sur* su cuento *Pierre Menard, autor del Quijote*.

En 1940 Borges fue testigo del matrimonio de Adolfo Bioy Casares y Silvina Ocampo. Los tres publicaron una *Antología de la literatura fantástica* que revivió el interés por un género casi olvidado.

En 1941 publicó *Seis problemas para don Isidro Parodi, cuentos policiales,* bajo el seudónimo de H. Bustos Domecq, escritos en colaboración con Bioy Casares. Desde el título es evidente la intención de parodiar un género sobre el que Borges había escrito abundantemente.

En 1943 apareció *Poemas (1922-1943),* que recogía su obra poética hasta esa fecha, con retoques y muchas supresiones. Hizo, en colaboración con Bioy, *Los mejores cuentos policiales.* El éxito de este libro convenció a EMECE Editores de confiar a Borges y a Bioy una colección de novelas policiacas, *El séptimo círculo,* que se convirtió en una de las más populares de su tiempo.

En 1944 surgió *Ficciones,* que recoge *El jardín* y nuevos cuentos fantásticos; y por ese libro, en 1945, la SADE —Sociedad Argentina de Escritores—, le concedió el Gran Premio de Honor.

En 1946, cuando Perón tomó el poder, por haber firmado algunas declaraciones antiperonistas Borges se vio destituido de su puesto en la Biblioteca Nacional y promovido a inspector de aves y conejos en los mercados municipales. Para ganarse la vida, empezó a dictar conferencias y cursos en Buenos Aires, y más tarde en el Uruguay y en las provincias argentinas.

En 1948, su madre y su hermana fueron detenidas con otras señoras por haber cantado sin permiso policial el Himno Nacional en la calle Florida. Durante un mes, la madre tuvo que permanecer encerrada en su casa, en tanto que Norah fue con sus amigas a la cárcel de prostitutas donde se dio a la tarea de enseñar canciones francesas y dibujo.

En 1949 publicó *El Aleph,* y en 1950 ocupó la cátedra de literatura inglesa en la Asociación Argentina de Cultura Inglesa y en el Colegio Libre de Estudios Superiores.

En el Fondo de Cultura Económica de México publicó en 1951 *La muerte y la brújula,* que marcó el comienzo de su popularidad en Argentina, así como *Antiguas literaturas germánicas*, en colaboración con Cecilia Ingenieros.

A la caída de Perón —1955—, el nuevo gobierno lo nombró director de la Biblioteca Nacional.

A partir de 1956, los oftalmólogos le prohibieron leer y escribir. Desde entonces dependió totalmente de su madre y aprendió a componer sus textos y a dictarlos.

Con Samuel Beckett compartió el Premio Fomentor, de 10 mil dólares, otorgado por el Congreso Internacional de Editores en 1961. Fue el comienzo de su reputación en el mundo occidental. Invitado por la Fundación Tinker, visitó por primera vez los Estados Unidos en compañía de su madre.

Después de treinta años de no verse, se casó en 1967 con Elsa Astete Millán a quien había conocido en su juventud.

En 1968 sale al mercado *El libro de los seres imaginarios,* nueva versión, ampliada y retocada, del *Manual de zoología fantástica* y la *Nueva antología personal.*

Una encuesta mundial realizada en Italia en 1970 por el *Corriere della Sera*, reveló que Borges obtuvo más votos como candidato al Premio Nobel —en ese país—, que Solzhenitsyn, quien lo ganó ese mismo año. Otro hecho fue su divorcio de Elsa Astete Millán.

Su madre, a los 99 años de edad, muere en 1975. A partir de ese momento María Kodama se transformó en su secretaria y compañera de viajes.

En 1978 ganó un segundo premio en un concurso de cuentos organizado por la revista *Playboy:* 500 dólares y una conejita de mascota.

El Ministerio de Educación español repartió el Premio Cervantes entre él y el poeta Gerardo Diego, compañero de aventuras ultraístas. En ese año de 1980 se publica en *Clarín,* una "Solicitada sobre los desaparecidos" en que sobresalieron las firmas de Ernesto Sábato y Jorge Luis Borges.

En 1981 recibió el premio Ollín Yoliztli —70 mil dólares— otorgado por el gobierno de México y que antes había sido concedido a Octavio Paz; y en 1983, en *La Nación,* su relato *Agosto 25, 1983*, profetizó su suicidio para esa fecha exacta. Interrogado por un periodista sobre por qué no se había matado en la fecha anunciada, contestó lisamente: "Por cobardía".

Murió en Ginebra el 14 de junio de 1986 y sus restos permanecen en Suiza.

Nota: Este fragmento del libro de Rodríguez Monegal apareció en *La Jornada,* el domingo 22 de junio de 1986.

Emir Rodríguez Monegal, *Cronología crítica de Borges* del libro *Ficcionario*, Fondo de Cultura Económica, México.

MARIA FELIX

—¿Es cierto que tiene voz de sargento?

—Creo que hablo como mi tío Miguel, pero me he acostumbrado tanto a mi voz que ya no me oigo. De cualquier modo, es mucho mejor tener una voz así que una de pito.

—¿Quién es su tío Miguel?

—Dije mi tío Miguel como pude haber dicho mi tío Bernardo o mi tío Juan, cualquier tío.

—¿Es cierto que es usted muy hombruna?

—Eso lo juzgará por sí misma y lo dirá usted al describirme. Véame, ¿le parezco hombruna? Sí, sí lo sé, traigo pantalones, me encantan los pantalones, pero los traigo por fuera, no por dentro.

Allí está, blanca y negra, negra y blanca, como reina de baraja, con sus pantalones de Cifonelli (pronúnciese Chifoneli), "es el sastre de mi marido", y su casaca de Dior, una chaqueta negra espléndidamente bien cortada, abierta a los lados. Su pelo largo, —"ahora me lo dejé crecer"—, ébano, ala de cuervo, brilla con reflejos azul profundo. "Cuando tiene una la suerte de tener bonito pelo, ¿por qué ponerse postizos o pelucas?". Y sus mejillas, manzanas lisas, también brillan. Camina como las fieras desplazando a su derredor ondas misteriosas. A veces se encabrita sobre sus botitas de charol, y uno la sabe peligrosa, rebelde, fogosa, con un aplomo de amazona que ha franqueado todos los obstáculos. Nunca se sienta. Erguida enseña sus cuadros uno a uno: Leonora Carrington, Leonor Fini, Diego Rivera, Sofía Bassi, Remedios Varo, pero sobre todo Leonora Carrington, de quien María habla mucho porque la quiere. "Es mágica, yo amo la magia. Por ella, por Leonora, pondría mi mano en el fuego. Sería capaz de cualquier cosa". Sobre su pecho lanza destellos una joya flexible y le pregunto si será una pantera.

—Es un puma —responde María Félix—. Alex, mi marido, me llama "puma", seguramente por lo buena gente que soy y lo fácil que resulta mi carácter.

Los aretes, grandes hojas de diamantes y esmeraldas, también son de Cartier. Unas mancuernas: dos ojitos azules, surrealistas y una camisa blanca con cuello de jockey. "Le pedí a mi jockey que me prestara su camisa y se la copié, pero sólo el cuello, ¿eh?". Se quita los aretes de las orejas que se ven muy pequeñas, delicadas, pegadas a la cabeza: "Sí, tengo orejas muy bonitas y están muy limpias. A mí me gusta lo limpio. Si de algo tuviera yo que presumir sería de mis orejas, aunque ya sé que tengo un físico agradable".

Lo más llamativo de la Doña es su manera de moverse, de ir hacia un cuadro y otro, buscar la mirada del interlocutor, rescatarla, demandarla imperiosa, y atornillar sus ojos en los de uno. Mientras habla y hace ademanes, en el dedo que los campesinos llaman "del corazón" relampaguea un enorme diamante. "¿Verdad? ¿Qué le parece, Elenita? ¿No lo cree usted así?", inquiere a cada respuesta y el diamante corta el aire con sus mil aristas.

Dicen que su rostro es duro e inexpresivo, que lo único que sabe hacer es levantar la ceja; me fijo en la ceja, no la levanta una sola vez; trato de recapacitar: "¿Es este un rostro inexpresivo?", y creo que no, que es quizá un rostro agresivo por vital, por enérgico, por bien dibujado, porque la perfección siempre aturde; un rostro limpio. No, no señoras, María Félix no se pinta, no trae pan-cake ni maquillaje; sólo los labios muy rojos, las pestañas muy negras, los ojos muy brillantes, los dientes muy blancos. No, no seño - ras, ni una sola arruga, ni un solo pliegue amargo en la comisura de los labios, nada se va a pique. Vehemente, gira como un carrusel, gira sobre sí misma, gira dentro de su casa de 500 metros en la calle de Hegel, amplificada por un espejo —de pared a pared— que la agranda y la refleja hasta en el fondo del jardín: "El espejo fue idea de mi marido. Qué bien distribuida es esta casa ¿verdad?". Gira sobre sus botitas, expectante, retadora, invierte mucha energía en contestar las preguntas de una entrevista, de - manda el diálogo, la comunicación, y yo, aplastada en uno de sus sillones como un flan de sémola, la miro ir y venir boquiabierta ante este espectáculo inesperado y para mí sola. "¿Qué opina, Elenita? ¿Le gusta? ¿Cómo ha estado? Dígame, ¿ha estado bien?". Luego se sienta muy derecha en un sofá, junto al sillón en que aguardo patidifusa, y se mantiene erguida muy tiesa como soldado sin recargarse jamás.

—Mi mamá desde la infancia nos enseñó a sentarnos derechos y nos ponía tirantes para que nuestros hombros no se cayeran hacia adelante. Y en el colegio, las monjas verificaban si en efecto traíamos los tirantes. A mí me co - rrieron de muchos colegios, por indisciplinada, por bárba - ra; del Sagrado Corazón, de otros, pero eso sí, nunca me rebelé contra los tirantes. Mi mamá se iba a meter de mon - ja, pero en vez de hacerlo mejor tuvo doce hijos. Oiga, ¿está usted cómoda? ¿No quiere tomar nada? ¿Ni un café? Hoy se me hizo un poquito tarde porque Alex, que está en Europa y tiene "telefonitis" aguda —me habla tres o cuatro veces al día—, me pidió que lo alcanzara mañana en Nueva York. Le dije: "Espérate a ver si puedo conseguir boleto". Y allí me tiene colgada del teléfono tratando de arreglar este viaje inesperado. No, no me gusta el avión; lo utilizo mucho pero me sigue dando miedo. Me persigno en mi asiento y rezo; soy creyente, absolutamente católica, apos - tólica y romana. Y en las noches rezo mucho.

—¿Qué reza usted?

—Unas oraciones que me enseñó mi mamá de niña y se me han quedado. Sabe usted, lo que más nos marca en el curso de toda la vida es la infancia.

—¿Cuáles son esas oraciones?

Santa Mónica bendita
acomoda mi camita
que ya me voy a dormir.

O si no, rezo esta otra:

San Jorge bendito
ata tu animalito
para que no me pique.

Entre tantos cuadros surrealistas, porcelanas de Sevres, manitas de porcelana sobre cojines, damascos y terciopelos, el gran cuadro transparente de Diego Rivera es como una ventana por donde entran luz y aire. En él, María Félix tiene un rebozo en la cabeza y un niño en los brazos.

—Me gusta mucho. El niño es el nieto de Diego, el hijo de Picos. Es bonita esta maternidad, ¿verdad? Diego la hizo así al carbón, desde lejos, el carbón sobre un largo *fuseau*, y yo estaba fascinada viéndolo (María Félix imita a Diego). Después me regaló el dibujo y me mandó hacer este marco blanco con un ebanista de Coyoacán. Dijo que el marco iría bien con el estilo de la casa.

TENGO EL OJITO NUEVO

—¿Qué es lo que cree usted haberle dado a la gente, a su público además de sus películas?

—Le he dado la imagen del éxito. Yo soy la imagen de la salud, de alguien que se mueve bien en su piel y está de acuerdo consigo misma. Soy la imagen del gusto por la vida, del ojito nuevo. Sí, sí, tengo el ojo nuevo, todo me interesa, todo me llama la atención: los conciertos de Vivaldi que se dan los sábados en el convento de Tepotzotlán, como los toros que todos saben que me encantan, o... el box. Nomás que al box ya no me lleva mi marido porque es un público bragado, oiga usted, y además ahora, con la televisión puedo verlo desde mi casa. ¡Me siento bien! Si uno está guapo por dentro naturalmente se refleja y embellece el exterior.

—Greta Garbo "la divina", representa el misterio; Marlene Dietrich un nuevo tipo de "sex appeal", ronco y frágil a la vez; Dolores del Río, el triunfo de la belleza morena que se impone en Hollywood a tal grado que la llamaron la Rodolfo Valentino femenina. Usted, ¿qué cree representar?

—A la mexicana triunfadora que no se deja. Yo no soy una dejada. Nunca lo fui. Desde pequeña, mi madre nos enseñó a defendernos. Somos doce hermanos. Eran once en contra mía. Yo siempre tuve una espada invisible. Además mi madre me decía: "Si tus hermanos hombres te golpean, tú contéstales". Entonces cuando me daban un trancazo es porque yo ya había dado dos.

LE TENGO MIEDO AL DERRUMBE DE UNA MUJER, NO A LA VEJEZ

—Usted declaró alguna vez en una entrevista que la gente era mala. ¿Sigue creyéndolo?

—Yo no creo haber dicho eso. Al contrario. Para mí,

cada gente tiene un interés. Si pensara así yo estaría amargada y de amargada no tengo nada.

—Pero usted se defiende muy bien cuando la atacan.

—¡Claro, sé defenderme! Alguna vez un periodista me preguntó con muy mala leche: "Y a usted le gusta mucho hablar de sí misma, ¿verdad?", y le contesté: "Yo prefiero hablar bien de mí a hablar mal de los demás. Ahora, si usted viene expresamente a entrevistarme supongo que no quiere que le hable del vecino sino de mí misma". En México, cuando la quieren insultar a una, le dicen que está vieja. Amparo Rivelles, que es muy mi amiga y me puede decir todo lo que se le antoje porque no tiene mala uva en la tripa, en una entrevista de televisión me preguntó de plano: "¿Cuántos años tienes?" Mire usted, Elenita, yo no le tengo miedo a ser vieja, le tengo miedo a algo que va mucho más allá y que viene de mucho más lejos que la vejez: al derrumbe de una mujer. No le tengo miedo ni a las canas ni a las arrugas, sino a la falta de interés por la vida; no le tengo miedo a que me caigan encima los años, sino a caerme yo misma. Evitarlo depende de mí, y por eso ando girita como una bicicleta. Un día alguien en la calle me gritó: "Vieja" y un periodista me preguntó después cuál había sido mi reacción, le dije: "Yo ya fui al infierno y hablé con el diablo".

LO QUE IMPORTA ES LO QUE VOY A HACER NO LO QUE HICE

—De los hombres que amó o que la amaron, el único verdaderamente creador es, sin lugar a dudas, Agustín Lara. ¿Qué podría...?

Me interrumpe, seria.

—A mí no me gusta hablar de los pasados, porque me parece una falta de respeto para el que tengo. A mí me importa el presente, siempre el presente.

—Pero uno también está hecho de recuerdos, de nostalgia.

—De nostalgia no, de recuerdos sí. Uno está hecho de recuerdos y de todo lo que le pasó en la vida: en mis ciento veinte años de edad, según dicen algunos. Pero lo que importa, al menos para mí, es el momento actual, lo que soy ahora, lo que hoy pienso que voy a hacer mañana. No lo que hice antes. Aquí y ahora. Así es que... ¡a otra cosa!

María Félix espolea un pegaso.

—Mire usted, Elenita, yo me paro de cabeza por quedar bien con el amor que tengo, con Alex Berger, así es de que no me voy a poner a elogiar a los fieles difuntos. Ya no me interesan. Me apasiona lo que voy a hacer ahora: salir a la calle, pasear por mi ciudad —que cada día la veo más bonita—; pero sentarme a rumiar el pasado eso sí que no. Aquí y ahora. ¡Cada día es más notorio el progreso de mi país, cada día las cosas están mejor! Y es que hemos tenido muy buenos gobernantes.

—Ay, ¿a poco? Esto que dice usted no se lo creo ni yendo a bailar a Chalma. ¿No es demagogia?

—Vaya usted a Centro y a Sudamérica. Vea usted lo que pasa allá. ¡Es una miseria y una opresión terribles! ¡Aquí estamos en el paraíso! Mire, yo soy una mexicana del mundo; he caminado por muchas partes y he podido comprobar que aquí hay una gran libertad y que año tras año vamos hacia adelante. Mi mexicanismo no es localista. Claro, cuando regreso a México me emocionan mis volcanes, mi Zócalo, mi Catedral, pero mi entusiasmo es el resultado de comparaciones, y todas, créamelo usted, son favorables a México.

—Entonces ¿por qué no "consume lo que el país produce"? ¿Por qué se viste en París?

—¡Vivo seis meses en París por los negocios de mi marido! ¡Loca estaría de no vestirme allá, teniendo esa oportunidad! Pero he comprobado que en México ya se hacen cosas muy buenas y también compro prendas mexicanas.

—¿Cuándo empezó usted a ser consciente de su belleza?

—Nunca he sido consciente de eso. Para mí es un estado natural. Así soy. Me han elogiado desde que nací; año tras año fue un constante halago hasta que llegué a considerarlo como una cosa normal. Desde que tengo uso de razón me han echado flores y he creído que la vida es así, ¡puro incienso!

—Entonces, para usted ¿qué ha significado su belleza?

—Pues, puedo decirle que me ha ayudado mucho. Ha sido una muy buena almohada.

SIEMPRE HE SIDO RESPONDONA

—¿Cuándo empezó usted a adquirir su verdadera personalidad, es decir, a no dejarse, a burlarse de sus interlocutores, a hacerse famosa por respondona? ¡Doña Bárbara!

—Siempre he sido respondona, pero nunca me he burlado de nadie, aborrezco el ridículo y soy incapaz conscientemente de poner a nadie en ridículo. Yo tengo un natural peleonero. Si usted viene a atacarme, yo me defiendo; pero como estoy acostumbrada a pelear por todo, pues lucho porque la vida es lucha, y combato en todos los frentes. Todo cuesta trabajo. Ser feliz cuesta un trabajo de la cachetada.

—¿Y usted es feliz?

—Fíjese, el concepto de la felicidad es tan curioso, que lo que a usted la hace feliz a mí no me haría nada, y viceversa. Yo soy feliz con lo que tengo y con lo que he logrado.

YO SOY MUY SENSIBLE AL AFECTO

—¿Por qué le gustan a usted las víboras?

Toca madera y cruza los dedos.

—Las serpientes, las serpientes, no diga víboras, por favor. Porque son mágicas y a mí todo lo mágico me atrae irremisiblemente. Las serpientes, las ranas, las libélulas, los chapulines. Amo a los animales y creo que cuando le dicen a uno: "Eres un animal", le hacen a uno un favor. Yo tenía catorce perros bastardos en Catipoato; perros callejeros que son los más agradecidos. A un perro fino, dele usted algo y verá el desprecio con que la mira; a un perro amarillo dele cualquier cosa y verá cómo reacciona. Con razón dice el dicho popular: "Es agradecido como un perro de la calle".

—¿A usted le gusta mucho el agradecimiento?

—Agradecer es calor, es afecto. Yo soy muy sensible al afecto.

—¿Y con quién está usted agradecida?

—Con Dios, a quien le doy las gracias las veinticuatro horas del día por todo lo que me ha dado. ¿Cómo no voy a estar agradecida si salgo a la calle y me bendicen y me echan guapezas?

—Usted ¿hace alguna labor social?

—Fíjese que si yo se lo dijera no tendría chiste. Lo precioso es que sea un secreto.

—Bueno, en eso tiene usted la misma actitud que Sofía Bassi que sostiene en el D. F. un orfanato con cuarenta niños sin decírselo a los periodistas.

—Que tu mano derecha no sepa lo que hizo la izquierda ¿verdad, Elena?

—Usted, María Félix, ¿se considera inteligente?

—A base de tontería no se puede conservar un lugar. Yo tengo cincuenta años en el mismo.

—¿Si fuera tonta no habría durado a pesar de su hermosura?

—Así lo creo. La imbecilidad no lleva a ningún lado.

María Félix vuelve a hablar de magia, de Leonora Carrington, de "tarots", de luna, de conjunción de las trilogías, de simbolismos y signos, pócimas y cocciones, y nunca se queda inmóvil. Uno se pregunta ¿cómo diablos pudo posar quieta ante los pintores y pintoras que la han retratado? Y su rostro de cera, su rostro perfecto salido del alba parece un guijarro pulido por el agua del río, una piedra imán, una concha nácar, una invitación al viaje, objeto de goce, "disfrútame" parece decir, "tú, disfrútame" pero se escapa, fluye y refluye bajo la vista, María bonita, María del alma; sólo comparable su andar de fuego al andar de los animales, María, diosa arrodillada, pantera, puma, peñón de las ánimas, doña Diabla y que Dios nos perdone, la monja Alférez y la generala, María es la única que en México ha logrado cambiar las reglas del juego.

ZONA SAGRADA

En las páginas 139, 140 y 141 de la primera edición de la novela de Carlos Fuentes, *Zona sagrada*, María Félix, alias Claudia Nervo, entra al largo túnel del aeropuerto "seguida por la jauría, a paso lento unas veces otras veloz, jugando con la respiración de los periodistas, con la ilegibilidad de los garabatos apuntados en las libretas". Pasa orgullosa e inerme entre "la fusilata de fogonazos, el pelotón de fotógrafos", mientras que Ruth, la secretaria, — ¿será la señora Reina, su prima hermana y secretaria? — se ocupa

de los pasaportes, cheques de viajero, certificados de vacuna y no pierde de vista el alhajero de la actriz. He aquí las preguntas que Carlos Fuentes pone en boca de "la jauría" y que María Félix, y no Claudia Nervo, aceptó contestar, entre irónica y curiosa, porque no se acordaba de ese capítulo llamado *Las golondrinas*.

—¿Qué se siente ser estrella?

—Ser una estrella de cine es algo muy terrible. Es muy difícil aguantar el éxito. Emborracha, marea mucho más que una botella de vodka. No sé qué bebida sea la más fuerte pero ninguna le gana al éxito. Es difícil aguantar durante muchos años que le digan a uno que es una diosa, que no hay nadie mejor. ¡Bastan nueve meses para llegarlo a creer! Se necesita tener la tripa sonorense, la pata en la tierra para poder seguir siendo más o menos normal. He conocido el gran éxito, revistas internacionales de enorme tiraje como *Life* y *Match* y qué sé yo, en donde me han llamado la mujer más hermosa del mundo y resulta casi imposible aguantar ese paquete. Es bastante chiste que yo siga trabajando. Además, yo sí he sido profeta en mi tierra. Aquí el público mexicano es extraordinario conmigo. Me siento querida y amparada. (De repente se detiene porque un pájaro no ha cesado de cantar afuera.) ¡Mire mi clarín qué bonito canta!, ¿lo oye usted?

Me cae bien que la Doña lo escuche, pero prosigo con Fuentes siempre implacable y sordo a los clarines.

—¿Qué moda prefiere?

—La nueva. Me entusiasma. Me encanta la minifalda. La usaría si yo tuviera quince años. Me gusta muchísimo el pop, el up, el camp, el in, el out, el punk, el kitch, todo lo que es nuevo.

—¿Prefiere a los hombres o a las mujeres como amistades?

—A los hombres, pero también a las mujeres cuando son extraordinarias. Le hablé hace un rato de mi amiga Leonora Carrington. Con ella me la paso "bomba". Y tengo éxito con hombres y mujeres. Ahora, hay mujeres que no aceptan la compañía de otra mujer porque les aburre. Cuando yo estoy cerca de Leonora Carrington el tiempo se me hace un minuto porque, ¡ay, cómo me divierto con ella! También Bridget Tichenor es una pintora con personalidad, ¿la conoce usted?

—Sí... ¿Qué tipo de hombre prefiere?

—No puedo tener un tipo de hombre, el chiste es encontrar un hombre que reúna todos los tipos.

—¿Qué es el placer?

—Todo depende, ¿verdad? ¡Qué preguntas! ¡Como si hubiera un sabroseador como el que anuncian en la televisión para el placer!

—¿Qué cosa es un sabroseador?

—El sabroseador se le pone a toda la comida para que sepa igual. ¡El placer es siempre diferente!

LOS ENEMIGOS SE OCUPAN MUCHO MAS DE UNO QUE LOS AMIGOS.

—¿Tiene muchos enemigos?

—¡Ojalá! Los enemigos se ocupan mucho más de uno que los amigos.

—¿Y muchos amigos?

—¡Claro! ¡Qué padre!, ¿verdad? ¡Qué preguntas!

—Es que Carlos Fuentes las pone en boca de muchos periodistas que acosan en el aeropuerto a Claudia Nervo, o sea a usted, María Félix y la asaltan como inquisidores. Algunas preguntas son torpes, pero es que -yo creo- muchos periodistas se han de cohibir ante usted, ponerse tímidos y balbucear lo primero que se les ocurre.

—No, no son tímidos, hay una gran diferencia entre la malevolencia y la timidez. La timidez tiene una gran dignidad, Elenita, y la de los demás me da mucha ternura. La mía —porque yo puedo ser tímida—, me da coraje y siempre trato de sobreponerme a ella. Ahora, esto que relata Fuentes es una situación muy normal y a mí varias veces me ha sucedido que me acosen a preguntas en el momento de subirme al avión, cosa que no puede dejar de impacientar a cualquiera. En cuanto a la película, Carlos Fuentes me dio a leer su manuscrito en París y le di luz verde. Me gustó *Zona sagrada*. La vamos a filmar Quique y yo. El argentino Leopoldo Torre Nilsson le hizo una adaptación creando personajes de una gran consistencia. Mire usted, la parte bonachona de una actriz no le interesa a nadie. Yo misma no me considero bonachona. Por eso hay que inventar un personaje que tenga sal y pimienta.

—Y a usted ¿le gustó servirle de tema a Carlos Fuentes?

—Mire, cuando Salvador Novo, Carlos Fuentes o Diego Rivera deciden dedicarme su tiempo y su talento, yo estoy feliz de servirles en algo. Ahora que no siempre le sirve uno de tema a gente que tiene talento y entonces sí, lo hacen a uno polvo. Lo mismo sucede con los periodistas. Por ejemplo, Elenita, usted ahora mismo está en su trabajo y yo en el mío, pero yo ya no concedo entrevistas porque muchas veces no reconozco siquiera lo que dije. Todo ha sido distorsionado. Guillermo Ochoa de *Novedades* me hizo una buena entrevista. Yo tengo consistencia y él supo preguntar. Para cualquier diálogo debe establecerse una comunicación entre dos gentes. Hay personas con las cuales uno no se puede comunicar ni se comunicará jamás.

—De no haber sido María Félix, ¿quién le hubiera gustado ser?

—Es algo que ya he dicho. De no haber sido María Félix, el hijo de María Félix, porque a Quique no le costaron las cosas tanto trabajo como a mí. El aprendió de chico lo que yo tuve que aprender de grande. Y es un chico muy dotado.

—¿Qué es una buena película?

—Una historia bien contada, ¿verdad?

—¿Qué opina del público?

—Cada quién habla de la feria según como le ha ido en ella. A mí, me ha ido de maravilla, por lo tanto opino que el público es una maravilla. Ahora, así como el público está con uno, se le puede voltear. Yo siempre lo he tenido de frente.

—¿Qué opina del tiempo?

—¿Cuál? ¿El que pasó o el que viene?

—¿Le gustaría volver a tener quince años?

—De ninguna manera.

—¿Qué edad declara en su pasaporte?

CARLOS FUENTES ME PARECE UN TIPO A TODO DAR

—Eso lo hablamos antes. Ya se lo contesté a Amparo Rivelles. ¡Ah, qué preguntas! Leí *Zona sagrada* en el manuscrito pero no he comprado el libro. Carlos Fuentes es muy divertido y lo quiero mucho. Lo encuentro guapo, lo encuentro inteligente. Soy sincera, Carlos me encanta; me parece un tipo a todo dar y tiene un bonito coco. La mala uva que pueda tener, pues todos la tenemos en un momento dado. En París nos divertimos y carcajeamos juntos, con Rita y con Alex mi marido, y pasamos muy buenos ratos. Carlos es como fuego, es como los elementos desencadenados. Alex, que es hombre de negocios y no se deja encandilar fácilmente, lo encontró absolutamente encantador. Ahora que vivir junto a Carlos no debe ser fácil. ¡Pobre Rita! En amistad sí, porque es otra dimensión, pero en el amor, yo no desearía estar en el lugar de Rita.

—¿Ha destruído usted a muchos hombres?

—Esta ni siquiera es una pregunta, es un insulto. ¿Por qué destruir? Es como si una mujer anduviera con un hacha en la mano.

—Dicen que con usted Agustín Lara enflacó aun más.

—Mentira, ya estaba hecho un palillo.

—¿Qué opina de los hombres mexicanos?

—A ver ¿cuál es la pregunta que sigue?

—¿Y de los hombres norteamericanos?

—¿Y luego?

—¿Y de los italianos? Y finalmente, ¿de los franceses?

—Yo no puedo responder como el personaje de Carlos Fuentes. El chiste es tener la combinación de todos, encontrar a todos en uno solo. A lo mejor otras se conforman con no sé qué, con un ajolote. Yo no. Un hombre mexicano es siempre generoso. Tiene una generosidad que no hay palabras para describir. Los mexicanos son capaces de vender su casa, de venderlo todo con tal de dárselo a uno; pero cuando son celosos son capaces de encerrarte en un cuarto con doble llave y siete candados y ¡olvídate de que existes! Lo ideal sería encontrar las cualidades de cada uno, el *esprit* del francés, el *charme* del italiano, el dinamismo del gringo, etcétera.

—¿Cuál ha sido su error más grave?

—Eso no lo voy a contar. Yo no me creo tan buena. He tenido errores tales que... ¡qué barbaridad!

—¿Nunca ha pensado en el suicidio?

—A ver, ¿qué contesta Carlos Fuentes o sea Claudia Nervo?

—Contesta: "¿Yo? ¿Y luego cómo me entero de los comentarios?"

—¡Ay qué frivolidad! ¡Qué respuestas! Carlos Fuentes se tuvo que esforzar para contestar como un asno. ¡Y eso que tiene muy bonito coco!

—Y usted, María Félix, ¿cómo contestaría?

—En realidad no lo había pensado hasta ahora, no lo había pensado jamás. Es un estado de ánimo al cual no he llegado nunca.

JAMAS ME DEPRIMO

—¿Nunca se deprime?

—Nunca. Cuando algo me molesta prefiero decir como Scarlett O'Hara, la heroína de *Lo que el viento se llevó*: *I'll think about it tomorrow*... "Pensaré en ello mañana". Y al otro día con el sol, con los árboles, la vida me enseña la solución.

—Pero, ¿y la muerte? ¿A usted nunca le ha dolido la muerte de alguien?

—Sí, se le para a uno la vida. Cuando mi padre murió se me paró la vida. Para mí fue algo muy grave y muy serio.

—¿Qué usa para conservar su belleza?

LO MALO SON LAS ARRUGAS POR DENTRO, NO LAS DE AFUERA

—¿Qué puedo contestar a esa estupidez? ¿Meterme dentro de un refrigerador como una chuleta? Como le dije antes, me conserva mi vitalidad, mi ojito nuevo, mi interés por todo. Lo malo son las arrugas por dentro, no las de afuera.

—¿Cuál es su dieta?

—Le voy a decir lo que como: al levantarme, una taza de café con leche —la leche va en contra de la orden del médico, pero yo nomás no puedo tomar café solo—; tres horas después, un ponche de leche con dos yemas de huevo y una cucharadita de azúcar. Para la comida: un vaso de sangre de carne, exprimido, sin sal, un plato de mariscos o jamón sin freir, también sin sal. A la hora de la merienda: un vaso de jugo de zanahoria, sin sal ni azúcar. Para la cena: un par de huevos cocidos, pollo, jamón o langosta, según lo que haya comido al mediodía.

—¿Y las papas, los chícharos, el pan, las galletas, los dulces, los chocolates, los mangos y los plátanos?

—Nunca los como, ni bebo agua ni líquido alguno durante las comidas. Si tengo sed, lo hago una hora o dos después. En cambio, puedo alternar la sal; una semana todo sin sal, la semana siguiente todo con sal. Y un día a la semana como todo lo que se me antoja, pero ahora sí TODO, desde mole hasta merengues.

—Total, y como lo dijo su amigo Luis Dam: sesenta kilogramos de peso, cincuenta y seis centímetros de cintura, un metro sesenta y dos centímetros de altura, y nunca jamás se enferma. Y, ¿a usted no le parece raro tomar un vaso de sangre diario?

—Al principio me costó mucho trabajo acostumbrarme. Pero ya llevo años tomándolo. Todos los días, antes de comer, exprimen la carne fresca y sale toda la sangre. Tiene que ser muy buena carne, desde luego.

—¿Y su maquillaje?

—Lo único que hago es pintarme la boca y arreglarme los ojos. El color de mis mejillas es natural.

—¿Será por el vaso de sangre?

—Yo creo que sí. Esta dieta me la recetó el mejor dietista de Nueva York.

—¿Nunca se cortaría el pelo?

—Claro que sí, y tan corto como no se lo imagina. Desde que llegué a México ya me lo he cortado bastante. Pero el día que me retire del cine, lo llevaré cortísimo. Es mucho más práctico. No vaya usted a creer que a mí me aburren las lentas cepilladas diarias. Sólo me lo lavo una vez por semana, con champú y agua. En París me lo lavaba con agua de mesa, porque no hay nada peor para el pelo que el agua de la Ciudad Luz. Para *La Bella Otero* y para *French can can*, tuve que dejarme crecer el pelo. ¿Otro secreto de belleza? No desvelarse. Ocho horas diarias de sueño para que los movimientos no pierdan su vitalidad. Yo me considero una mujer alegre, por lo general de buen carácter, y esto se lo debo en gran parte a mi excelente salud. Nunca bebo. Nunca me excedo en nada. Lo único que hago es fumar cigarros muy suaves y con boquilla. ¡Ah!, y otra cosa, no me aburro nunca. El no tener nada que hacer marchita.

LEE A KAFKA Y A BAUDELAIRE

—¿Qué hace usted en sus ratos de ocio?

—Leo. Acabo de leer *La metamorfosis* de Kafka, y me encantó tanto como *El castillo*. Adoro a Baudelaire.

—¿*Las flores del mal*?

—Sí, ésas mismas. Pero la verdad le diré que a mí no me gustan las flores. Me gustan en el jardín. Me gusta verlas desde mi ventana, pero no me gusta cortarlas. ¡Ah, claro!, las que prefiero son las rosas. ¿Me preguntaba usted de mis ratos de ocio? Pues, como le decía antes, nunca me aburro y casi nunca tengo ratos de ocio. No tengo hobby alguno. Claro, me encantan los libros, las revistas, los discos y ahorita tenemos un niño chiquito en casa. Es el hijo de mi cocinera que nació hace un mes. Todos lo queremos mucho y no se imagina cómo nos entretenemos con él.

SE HA ESCULPIDO A SI MISMA

—Y, ¿usted considera que se ha esculpido a sí misma como una obra de arte?

—Sí, así lo creo. Me he afinado.

—¿Y cree tener mejor gusto que antes?

—También lo creo. Me visto mejor. Elijo mejor.

—¿Qué opina de Fellini?

—Me encanta porque a mí me atrae todo lo rebuscado, lo barroco, lo imaginativo.

—¿Y de Buñuel?

—Soy buñuelista de la cabeza a los pies. Joseph Kessel dice que la película *Belle de jour* es mejor que su propia novela y creo que tiene razón. También para mí es una de las mejores, si no la mejor película de Luis Buñuel.

—¿Quién es su actriz favorita?

—Greta Garbo, siempre la he admirado.

—¿Y la actriz mexicana?

—Dolores del Río. Es una gran señora. Dondequiera que vaya Dolores siempre gusta. Es guapa, gentil, tiene diplomacia y don de gentes. Ella está bien en cualquier parte. Siempre está bien.

—Señora, ahora dígame usted: ¿qué opina acerca del cine mexicano?

—Todos los del cine mexicano han sido preciosos conmigo. Siempre he estado muy contenta con mis directores: Roberto Gavaldón —el mejor director—; Emilio Fernández —el más pintoresco—. Creo que el cine mexicano en Europa es una gran propaganda para nuestro país. Me encantaría trabajar con Luis Buñuel. Lo considero un gran director y en Francia goza de una fama inmensa.

—Díganos algo de sus experiencias con el cine francés.

—Mis directores en París fueron: Renoir en *French can can*; Pottier y Ciampi, en mi última película, *Los héroes están cansados*.

—¡Ah! ¿Qué tal le pareció Yves Montand?

—Es una magnífica persona, y admiro mucho a su mujer, Simone Signoret. La película *Los héroes están cansados* me parece la mejor que filmé en Europa, pero en *La Bella Otero* puse —y aunque sea vulgar decirlo—, mi hígado sobre la mesa. ¡Hasta aprendí a tocar las castañuelas! Verdaderamente, en esta película, me la jugué porque no entra para nada dentro de mi línea. Estudiaba yo francés ocho horas diarias porque no es lo mismo conversar en francés con algunos amigos a hablarlo en una película. También tuve que bailar. Lo único que no me atreví a hacer fue a cantar, porque eso ya me pareció demasiado. ¡No se imagina usted, señorita, las horas de ensayo, de baile, de castañuelas, de francés y el esfuerzo casi desesperado que tuve que hacer! Pero lo logré con el famoso "puedo" mexicano. Además, París es una bella ciudad en donde todo se vuelve más fácil. Creo que es una ciudad de mujeres, hecha para las mujeres. Allá, los franceses han colocado a la mujer sobre un pedestal del cual nunca la bajan. Me vestía yo con ropa de Christian Dior, de Lanvin, Givenchy, Balmain, Courreges. Ahora me visto mucho con cosas mexicanas. Aquí hay preciosidades, sandalias, faldas. Mire usted estas blusas de Cuernavaca, de torero, que me acaban de traer. ¡Y verdaderamente regaladas! (María, en efecto, nos enseña unas blusas lindas de todos colores.) También me visto con diseños de Armando Valdéz Peza, pero no me resulta muy cómodo.

—¿El precio o el vestido?

—El vestido; el precio no me importa.

—Bueno, señora, ¿y en Francia con quién le gustaría trabajar?

—Me encantaría que me dirigiera Clouzot, el de *El cuervo*, Claude Autant Lara, De Sica... Y en teatro, Raymond Rouleau, justamente el que dirigió a Yves Montand y a Simone Signoret en *Las brujas de Salem*, de Miller.

—¿Por qué no se dedica usted al teatro?

—En realidad porque no tengo tiempo y nunca lo he hecho. Además, carezco de la pasión por el teatro. No me veo todas las noches diciendo lo mismo en el mismo escenario. En París, me encantaría trabajar con esa gran actriz que es Edwige Feuillere. Tiene una voz extraordinaria.

—De sus propias películas, ¿cuál prefiere?

—*Doña Bárbara* y *Enamorada*. Mi primera película fue *El peñón de las ánimas*, con Jorge.

—Bueno, ¿cómo empezó usted en el cine?

—Caminaba por la calle y me dijeron que si quería hacer una película. No lo tomé en serio. Me hicieron pruebas, me gusté, y aquí estoy.

—¿Qué pasó con su programa de televisión con Agustín Lara?

—Para mí el hacer un programa con Agustín era ya una garantía. Pero yo no quiero revivir la morbosidad de un pasado, sino darle al público un buen programa y nunca lo concretamos. ¿Por qué insiste en hacerme hablar de los fieles difuntos?

NO PIENSA RETIRARSE

—¿No piensa retirarse?

—¿Retirarme?, ¿a dónde? Cuando ya me lleven con los pies por delante entonces no tendré más remedio, pero mientras esté en la movida, ¿cuál retiro?

—¿Es usted muy rica?

—Hablar de dinero es de muy mal gusto. Presumir de lo que uno tiene es peor.

—¿Por qué viaja siempre con tantos velices? ¿Qué tanto lleva en sus maletas?

—A ver, ¿qué dice Fuentes?

—La Enciclopedia Británica.

—Es buena esa respuesta. Tiene chiste. La asumo.

—¿Y asume usted también la leyenda que Carlos Fuentes ha tejido alrededor de usted?

—No, esa no.

—Entonces, ¿cuál es su leyenda?

—Esa no la voy a contar yo.

Entra la señora Reina, secretaria de María Félix, para avisar que otras personas esperan en la sala. Hemos estado juntas durante dos horas y media y María jamás perdió su fibra, su energía, su ardor, y sus dotes histriónicas hicieron que la conversación no decayera un instante. ¡Es bonito ese entusiasmo que le pone a todo!, ese desgastarse, porque María bailó, rió, zarpó-tigre, sacó uñas-puma, alisó pelajes-plumajes-pantera, tragó conejos-cobra, zapateó, unicornio-pegaso-yegua, cruzó estancias, me dio toda clase de vehementes explicaciones y yo la seguí embobada ante sus circunvoluciones, su belleza despampanante, el juego pírotécnico que brota de sus labios, pensando: ¿quién será el que le pueda quitar las cien máscaras al actor?

Agosto de 1973.

LAS ALZADAS DE CEJA DE MARIA FELIX

María Félix ha nacido en muchas fechas, pero siempre en el mismo lugar. Sus ocasionales biógrafos la hacen saltar de un año al otro y de mes a mes. Pero en el acta de nacimiento que encontró Paco Ignacio Taibo I emitida por el registro civil del Gobierno del Estado Libre y Soberano de Sonora, se indica que María de los Angeles Félix nació el día 8 de abril de 1914. Sus padres eran Bernardo Félix y Josefa Güereña.

Quiriego era una ranchería en las proximidades de la ciudad de Alamos donde había, hasta hace poco, una sola casa de dos pisos y que se sitúa en las proximidades de la ciudad de Alamos. Quiriego no apare - ce en los mapas escolares y la región no es la más adecuada para que en ella nazca una estrella. Aún hoy, en Alamos, existe un solo cine y Sonora tiene 108 salas cinematográficas.

Poco después del nacimiento de la niña, la familia Félix se trasladó a Guadalajara en busca de un mundo más amplio para sus hijos.

María crece en Guadalajara y llega a ser Reina del Carnaval. Poco después se casa con Enrique Alvarez, que por entonces era un vendedor de productos de maquillaje, hijo de familia acomodada.

El día 6 de abril de 1934 nace el primer y único hijo: Enrique Alvarez Félix. El niño es aún muy pequeño cuando María abandona al marido, al niño y a Guadalajara, y se va a buscar fortuna. Enrique queda a cargo de la familia del padre.

María llega al cine mexicano en el momento justo. Hace una apari - ción sensacional. Entre las actrices se encontraban Isabela Corona, Glo - ria Marín, la belleza mexicana; María Elena Marquéz, la juventud; Dolores del Río, la mexicana que había aceptado, por patriotismo, abandonar Hollywood; Andrea Palma, misterio que los directores no acababan de descifrar. Falta la mujer que acabe con los estereotipos de la servidumbre tradicional y folklórica de la hembra de México; falta la belleza agresiva, la acción desprejuiciada. El hueco es tan manifiesto que María se fue haciendo a la idea de que sólo podía ser llenado por una persona: ella misma.

Sus 47 películas pueden ser malas, sus personajes falsos, pero María se asoma por encima de tanto fracaso y se hace presencia extraordina - ria.

En el año de 1942 firma su primer contrato. En los créditos aparece como María de los Angeles Félix.

Prácticamente en el Distrito Federal se estrena una película mexica - na cada siete días. Las películas se fabrican en tres semanas de rodaje y algunas en sólo 14 días. Los productores parecen confiar más en sus estrellas que en sus historias y, apenas surge un tema que interesa al gran público, se repite bajo diferentes títulos.

"Fue Gabriel Figueroa el que me hizo las primeras pruebas. La verdad es que las pruebas salieron bien y me dijeron que haría una película titulada *El peñón de las ánimas*. Dije que sí". Y ésta fue la primera de las 47 películas en las que participó.

Jorge Negrete no quería a la joven debutante a su lado; además el productor —como el mismo Negrete—, pensaba que Gloria Marín era la figura adecuada. Por estas dos razones, Negrete manifestó una serie de resentimientos contra María a lo largo del rodaje. Y cuando años después Jorge se casa con María, hubo quienes opinaron que ella estaba vengándose de todas las humillaciones que soportó durante la filmación de *El peñón de las ánimas*. Casarse con Jorge Negrete fue su revancha.

Ni el argumento ramplón —copiado de *Cumbres borrascosas*— ni la mala dirección, ni los tartamudeos de María, ni sus pocas condiciones para el baile, impidieron que el primer paso de María Félix dentro del cine mexicano se convirtiera en una vigorosa llamada de atención.

Mientras filmaba, María conoció a Raúl Prado, integrante del trío Los calaveras, y después de un noviazgo rápido se casaron para divorciarse poco después, también rápidamente.

Apenas terminado su primer filme, María firma el contrato para hacer *María Eugenia*. El escritor del argumento, productor y director fue Felipe Gregorio Castillo quien pretendió realizar un melodrama con moraleja clara y terminante: la mujer que comienza mal, termina peor. De esta película lo que queda en la memoria de los espectadores es el traje de baño blanco con el que aparece María en la primera secuencia.

A comienzos de 1943, Fernando de Fuentes inicia el rodaje de *Doña Bárbara*, que marcará para siempre el camino y la actitud definitiva de María Félix.

El filme, visto ahora, parece desdibujado y, sobre todo, ajeno al entusiasmo que despertó en su tiempo cuando fue considerado el mejor del año. El personaje de Rómulo Gallegos es una devoradora, una hembra bravía que hace capitular a los hombres. María no sería "La Doña" de no haberse cruzado con la novela de Rómulo Gallegos. Casada, divorciada, sin el hijo que continuaba en poder de la familia Alvarez, *Doña Bárbara* le dará la fuerza necesaria para afrontar las acechanzas de la realidad. Y un día roba a su propio hijo, y se casa con aquellos que parecían ser sus superiores y a los que demostró, muy pronto, cuánto podía dominarlos.

También en 1943 filma *La mujer sin alma*, dirigida por Fernando de Fuentes, y por esas fechas se casa con Agustín Lara. No tener alma le va bien a la devoradora de hombres y conquistar al más famoso compositor mexicano de todos los tiempos fortalece a su propia mitología.

Agustín Lara parece entender, por su parte, que ese matrimonio es una aportación más al folklore nacional y a su egolatría. La pareja se convierte en un espectáculo al que el pueblo contempla con una curiosa mezcla de burla y cariño.

La tercera película que hizo bajo la dirección de Fernando de Fuentes fue *La devoradora* (1946). Diana, la figura central, acaba de afinar el perfil de La Doña desalmada e indomable.

En el momento en que filma *Enamorada*, María lleva cinco años de profesión cinematográfica y once películas. Es la historia de una mucha - cha provinciana bravía y soberbia a la que un hombre tenaz, Pedro Armendáriz, consigue domesticar.

Angel Mora señala en *México Cinema*, en diciembre de 1946: "Nadie creía en la evolución de María Félix después de verla en su deslucida y mediocre actuación en *La devoradora*. Fue menester que el Indio Fernández la desglamourizara, con la intensidad de su realismo, situándola en *Enamorada*, para que la viéramos actuar de un modo nuevo o hasta entonces desconocido. La María vulgar, despeinada, gritona, insultante, profundamente humana de *Enamorada*, es sin duda una actriz muy superior a la María *devoradora*".

En 1948 hace *Río Escondido*, un panfleto patriótico del Indio Fernández. El filme cuenta la historia de una maestra rural que se enfrenta a un cacique que ha llevado su dictadura al extremo de usar la escuela como cuadra de sus caballos. La maestra Rosaura Salazar, decide pedir la protección más alta y va a ver al señor Presidente de la República.

Maclovia (1948) no es tanto una historia de amor como un canto indigenista. Todos los buenos son indígenas y todos los malos son criollos.

En *La bella Otero* (1954), María llega a París a interpretar el papel de una española que triunfó, hasta el grado de que su nombre sellara una época. El filme recibe una acogida regular, y la crítica le es benevolente.

Jean Renoir la dirige en *French can-can,* en 1954. Se trata de un episodio de la vida de un tal Danglard que fundó el Moulin Rouge e inventó el can-can. La vocación por el espectáculo es superior a las respuestas sentimentales.

Los héroes están fatigados (1955). Difícilmente se puede reunir en un filme, como intérpretes, a dos seres tan alejados entre sí como Yves Montand y María. Acaso el único punto de contacto con Yves hubiera podido ser el amor por México. El encargado de que ambos hicieran un buen trabajo fue el director Yves Ciampi.

María vuelve a su tierra. La experiencia francesa la ha transformado en forma muy sensible; no sólo su guardarropa es distinto, también su comportamiento. Mantiene un duelo con los periodistas de segunda y éstos buscan sus respuestas hirientes que ella considerará un insulto y, al mismo tiempo, un éxito profesional.

La película *La Escondida*, de Roberto Gavaldón, fue presentada en el Festival de Cannes el 8 de mayo de 1956. *La Escondida* ha de esconderse porque es una "mala mujer" y su destino queda marcado desde el inicio de la historia. Cuando una bala la mata de certero tiro en la cabeza, sabemos no sólo que la Revolución ha triunfado, sino también la moral en uso.

Mientras se prepara la versión de esta película que va a ser presentada en el Festival de Cannes, en México se produce una ola de rumores que ligan sentimentalmente al pintor Diego Rivera con la Doña. Rivera había jugado con la fantasía de un amor entre los dos y ella se negó siempre a desmentir la historia.

En 1956 filmó *Tizoc*, al lado de Pedro Infante. En esta película Pedro se enfrenta con el personaje más opuesto a sus condiciones de actor y a su temperamento. Recurre a toda una serie de dengues y guiños supuestamente ingenuos para darnos el perfil de un hombre aún no envenenado por la civilización. Frente a él, María Félix parece una hembra colmada de experiencia y sabiduría, obligada por los textos a disimular este hecho. Ni Infante puede ser Tizoc ni María puede ser esa mujer que se va a una cueva con el indio infantiloide. A pesar de todo esto, el jurado del festival de Berlín concedió a Pedro Infante el premio a la mejor actuación.

Sonatas (1959), dirigida por Carlos Velo, estaba muy lejos de lo que el público parecía esperar y de lo que los lectores de Valle Inclán suponían. María, "la niña Chole", ofreció una imagen resplandeciente, totalmente ajena a la descripción de Valle Inclán.

En 1959 y bajo la dirección de Buñuel, filmó *Los ambiciosos*. La relación entre María y Gerard Phillippe —la figura masculina— fue conflictiva, y en general el propio Buñuel la considera una película "no buena". Faltan en ella hasta esos mínimos y curiosos toques con que el director personalizaba a sus primeras películas mexicanas.

En *Juana Gallo*, filmada en 1960, los guionistas no resisten la tentación de disfrazar a María de hombre. El filme parece haber sido construido con fragmentos de otras películas igualmente insensatas. El patriotismo es mostrado en forma superficial y demagógica y el personaje de Juana Gallo es un elogio al machismo femenino que, sin duda, ha de ceder a las tentaciones del amor... de cuando en cuando.

En *La Bandida*, filmada en 1962, la moraleja entendía que toda prostituta paga, y que en el pecado lleva la penitencia de no poder encontrar jamás el verdadero amor.

Juan Ibáñez, influenciado por Jodorowsky, intentó crear una atmósfera mágica —que acabó siendo chocarrera— en *La Generala*, filmada en 1966. Hay que suponer que María Félix aceptó participar en este filme llevada por su curiosa disposición hacia lo esotérico.

En el año de 1967 apareció la novela *Zona sagrada* de Carlos Fuen-

tes; de inmediato los lectores advirtieron la semejanza entre la protagonista, "Claudia Nervo", y María Félix. La novela está narrada por el hijo
de Claudia —identificable con Enrique Alvarez Félix—: un hombre de
veintinueve años, débil, enamorado de su madre, colmado de angustias
y desesperanzas.

La posibilidad de llevar al cine *Zona sagrada* pareció atractiva a
muchos productores que comenzaron a preparar adaptaciones.

Curiosamente María Félix y su hijo declararon que estarían dispues-
tos a interpretar los dos personajes principales. Esto podía convertir al
film en un escándalo y por lo tanto en un éxito.

El mismo Luis Alcoriza cree que no fue tanto el miedo al escándalo,
como una serie de circunstancias —María pensó que el papel de "Claudia" quedaba opacado por el de "Mito", su hijo—, así como la intervención de "extranjeros indeseables" las que determinaron a los artistas a
rechazar la filmación. María impidió que se llevara a cabo esta película,
a pesar de que los productores ya habían comprado los derechos sobre
la novela, pagado el trabajo de adaptación de Alcoriza, y entregado un
millón de pesos de adelanto por su actuación.

En 1982, María Félix iba a participar en la película *Toña Machetes,*
basada en la novela de Margarita López Portillo. La novela ganó el
Premio Lanz Duret en 1954. Dos años después fue publicada por ediciones Botas y totalmente olvidada hasta que la hermana del Presidente
de la República fue nombrada Directora de Radio, Televisión y Cine-
matografía. Este hecho despertó un nuevo interés por la obra; interés,
sin duda, motivado, en buena parte, por un descarado afán de adulación.

La propia Margarita López Portillo decidió producir la película a
través de uno de los mecanismos oficiales y llamó a María Félix.

Ricardo Garibay, supervisado por Benito Alazraki, autores del
guión, trabajaron hasta que de pronto estalló el pleito entre María —
quien no quería extranjeros— y Margarita. "A ti no te ha ido tan mal
con los extranjeros", le respondió Margarita a la Félix. La cancelación
se hizo a muy pocos días antes del inicio del rodaje, cuando ya estaban
contratados artistas y pagados parte de los sueldos, entre ellos el de
María.

María Félix ha dividido los últimos años entre París y México. En
París, se ocupa de su cuadra de caballos de carreras que corrían en
Longchamp; en México, de un joven pintor, Antoine Tzapoff (del que
también se ocupa en París), que ha impreso sus rasgos a los indios que
retrata, sacándolos más bien de los propios calendarios que todavía
penden en ferreterías y tapicerías. Es María quien lo promueve a imitación de Diego Rivera, uno de los tres grandes que la pintó y la enamoró.

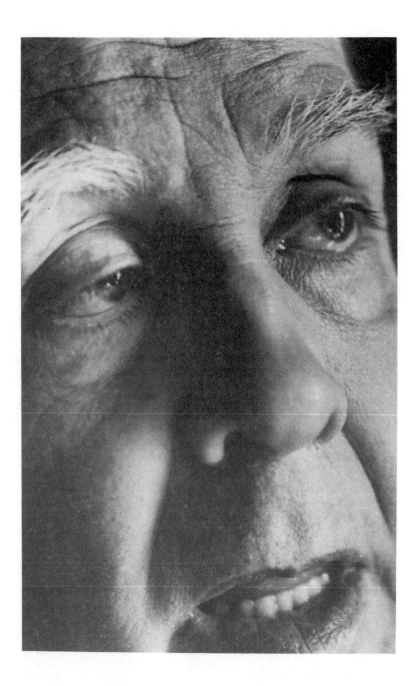

GABRIEL GARCIA MARQUEZ

LOS *CIEN AÑOS DE SOLEDAD* SE INICIARON CON SOLO 20 DOLARES.

—Llegué a México con veinte dólares y salí de aquí con *Cien años de soledad.*

—¿Por eso quieres tanto a México?

—Aquí hice a todos mis amigos. ¿Sabes quién fue el primer mexicano que conocí? Juan García Ponce, quien un día entró a mi oficina en Nueva York. El tenía entonces una beca de la Guggenheim o de la Rockefeller, y yo estaba encargado de Prensa Latina. ¡Vente Elena, vamos a ir donde Juan, vamos a verlo! A mí me encanta platicar con Juan. ¿Viste la camisa que traigo? ¿Viste qué camisa? ¡Es de seda!

Lo primero que hace García Márquez al llegar a México es alquilar un coche, conoce todas las calles y con su volante en las manos, es el Coronel del D. F.

—Esto de encontrar el coche esperándome en el estacionamiento del aeropuerto me da la sensación de no haberme ido nunca.

—¿Quisieras no haberte ido nunca?

POR PRIMERA VEZ EN MI VIDA VOY A TENER CASA: LA COMPRE EN CUERNAVACA

—Mira, tan no quisiera haberme ido que ya compré casa en Cuernavaca. La casa no vale nada, pero tengo mil cien metros de jardín y Mercedes, Rodrigo, Gonzalo y yo vendremos el año que entra. ¡Hubieras visto cuando en la notaría firmamos la escritura de la casa!; se asomaron, y salieron de sus despachos todos los empleados con su ejemplar de *Cien años de soledad.* Ya soy capitalista; tengo una posesión.

—¿Y te gusta?

—La casa en Cuernavaca, claro. Está cerca de la de los Rojo, Vicente y Albita, por el rumbo de Las Quintas. Sabes, anoche andábamos de pachanga con Luis Alcoriza y con todos ésos y de pronto me vino así como un golpe de nostalgia. Oye Elena ¿por qué me has venido a entrevistar tan tarde? Yo te quiero dar una buena entrevista, larga, seria, sí, sí, quiero contestarte en serio. ¿Por qué has venido tan tarde? Antes eras puntual. Ya tengo que irme...

—Pero Gabo, me dijiste que no querías que yo te entrevistara, jamás, y bajo ningún motivo.

—Sí, porque eres muy mala, pero te quiero dar una entrevista literaria, importante, sobre cómo hice *Cien años de soledad*, y estoy por salir a Colombia, no quiero que hablemos de todas las vainas que siempre les cuento a los periodistas.

—¿Cómo hiciste *Cien años de soledad*, pues?

—¡Ah bueno! Anoche me vino un golpe de nostalgia, anteanoche, con Luis Alcoriza y con ésos, se me revolvió todo —baja la voz—, eran las tres de la madrugada y se me vino encima toda esa época de los sesentas aquí en México y le dije a Luis y a los otros: "Bueno, ahora se friegan porque voy a hacer un recorrido que tengo que hacer". Tomé mi coche y me los llevé a todos a pasear frente a la casa donde escribí *Cien años de soledad*, en la calle de La

Loma número 19, en San Angel Inn, detrás del Canal 8. ¡Está igualita! Se me revolvieron las tripas, y a las tres de la madrugada y todos borrachos, empecé a mostrarles el barrio, la miscelánea, la carnicería, la lechería. ¿Tú sabes que cuando yo terminé de escribir *Cien años de soledad*, Mercedes le debía al carnicero cinco mil pesos?

—¿Cómo le dio un crédito tan grande?

—Porque él sabía que yo estaba escribiendo un libro y que cuando lo terminara, Mercedes le pagaría. Lo mismo al dueño de la casa: le debíamos ocho meses de renta. Cuando sólo le debíamos tres meses Mercedes llamó al propietario y le dijo: "Mire, no le vamos a pagar estos tres meses ni los próximos seis". Primero ella me preguntó: "¿Cuándo crees que termines?" Y yo le contesté que aproximadamente en cinco meses más. Para mayor seguridad ella puso un mes de más y entonces el propietario le dijo: "Si usted me da su palabra de que es así, muy bien, la espero hasta septiembre". En septiembre fuimos y le pagamos. Más tarde, cuando salió *Cien años de soledad*, el propietario lo leyó, me llamó y me dijo que ahora comprendía por qué yo lo había hecho esperar y que le agradaba muchísimo el haberme podido ayudar. En ese barrio me fiaron todo, hasta los cigarrillos, el azúcar, absolutamente todo.

—Pero, ¿cómo, Gabo?

—Todo el barrio se había alborotado porque entre ellos un escritor estaba escribiendo un libro; una cosa mágica, un halo rodeó *Cien años de soledad*. Al fin, cuando terminé el libro fuimos a ponerlo al correo para Buenos Aires y cuando lo pesaron encontramos que no nos alcanzaba la plata para mandarlo y entonces enviamos sólo la mitad, y al día siguiente la otra mitad.

—Entonces ¿ese libro ejerció su sortilegio antes de estar escrito?

—Sí, es muy curioso, pero es verdad; contó con una gran solidaridad, con un interés mágico desde antes de haberlo

terminado. Mira, cuando pensé: "Ahora es cuando", lo dejé todo, mis trabajos en *Walter Thompson* y *Stanton* donde
era redactor publicitario; mis guiones de cine: *El gallo de
oro* y *Tiempo de morir*, porque yo hacía un poco de todo;
empeñé el coche —lo tuve un año empeñado en un banco
de empeñar autos que hay por ahí por Tacubaya, pero no
resultó un buen negocio porque tenía que pagar los intere-
ses todos los meses y ese era un problema— y me senté a
escribir. Entonces no volví a salir más; hubo una época
como de tres meses en que yo no salí ni a la puerta del
jardín de la casa. Todas las noches venían a vernos Alvaro
Mutis y su mujer, María Luisa Elío y Jomí García Ascot,
que vivían muy cerca; traían whisky, pollo frito y papas, y a
veces bebíamos y hablábamos siempre del libro.

—¿Les leías lo que habías escrito?

—Nunca les leí nada porque yo no leo absolutamente
nada de lo que estoy escribiendo; los borradores jamás los
he dejado ni tocar, ni leer, ni los leo yo, pero sí hablaba
mucho de lo que estaba haciendo y ellos, enloquecidos con
lo que yo les contaba cada noche decían: "¡Esto va a ser
sensacional!". Y hubo un momento en que pensé: "¡Caramba, a lo mejor, todos estos gritos de Alvaro y estos
entusiasmos de María Luisa Elío me han hipnotizado y
estoy trabajando en esto apasionadamente, sin darme
cuenta que de pronto me he metido en una nube de fantasía acompañado por estos amigos, y esto no sirve para nada
ni le va a interesar a nadie!". Entonces yo, que nunca me
había presentado y todavía ahora nunca me presento en
público ni doy conferencias ni hago lecturas ni nada, me
llamaron casualmente en esos días al OPIC, —es algo como la sección cultural de la Secretaría de Relaciones Exteriores—, y me preguntaron si quería dar una conferencia y
yo les dije que no, que una conferencia no, pero que sí
quería hacer una lectura de capítulos de una novela en
preparación. Para ello, hice una cosa muy curiosa: una lista
de gente muy disímil; las personas que conocí cuando hice

las revistas *Sucesos* y *La Familia*, en las que jamás escribí una línea, sí, sí, las de Gustavo Alatriste, Elena, las dirigí durante dos años, los obreros tipógrafos y linotipistas de un taller de imprenta en el cual también trabajé, secretarias, estudiantes y toda la gente que había conocido en alguna parte, en el cine, en la publicidad, además de mis amigos los intelectuales, personas de todos los niveles culturales y sociales ¿verdad?, y realmente configuré un público disímbolo. En el OPIC no lo supieron. No llevé un solo capítulo de *Cien años de soledad*, sino que seleccioné párrafos de distintos capítulos porque tenía un gran interés de saber si era buena la idea y no algo que Alvaro Mutis me había metido en la cabeza. Yo quería saber si valía la pena seguirla escribiendo porque ya no veía nada; tenía la impresión de que no había en el mundo más que lo que escribía y quería poner los pies sobre la tierra. Me senté a leer en el escenario iluminado; la platea con "mi" público seleccionado, completamente a oscuras. Empecé a leer, no recuerdo bien qué capítulo, pero yo leía y leía y a partir de un momento se produjo un tal silencio en la sala y era tal la tensión que yo sentía, que me aterroricé. Interrumpí la lectura y traté de mirar algo en la oscuridad y después de unos segundos percibí los rostros de los que estaban en primera fila y al contrario, vi que tenían los ojos así —los abre muy grandes— y entonces seguí mi lectura muy tranquilo.

Realmente la gente estaba como suspendida; no volaba una mosca. Cuando terminé y bajé del escenario, la primera persona que me abrazó fue Mercedes, con una cara —yo tengo la impresión desde que me casé que ese es el único día que me di cuenta que Mercedes me quería— porque me miró ¡con una cara!... Ella tenía por lo menos un año de estar llevando recursos a la casa para que yo pudiera escribir, y el día de la lectura la expresión en su rostro me dio la gran seguridad de que el libro iba por donde tenía que ir.

TRABAJARON EN *CIEN AÑOS DE SOLEDAD* LOS CUATES DE MEXICO.

—¿Alvaro Mutis y Carmen, María Luisa Elío y Jomí García Ascot fueron apoyos morales y materiales de *Cien años de soledad*?

—Sí, compraban mercados enteros, cocinábamos, bebíamos y yo les hablaba o les leía de lo que había escrito durante el día. Mercedes y yo no teníamos un centavo. ¡Te imaginas lo que es deberle cinco mil pesos al carnicero de la calle de La Loma! Oye, ¿tú conoces a Pera?

—No, ¿quién es?

—Pera es Esperanza, que trabaja donde Barbachano. Es la que ha sacado todos los guiones de cine que allí se hacían; era mecanógrafa de Carlos Fuentes. ¿Te acuerdas ahora de ella? El día que le di el primer capítulo para que me lo sacara en limpio la atropelló un camión y ella se fue por un lado y mi original por el otro. No lo supe sino hasta que me confesó: "Sabes, Gabito, el primer capítulo por poco y me lo aplastan". En esa época yo no sacaba copias de lo que escribía; ahora tengo muchas copias de lo que voy haciendo.

—¿Una en el Banco de Londres, otra en el de Nueva York, como lo hacen otros escritores famosos y muy bien cotizados?

—¿Ves? ¿Lo ves? ¡Eres mala! No tienes remedio ¡eres mala! Yo antes no hacía copias; corregía a mano y ella —que conocía bien mi letra— incluía todas mis correcciones. Cada cuatro, cinco días yo le llevaba unas hojas más.

PERA ES RESPONSABLE DE QUE *CIEN AÑOS DE SOLEDAD* TENGA BUENA ORTOGRAFIA

—¿Escritas a mano?

—No, a máquina, pero con muchas correciones a mano. Pero ya ella me entiende a mí y a mi letra. Yo escribo directamente a máquina con dos dedos, como buen periodista.

—A Carlos Fuentes le dicen "el dedo integral" porque escribe con uno solo, que ya se le enchuecó.

—Es que Carlos Fuentes no es periodista. Un sábado —ya iba bien avanzado el trabajo mecanográfico— me llamó Pera y me dijo: "¿No me va usted a traer trabajo para este fin de semana?" Y yo le respondí: "No, fíjese que no, Pera, porque el capítulo que tengo que entregarle todavía no está bien corregido y tengo que hacer algunas consultas". Además, a mí me falla siempre la ortografía y Pera, la mecanógrafa, me la corregía.

—¿De veras te falla la ortografía?

—Sí, nunca he podido aprenderla. Recuérdame que te cuente una anécdota muy buena de mi madre a propósito de la ortografía —García Márquez tiene la costumbre de anunciar anécdotas que después olvida contar—. Y cuando le digo a Pera: "No, este fin de semana no, porque no he

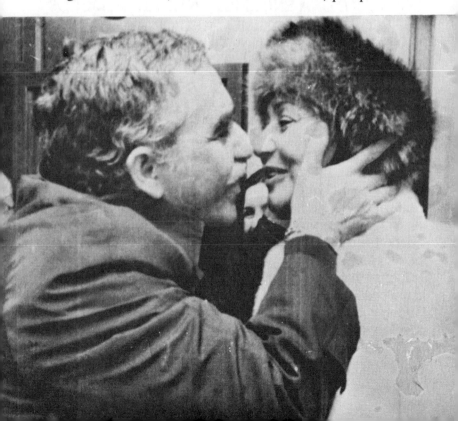

terminado", ella responde: "Entonces hágame un favor, Gabo; dígame ¿se echa a la tía o no se la echa?" "No, no se la echa". "Ah, bueno, entonces voy a pasar el fin de semana tranquila y le hablo el lunes".

—Yo pensaba que Pera estaba pasando mi texto mecánicamente, como suelen hacerlo las linotipistas y las mecanógrafas, que rara vez se interesan en la historia, pero resulta que no sólo la atrajo a ella, sino que sus amigas se juntaban en su casa para leer los capítulos —Pera me lo confesó después—. Todo esto, Ele, es la prehistoria de la obra, pero desde el primer momento, mucho antes de que se publicara el libro ejerció un poder mágico sobre todos aquéllos que de un modo u otro estuvieron en contacto con él: amigos, secretarias, etcétera; hasta personas como el carnicero o el propietario de la casa en que viví, que esperaron a que yo terminara para cobrarme.

CONSULTE UNA ENORME CANTIDAD DE LIBROS DE FILOSOFIA, ALQUIMIA, MEDICINA, BOTANICA Y MIS AMIGOS COLABORARON EN LA HECHURA DEL LIBRO

—Para hacer *Cien años de soledad* consulté médicos, abogados, y junté en mi casa una enorme cantidad de libros de medicina, alquimia, filosofía, enciclopedias, botánica y zoología, para que cada dato estuviera muy bien verificado y comprobado; no quería un solo error, a no ser las faltas de ortografía, que quedaban en manos de Pera. No podía detenerme en lo que estaba escribiendo para ponerme a estudiar alquimia; entonces escribía inventándolo todo y en la noche buscaba libros sobre la materia, que los amigos me habían conseguido, e incorporaba los datos que allí encontraba, pero lo que me resulta curioso es que yo no estaba equivocado o lejos de la verdad en mis invenciones. La obra me llevaba a tal velocidad que yo no me podía parar, y a partir de ese momento se creó una especie de equipo solidario alrededor del libro, y todos mis amigos me ayudaron. Yo le hablaba a José Emilio Pacheco: "Mira, hazme el favor de estudiarme exactamente cómo era la cosa de la piedra filosofal", y a Juan Vicente Melo también lo ponía a investigar propiedades de plantas y le daba una semana de plazo. A un colombiano le pedí: "Haz el favor de investigarme cómo fueron todos los problemas de las guerras civiles en Colombia", a otro le pedí la mayor cantidad de datos sobre las guerras federales en América Latina y siempre tuve amigos haciéndome tareas de este tipo; todo el trabajo poético, por ejemplo, que me hizo Alvaro Mutis, es invaluable. Cuando yo llegué en 1961, el grupo que estaba en Difusión Cultural: Pacheco, Monsiváis, Juan García Ponce, Juan Vicente Melo, y por otro lado, Jomí García Ascot y Alvaro Mutis, trabajaron para mí —y se ríe—. Ahora me doy cuenta de verdad que todos ellos estaban trabajando en *Cien años de soledad,* y no sólo no lo sabían entonces, sino que tengo la impresión de que no lo saben todavía".

—¿Pero ellos sabían que estabas escribiendo un libro?

—Los escritores siempre estamos escribiendo un libro, Ele. Cuando ellos me preguntaban para qué quería ese dato tan extraño, yo les contestaba: "Para una cosa que estoy escribiendo"; tuve investigando a todos los jóvenes escritores mexicanos en este libro, y fue una labor estupenda —se ríe.

LA EPOCA MAS FELIZ DE MI VIDA FUE CUANDO ESCRIBI *CIEN AÑOS DE SOLEDAD.*

—Y tú, ¿fuiste feliz cuando escribiste el libro? Alguna vez leí que habías dicho que el libro fluía, que estaba saliendo como un río.

—La época más feliz de mi vida fue cuando escribí *Cien años de soledad.* Yo vivía... yo vivía —como dice Carlos Fuentes— como iluminado.

—¿Una inspiración del cielo?

—No, no era eso. Durante muchos años busqué ese libro y no lo encontraba, y un día reventó. Fíjate que, la verdad, el primer libro que yo empecé a escribir cuando tenía 18 años era *Cien años de soledad*. Los amigos todavía se acuerdan que yo quería escribir un libro en el cual sucediera todo.

—¿Cómo, todo?

—La idea era escribir un libro en el cual sucediera todo, pero no podía entender yo mismo exactamente qué era lo que quería decirme. Empecé en mil novecientos... no sé cuántos (eso lo encuentras en el libro de Mario Vargas Llosa: *Historia de un deicidio* , que sabe todas las fechas y todas esas vainas; Mario sabe más de mí que yo mismo), un libro que iba a llamar *La casa,* porque yo quería que todo ocurriera dentro de la casa de los Buendía, y que la narración no saliera nunca de ella; se conocería el pueblo, el país, el mundo, a través de los reflejos que entraban a ella; a través de los miembros de la familia que la habitaban; pasarían generaciones y generaciones, pero siempre dentro de la casa.

—¿Y cada generación transforma la casa, le imprime un sello?

—Así es, pero la casa en sí es un mundo, un país, el pueblo mismo. Hace poco publicaron un capítulo de *La casa* en Colombia, mismo que le regalé a un amigo mío y que escribí a los dieciocho años, y me doy cuenta de que este capítulo lo hubiera vuelto a escribir exactamente como está. Lo único que me falló fue el tono.

EMPECE A ESCRIBIR *CIEN AÑOS DE SOLEDAD* A LOS DIECIOCHO AÑOS, PERO NO PUDE CON EL LIBRO.

—¿Y por qué no continuaste escribiendo *La casa* cuando tenías dieciocho años?

—Ya iba bastante adelantado cuando llegué a la conclusión de que no me salía el libro, no podía con él; realmente no tenía la suficiente madurez, ni los conocimientos técnicos, ni la experiencia; estaba lleno de limitaciones de muchas clases para poder escribir un libro en el cual sucediera todo. Oye, ¡qué buen amigo es Mario, qué tipo, qué buen amigo! Mira que ponerse a escribir durante un año un libro sobre mí; dedicar un año de su vida a escribir un libro acerca de otro escritor, uno con el cual se está en competencia directa, puesto que nuestros mercados son los mismos y nuestros lectores también. Mira ¡eso no lo hace cualquiera! ¡Ese Mario es un ser aparte!

—¿Y tú has leído *Historia de un deicidio*, o sea tu historia?

—No.

—¿Cómo que no? ¿Por qué no?

—Porque si me revelaran todos los mecanismos secretos de mi escritura, las fuentes, qué es lo que a mí me hace escribir, si esto me lo dijeran a mí creo que me paralizaría, ¿entiendes?

—¿No sabes tú mismo cuáles son tus fuentes?

—No, y no he querido leer lo de Mario por esto.

—Gabo ¿le tienes miedo a la parálisis?

—Claro que le tengo miedo.

1,300 PAGINAS DE *CIEN AÑOS DE SOLEDAD* Y 120,000 PESOS DE DEUDAS

—Gabo, ¿tú siempre tuviste la certeza de que estabas escribiendo un gran libro?

Sonríe.

—Lo malo es que yo siempre he tenido esa certeza con mis libros y creo que sin esa certeza no se puede escribir.

—¿Por qué?

—Es que sentarse a escribir un libro, sentarse a escribirlo en serio, es una cosa tan dura, tan difícil que si uno no tiene la certeza de que realmente está escribiendo *El Quijote* en cada teclazo que da, no se metería uno a ese oficio, porque hay muchas cosas más agradables que hacer. Sobre todo, uno que no escribe por plata, porque mira que yo había publicado cinco libros que ni siquiera se conocían y nunca había recibido un centavo por ellos. ¡Y luego dejar de trabajar y meterme en esto de *Cien años de soledad* que resultó ser un negocio por casualidad, aunque nunca se me ocurrió que pudiera serlo! Al contrario, el oficio de escritor es tan árido que uno necesita tenerle mucha fe.

—Pero durante esos meses de intensa creación, ¿apenas te despertabas te ibas a sentar a tu mesa de trabajo como un poseso?

CUANDO ESCRIBO NADA EXISTE EN EL MUNDO MAS QUE EL LIBRO QUE ESTOY HACIENDO

—Eso lo he hecho siempre. Mira, yo no estoy escribiendo siempre un libro pero en las épocas en que escribo, me disciplino en tal forma que para mí lo único que existe en ese momento es el libro. Si no, no puedo llevarlo a cabo. Antes nunca sucedió esto, hasta que me decidí a botarlo todo para hacer *Cien años de soledad,* porque como yo trabajaba podía escribir sólo en las horas que me quedaban libres o los domingos; era yo un escritor de domingo, cosa que parece ser el destino de los escritores de los países subdesarrollados, ya que solamente pueden escribir en sus horas libres, que son las peores y cuando están más cansados después de haberse ocupado toda el día en otra cosa. Por eso, y pensando en ello, cuando sentí que era el momento de echar para afuera *Cien años de soledad,* decidí que lo iba a escribir por encima de todo y dejé los guiones de cine y la publicidad y me senté frente a la máquina. Trabajé con esa intensidad y esa pasión, primero porque el libro me tenía completamente agarrado y no quería que se me escapara, y segundo porque tenía que terminar pronto porque no había dinero en la casa y realmente se avecinaba una catástrofe.

—Gabo, ¿y si tú hubieras tenido resuelta tu situación económica habrías escrito *Cien años de soledad*, con la pasión y la premura con que lo hiciste?

NUNCA PENSE QUE GANARIA DINERO CON ESTA NOVELA

—Si hubiera tenido resuelta mi situación económica, *Cien años de soledad* podría ser de cuatro o cinco tomos. Yo fui comprimiéndolo todo y si trabajé tan bárbaramente es porque tenía que terminar ese libro a toda costa para atender mi casa, que se estaba viniendo abajo. Ahora, si yo hubiera tenido recursos económicos, habría seguido escribiendo quién sabe hasta dónde, porque a *Cien años de soledad* podrían seguírsele agregando generaciones y generaciones hasta llegar al día de hoy, porque el tiempo no está medido cronológicamente. De hecho me salté dos generaciones, las dejé fuera.

ESCRIBI ESTE LIBRO SIN PLAN PREVIO Y DE UN TIRON

—Al hablar de medir cronológicamente el tiempo ¿a qué te refieres?

—Si un libro con estructura histórica empieza en 1810 y termina en 1910 —o sea un siglo—, está medido cronológicamente y el escritor ya no puede salir de este tiempo delimitado; yo, deliberadamente, preferí que el tiempo no tuviera medida cronométrica, para poder hacer lo que me daba la gana. Por eso te digo que en *Cien años de soledad* hubiera podido meter todas las generaciones, porque la idea era ir pasando de una generación a otra, de una generación a otra hasta llegar al resultado final: el nacimiento del hijo con cola de cerdo.

—¿Toda la estructura de *Cien años de soledad* está hecha

en función del miedo de la estirpe a dar a luz al hijo con cola de cerdo?

—Sí, el miedo es real, pero también es real la tendencia al incesto en la familia.

—¿El incesto que conduce al nacimiento del hijo con cola de cerdo? ¿Este es el castigo?

—Sí.

—Pero Gabo, para escribir un libro tan ambicioso y que abarcara tantas y tantas generaciones tuviste que hacer un plan muy elaborado, una lista de personajes, situarlos a cada uno dentro del tiempo.

CUANDO MANEJO EN CARRETERA ES CUANDO PIENSO COMO VOY A HACER MIS NOVELAS

—Yo tenía una idea general del libro; no hice plan de ninguna clase, sino que un día, yendo a Acapulco... Verás, a mí me gusta mucho manejar en carretera, porque es un tiempo estupendo para trabajar; manejo diez horas en carretera y es como si estuviera trabajando intensamente, porque voy resolviendo problemas de la novela; manejo en un estado de concentración total en mi novela, porque la atención que te exige conducir es bastante superficial en el sentido en que ya están creados una serie de reflejos y mecánicamente cambias las velocidades y apoyas sobre el freno; entonces, como el manejar no me cansa mentalmente y tengo la mente muy limpia, muy fuerte, muy descansada, conscientemente me pongo a pensar en lo que escribo y recuerdo que en esa época cada vez que tenía que hacer un viaje largo en carro pensaba yo: "Bueno, a ver ¿en qué punto está la novela que yo quiero escribir?". Tenía yo siete años de no escribir y darle vueltas a *Cien años de soledad*, pensando: "¿En dónde estará la falla?" "¿Por qué no me sale?"

DEJE DE ESCRIBIR DURANTE SIETE AÑOS PORQUE NO TENIA NADA QUE DECIR.

—¿Y por qué dejaste de escribir durante tantos años?

—Porque no tenía sobre qué escribir, no se me ocurría nada, sólo estaba yo pendiente de *Cien años de soledad*, en la cual tenía que suceder todo. Yo no tengo la impresión que tienen algunos críticos de que todos los libros anteriores a *Cien años de soledad* son preparación a *Cien años de soledad*; yo creo que son ya *Cien años de soledad*, y esto, es ya todo lo que yo pienso escribir, porque cuando salga *El Otoño del Patriarca*, probablemente digan los críticos y los lectores: "No, si ya esto estaba en *Cien años de soledad*"... "Esto es otra vez lo mismo"... "Este hombre no ha podido salirse de *Cien años de soledad*".

—Entonces ¿tú crees en lo que dice Mario Vargas Llosa que uno escribe con sus obsesiones?

—Sí, creo que es bastante evidente en mis libros. Todos se parecen.

QUIZA NUNCA PUEDA YO SALIR DE ESE TEMA

—Entonces, ¿tú crees que, como los poetas, tienes un solo grito que repetirás a lo largo de tu vida?

—Quizá porque *El otoño del patriarca*, que ahora estoy corrigiendo y que durante un tiempo forcé deliberadamente a que no se pareciera a nada de lo anterior, poco a poco ha ido agarrando su cauce y aunque no se parece a *Cien años de soledad* ni a *El coronel no tiene quien le escriba*, se parece, eso sí, al primer libro que escribí: *La Hojarasca,* es decir, como si yo hubiera dado la vuelta completa.

—¿Y por qué no has publicado aún *El otoño del patriarca*?

—Porque así como la falla principal de mi primerísima novela, *La Casa*, era el no encontrar el tono, tuve la impresión de que agarraba esta nueva novela por el tono que no era.

—¿Y qué entiendes tú por tono?

—Mira, si pudiera yo explicártelo en teoría musical tal vez sería más exacto, pero vamos a poner un ejemplo que todo el mundo conoce y que es el Concierto de Violín en re mayor de Beethoven. Yo creo que Beethoven no hubiera podido hacer ese concierto si no encuentra el tono exacto: re mayor; si lo hubiera hecho en cualquier otro tono no le hubiera salido. Yo viví inconforme con mi novela porque no encontraba el tono; ese día todo lo demás se resolvió; y esta sensación de hallazgo —como debió tenerla también Beethoven— la tuve yo yendo a Acapulco. Iba yo manejando mi Opel, pensando obsesivamente en *Cien años de soledad*, cuando de pronto tuve la primera frase; no la recuerdo literalmente, pero iba más o menos así: "Muchos años después, frente al pelotón de fusilamiento, el coronel Aureliano Buendía había de recordar aquella tarde remota en que su padre lo llevó a conocer el hielo". La primera vez que me vino la frase le faltarían uno o dos adjetivos, la redondeé; cuando llegué a Acapulco la tenía completita de tanto que la había madurado entre curva y recta, me senté, la anoté y tuve la certidumbre ya irrevocable que ya tenía la novela; fue como un gran descanso; se me quitó un enorme peso de encima; el peso de siete años sin escribir una palabra. Ibamos a estar en Acapulco una semana de vacaciones y no aguanté; a los tres días me vine, me senté frente a la máquina, agarré esa frase y sin un plan previo empecé a escribir durante ocho horas diarias, a veces más y sin detenerme, para que no se me fuera la idea. A medida que aumentaban las cuartillas aumentaban también mis dudas —se carcajea.

ESCRIBIR UNA NOVELA ES COMO METERSE EN LA LOCURA

—¿Cuántas cuartillas escribiste, Gabo?

—Mil trescientas.

—¿Y qué tanto dinero debía Mercedes entre la renta, el carnicero a quien tanto amas, el lechero y el dueño de la miscelánea?

—Debíamos 120 mil pesos... ¿Sabes cuántas cajetillas me fumaba yo al día? ¡Tres! Tenía un cenicero con una montaña de colillas.

—Entonces, ¿escribir una novela es como una locura, un impulso tremendo?

—No, Ele, es un acto racional y un acto de decisión. No fue un milagro, aunque la novela sí gozó de una protección mágica desde el mes de enero de 1965, cuando lo dejé todo para enfrentarme a solas con la mesa de trabajo.

MI ABUELO ES LO MAS INTERESANTE QUE HE TENIDO EN MI VIDA

Al regresar a México, en 1973, después del triunfo de *Cien años de soledad*, Gabriel García Márquez alquiló primero la casa de Armando Ayala Anguiano y Sarah, en San Angel Inn; luego vivió en la casa de Tito Monterroso, y cuando la Gaba —Mercedes— se fue a Colombia con Gonzalo, el hijo más pequeño, él y Rodrigo se cambiaron primero a un hotel normal y a los dos días al más grande y más lujoso que hay en el D.F.: el Camino Real.

—Gabo, ¿qué haces tú en un hotel como éste?

—Mira, convéncete que los únicos hoteles que funcionan son los del tipo norteamericano; aquí nada falla; en el otro creían que yo era un impostor —como me lo confesó más tarde la recepcionista— y no me atendían ni me toma-ban un sólo recado.

—¿Tú apuntas tus citas, tus compromisos, Gabo?

—Apunto todo, si no, ésto sería un infierno. Hoy en la noche tengo que ir donde la Chaneca, mañana comida don-de Miguel Alemán y Zabludovsky.

Gabo está muy animoso. "Me siento muy bien, muy bien. Vamos a continuar la entrevista en un salón vacío; ahora

están haciendo la limpieza, nadie nos molestará, ven". Antes de iniciar la plática, le hablan a Gabo de La Casa del Lago para pedirle que dé una conferencia, lo invitan unos estudiantes a una función de teatro experimental, una joven poeta quiere leerle los poemas que le ha dedicado, un actor requiere su presencia para la exhibición privada de su película, y un muchacho de Filosofía y Letras con una grabadora colgada del brazo y unos ojos inteligentes solicita una entrevista para el periódico de su escuela: "¿Recuerda que me lo prometió desde el otro día? Sólo vamos a tratar temas políticos".

MI ABUELO ME LLEVO A MI A CONOCER EL HIELO

—Oye Gabo, en la primera versión de *La casa* que hiciste cuando tenías 18 años, ¿utilizaste también esa imagen que tanto llama la atención del abuelo que lleva al niño de la mano a conocer todo aquello que puede resultarle fantástico, como el trozo de hielo?

—Sí, fíjate, la imagen inicial de *Cien años de soledad*, que es la del viejo que lleva al niño a ver el hielo, ya estaba en la primera tentativa que intitulé *La casa*, y después al releer mi obra la encontré también en *La hojarasca*, cuando el abuelo lleva al niño al entierro. Esta imagen del abuelo llevando al niño a conocer cosas la tengo perfectamente identificada porque mi abuelo me llevaba a mí a conocer todo lo que llegaba a Aracataca. En esa época estaba ahí la compañía bananera, la United Fruit Company, y todo lo que iba apareciendo en los Estados Unidos, todas las novedades técnicas, las traía esta compañía a Colombia, entre otras el cine, el radio, así como cosas tan estupendas como el circo y los fuegos artificiales. Entonces a mí me parecía fascinante ir todos los días de la mano de mi abuelo a la llegada del tren a las once de la mañana.

—¿A poco iban todos los días?

—Sí, casi todos los días; mi abuelo iba mucho porque recogía cartas, papeles, cosas de estas que tenían que ver con sus negocios, y para mí cada día que llegaba el tren era como el descubrimiento de una maravilla.

—Pero, ¿qué llegaba en el tren?

—Llegaban gitanos, llegaban enanos, toda clase de cosas; cuando llegó el circo, llegó un dromedario, un camello con cara de borrego; llegaron ferias enteras; los hombres armaban ruedas giratorias, ruedas de la fortuna, montañas rusas, caballitos. Mi abuelo me llevaba siempre de la mano a verlo todo; me llevó al cinematógrafo y aunque no recuerdo películas, sí recuerdo imágenes. Mi abuelo no tenía noción de censura y ni a él ni a nadie le parecía malo que un niño de cinco, seis, siete años fuera a las películas cada vez que hubiera estreno. Así es de que se me quedaron toda clase de imágenes, pero la más vívida y la que se repite siempre es la del viejo que lleva al niño de la mano. Prácticamente esa es la base, yo creo que es el punto de partida de *Cien años de soledad*, porque siempre que trataba yo de empezar el libro recurría a esta imagen; así empezaba mis capítulos y sabía que esa era la clave, el punto de partida de la novela. Que del deslumbramiento ante el hielo sucediera todo. Y claro, Ele, me doy cuenta que este niño que estaba descubriendo todo, este niño al que iban llevando, soy yo.

—¿Quisiste mucho a tu abuelo, Gabo?

—Murió cuando tenía yo ocho años y desde entonces creo que no me ha sucedido nada interesante.

—¿Cómo se llamaba?

—Don Nicolás Márquez

—Y, ¿Aracataca es Macondo?

—Por supuesto que no es Macondo, pero esa Aracataca de la infancia que yo recuerdo, ésa sí es Macondo.

—¿No hay ningún pueblo en Colombia que se llame Macondo?

—No, pero sí hay una finca bananera, muy cerca de Aracataca, que se llama Macondo, y cada vez que yo pasaba de niño en tren delante de ella, veía la finca y veía el nombre y me parecía un nombre muy bonito y pensaba: "¿Por qué Aracataca no se llama Macondo en vez de esa finca?". Nunca supe qué significaba Macondo, sino después de haber escrito *Cien años de soledad*. Hace tres años, cuando regresé, se me ocurrió averiguar qué significaba Macondo y encontré que es un árbol que no sirve para nada; así está definido: un árbol que no sirve absolutamente para nada.

—Y, ¿por qué has declarado entonces que Aracataca no tiene nada que ver con Macondo?

—¡Ay, Ele, yo he dicho tantas cosas y me han atribuido tantas! Yo nunca he aclarado nada; si tú te fijas, jamás he rectificado un artículo periodístico o una entrevista, o declaraciones que se me atribuyen, jamás.

—¿No piensas hacerlo?

—¿Para qué? Lo único que rectificaría serían declaraciones o posturas políticas, como cuando me incluyeron en la lista de firmantes a favor de Heberto Padilla, y yo inmediatamente mandé una carta diciendo, más o menos, que yo no firmaba nada contra Cuba.

LOS CUADERNITOS QUE UNA NOCHE QUEMAMOS MERCEDES Y YO

—Gabo, lo que yo no puedo entender es que escribieras un libro en que suceden tantas cosas en un lapso tan largo como lo son cien años, sin hacer plan alguno. ¿Cómo es posible que no te enredaras con todos los Aurelianos

Buendía que se van sucediendo y todas las batallas y las guerras civiles?

—Bueno, sí tuve unos cuadernitos, así —hace una señal con la mano—, unos cuadernitos de colegio que yo uso, como éste que tú traes, de hojas que se arrancan. Cuando yo terminé el libro, tenía por lo menos cuarenta de estos cuadernitos, porque estaba pasando a máquina el capítulo tres, pero en el cuadernito ya iba yo por el doce, por el quince, porque como te lo dije ayer, el libro me llevaba a gran velocidad, no lo podía dejar escapar, entonces en el cuadernito escolar escribía el diario del libro, porque en cualquier momento, cuando necesitaba saber en qué punto del relato iba, consultaba el cuaderno, ¿entiendes?

—Pero, ¿apuntabas frases, ideas, como suelen hacerlo los escritores?

—No, nada de eso, yo iba controlando la estructura del libro en ese cuadernito. Yo necesitaba saber si Fulano de Tal era nieto o bisnieto o tataranieto de Zutano porque yo mismo me había enredado y entonces me refería al cuadernito en donde todo estaba muy claro. Incluso hice un árbol genealógico, pero lo rompí.

—¿Así es que tus cuarenta cuadernos fueron invaluables?

—Sí. Cuando el editor me mandó decir que había recibido el original de *Cien años de soledad* entonces llamé a Mercedes y nos sentamos una noche y rompimos todo, todos, absolutamente todos los cuadernitos.

DESTRUI LOS CUADERNOS DE *CIEN AÑOS DE SOLEDAD* PORQUE ERAN INTIMIDADES QUE NO DEBEN VERSE.

—¿Por qué?

—Por una cosa de pudor. Ahora me dicen críticos y amigos que no debí de hacerlo porque esto hubiera tenido un gran interés para los estudiosos. Justamente por pudor de

213

que alguien viera estos cuadernos, que eran como la costura del libro, la cocina, los desperdicios, las cáscaras, los cascarones de huevo, las peladuras de las papas, por eso los destruimos. Incluso a mí me daba mucho pudor verlos, encontrarme con ellos; era como ver intimidades que no se deben conocer y por eso los destruí por completo. Oye Ele, es una vergüenza que estés haciendo la entrevista con grabadora. Desde que ustedes los periodistas trabajan con grabadora ya no piensan, ya no interpretan, ya nada.

—Gabo, es que hablas mucho, se me caería la mano de tanto apuntar.

—Pero la entrevista sería mejor porque interpretarías tus notas, tomarías todo lo esencial y no taca, taca, taca, mecánicamente, toda esta palabrería. Además me molesta la grabadora, me molesta mucho; me distrae, me fuerza, por ella me pierdo en mis pensamientos, me siento acosado, espiado.

—Ya te has acostumbrado, ¿no?

—¡No!

Gabo arquea las cejas tupidísimas bajo su pelo *african look* chino y parado que parece erizársele cuando se irrita como en este momento en que quisiera que aventara yo la grabadora a la lujosísima alberca de este lujosísimo hotel.

DOS MILLONES DE EJEMPLARES DE *CIEN AÑOS DE SOLEDAD*, UN FENOMENO UNICO

—Fíjate Gabo, tengo una foto contigo que Héctor García tomó en el cocktail de Siglo XXI en 1967. Tienes el cabello aplacadito, un saco blanco a rayas azules, de esos "veraniegos", ligeros, delgados.

—¡Ni me la enseñes, ni la saques! Esas fotos me matan de tristeza.

—¿Por qué?

—Porque pienso que perdí los mejores años —los mejores años de mi vida, tú sabes lo que es eso— escribiendo

como un imbécil, habiendo tantas cosas mejores que hacer.
—Se ríe—. Mira yo he tenido mucho cuidado en el manejo
del éxito. Al principio me desconcertó, después me dio un
poco de miedo, después un poco de risa y ahora estoy en
un punto en que quiero servirme de él para finalidades
políticas.

EL PRESTIGIO DE VENDER DOS MILLONES DE EJEMPLARES EN CASTELLANO

—¿Cómo?
—Sí, creo que el éxito es un capital político que tengo
que manejar lo más cuidadosamente que pueda en favor de
la revolución en América Latina; quiero aprovechar el renombre, todo el bombo que me ha hecho la prensa en América Latina, aprovechar el prestigio que significa haber vendido
dos millones de ejemplares en castellano, para hacer algo políticamente importante; no en el sentido de que vaya a tener
una militancia activa, pero sí en el sentido de ejercer una
influencia política desde mi posición de escritor.

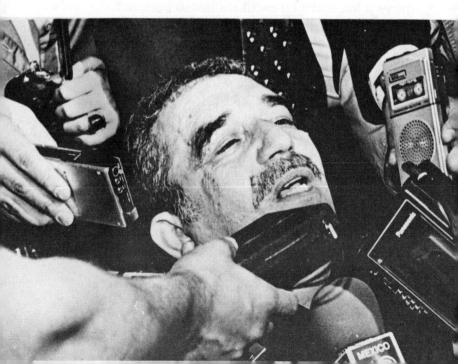

LOS ESTUDIANTES TIENEN HAMBRE DE LIDERES, NO DE ESCRITORES

—Cuando los grupos estudiantiles te visitan ¿te piden que apoyes tal o cual sector político?

—Los estudiantes no vienen en busca de un escritor, vienen en busca de un líder. Tienen hambre de líderes; no desean que yo escriba, verdaderamente, sino que yo me ponga a arengar a las masas; me han invitado innumerables veces a que dé conferencias en Ciudad Universitaria, en el Politécnico, en todas las ciudades de provincia, pero como te digo, *no doy conferencias,* nunca las he dado y no voy a cambiar ahora.

—¿Y tienes relación con grupos políticos?

—Sí, por ejemplo con Punto Crítico, me llevo bien con Gilberto Guevara Niebla; es un tipazo, me llevo muy bien con los estudiantes, tú misma has visto en qué proporción acuden.

—Sí, y a propósito de ello, te oí decirle al estudiante de Filosofía y Letras que Estados Unidos niega la visa a un intelectual de izquierda desconocido, pero que esto no se atreve a hacerlo a un escritor famoso porque independientemente de lo que éste piense, a Estados Unidos le conviene tener al escritor de su lado y adentro y no en contra y afuera.

HAY QUE SABER SACARLE PARTIDO POLITICO AL HECHO DE SER FAMOSO

—No, mira, lo que sucede hablando concretamente de Estados Unidos, es que les interesa utilizar a un escritor famoso y de hecho lo bombardean con toda clase de estímulos; premios, honores, doctorados honoris causa de universidades, toda clase de señuelos, y yo creo que uno puede prestarse a este juego tratando de sacarle también partido.

216

— ¿Dejándolos que te usen para usarlos también a ellos?

— Mira, te pongo un simple ejemplo. Me dieron un premio en Oklahoma. Inmediatemente me planteé el problema político. "¿Lo rechazo por venir de Estados Unidos o lo acepto y le doy un destino político importante?" Decidí aceptarlo y dárselo a un comité que se ocupa de los presos políticos en Colombia y a eso voy ahora a Colombia, a ocuparme del destino de los diez mil dólares de Oklahoma y a trabajar en Bogotá en el guión para la televisión de *El coronel no tiene quien le escriba*.

— Y ¿cómo te vino la idea de darle ese destino a los premios literarios?

DARLE UN DESTINO POLITICO A LOS PREMIOS QUE RECIBO

— Esta idea me vino por lo que me sucedió con la Bienal de Sao Paulo, que da un premio literario importante desde el punto de vista económico, treinta mil dólares, y desde el punto de vista artístico, porque se lo han dado a gente siempre muy destacada. Hace algunos años me consultaron en privado si yo recibiría ese premio —ten en cuenta que no me lo preguntaron oficialmente, sino a través de un amigo que me escribió una carta— y entonces le pregunté, también por correo, qué origen tenía ese dinero, y me dijo que era un dinero oficial y le respondí que en ese caso yo no recibiría dinero de un gobierno represivo y torturador como era el de Brasil. Estas cartas no se publicaron nunca, nunca se supo sino hasta hoy que te lo cuento, que me ofrecieron el premio, y se lo dieron a un escritor de derechas que se llevó los treinta mil dólares con la mano en la cintura. Esto a mí me abrió los ojos y pensé: "Me equivoqué políticamente; yo debí haber recibido el premio y darle un destino político a los treinta mil dólares; mi heroísmo fue completamente inútil, anónimo porque nadie supo nunca que yo había rechazado el premio, ni por qué motivo lo había rechazado". Entonces, a partir de ese momento, decidí: Hay que recibir todos los premios y si son del enemigo, mejor; quitarles el dinero y aprovecharlo en el sentido en que no lo hubiera usado el enemigo. Así es de que aquí estoy esperando premios, —se ríe—. ¡Cuantos me quieran dar que me los den, porque yo sé qué voy a hacer con ellos!

—¿Qué vas a hacer con ellos?

—Dárselos a agrupaciones revolucionarias como lo hice en Venezuela y Colombia.

NUNCA HE SIDO UN HOMBRE MUY CONSCIENTE

—Gabo, ¿al escribir *Cien años de soledad* pensaste que estabas haciendo la historia del continente latinoamericano, la de su soledad, su atraso, su desamparo, su miseria, el hecho de que todo nos llegue con cien años de retraso después de que los demás lo han festinado y nos deslumbremos cuando todos se han acostumbrado y van hacia algo nuevo?

—Yo nunca fui consciente de ello y nunca soy consciente de nada que sea importante.

—¿Por qué?

—Porque soy bastante inconsciente de la importancia de las cosas.

—Entonces, ¿por qué es tan importante tu libro?

—Porque todo lo que escribí es verdad, ¿entiendes? Son experiencias sacadas de pueblos de América Latina; son verdades que saltan a nuestros ojos —al menos a los míos— y por eso mi novela puede parecer una transposición poética de la historia de América Latina. Tal vez si yo hubiera tenido conciencia de eso no lo hubiera hecho, porque me hubiera parecido un trabajo distinto al tipo de novela que yo quería hacer.

YO SOY UN HOMBRE QUE CUENTA ANÉCDOTAS

—¿Qué tipo de novela querías hacer?

—Yo soy un hombre que cuenta anécdotas, Ele; todo lo digo siempre a través de anécdotas; no hago disquisiciones filosóficas, al menos no me lo propongo conscientemente. Cuento, cuento y relato una anécdota tras otra. No escribí *Cien años de soledad* porque pensé: "Este va a ser un libro trascendental" sino que pensé: "Este es el libro que tengo que hacer yo, Gabriel García Márquez". Creo que es importante para mí y para los lectores en el sentido en que lo escribí seriamente, con toda la gravedad con la que hay que hacer los libros y con un trabajo de burro.

—Pero al describir las batallas de los sucesivos coroneles Aureliano Buendía, ¿pensaste en nuestra pobre América Latina, siempre bajo las botas militares?

—Conscientemente, no. Tampoco se me ocurriría jamás pensar que el libro que escribo yo ahora es trascendental aunque lo hago con una enorme seriedad. Si en *Cien años de soledad* trabajé mucho en el lenguaje, en *El otoño del patriarca* intento conocer a fondo cuáles son los mecanismos del poder, cómo se manifiestan y todo lo que yo investigue en ese sentido es, para mí, novela.

—Pues en América Latina, con los múltiples dictadores de espuelas y charreteras, tienes material abundante.

—Sí, no sé si te diste cuenta que en los primeros capítulos de *Cien años de soledad* el idioma es un poco arcaico; no sólo el idioma sino también el estilo; yo quería —y esto sí me lo propuse conscientemente—, que el lenguaje del libro evolucionara con el tiempo del libro y esto me costó un gran trabajo, porque también la construcción es deliberadamente arcaica, y a medida que el relato va avanzando, trato de que se vaya modernizando, que el lenguaje evolucione, y en los últimos capítulos puedes encontrarte no sólo con neologismos en castellano sino con localismos tales como los que usan los choferes de taxi de Barranquilla, en la actualidad.

EL OTOÑO DEL PATRIARCA ES PRACTICAMENTE UN LARGO POEMA EN PROSA

—Insistí mucho en el lenguaje, Ele, porque su evolución a través de los capítulos me da la sensación del paso del tiempo y crea además una noción de distancia, ¿no? Alejo Carpentier me contó que en *El siglo de las luces,* él no usa una sola palabra que no existiera en el siglo XVII, ninguna posterior al siglo XVII. Este es ya un trabajo de erudición que sólo puede hacer un tipo como Alejo y del cual yo soy incapaz, pero yo sí tuve mucho cuidado en la evolución del lenguaje y el sabor de mi libro no es el mismo al principio que al final.

—¿Y la poesía de *Cien años de soledad*?

—Esto, para que veas, siempre me interesó; me propuse que el libro tuviera un valor poético más que narrativo, y ahora, en la novela *El otoño del patriarca*, considero que prácticamente he escrito un largo poema en prosa.

ME MOLESTA MUCHO EL EXITO APARATOSO Y PUBLICO, PERO ME SATISFACE MUCHO EL AFECTO DE LA GENTE

—Gabo, y si de repente la gente ya no te buscara con la misma asiduidad y no se hicieran tesis sobre tu novela en todas las universidades del mundo, ni seminarios, si no te reconocieran en la calle ¿qué harías?

—Mira; el éxito no es porque yo lo quiera o no lo quiera, es un hecho. A mí me gustaría que durara porque es muy agradable; es una manera de sentirte vivo, de saber que no pasas; probablemente existe en el fondo del corazón el temor de que lo vayan a olvidar a uno. Ahora, en este año en que vine a México, la noticia fue menos explosiva y pude moverme con más facilidad, disponer yo de mi tiempo, tomar yo las decisiones de mi tiempo y no que me las tomen otros, pero hablando con la mano en el corazón no me gustaría que no me reconocieran y no me saludaran, que no se levantara alguien —como en este momento— a felicitarme. Creo que esto se parecería a la muerte. A mí me molesta mucho el éxito aparatoso y público pero me satisface mucho el afecto de la gente y ese afecto que yo veo por todas partes, puedes estar segura que haré todo lo posible por cultivarlo, por conservarlo vivo.

NO ES POSIBLE QUE YO ESTE OPINANDO DE TODO

—¿Cómo?
—Con los libros que vaya publicando.
—Pero, ¿por qué rehuíste las entrevistas el año pasado?
—Esto es culpa de ustedes, los periodistas, y conste que también soy periodista. Cuando yo trabajé en periódicos en Colombia, hacía la noticia y daba la imagen del personaje sin necesidad de hacerlo opinar de todo lo habido y por haber. Ahora desde que se inventó la grabadora, hay que estar opinando sobre todo y a toda hora y a mí ya me hartó esta opinadera. Me piden que opine sobre la minifalda y la atómica, los detergentes y Vietnam. Por eso termino inventando cosas para tener qué decir; me preguntan si quiero o no quiero a Mercedes, acabo por decir que no, nada, porque llega un momento en que me digo: "Bueno ¡ya basta!".

LO QUE MAS ME IMPORTA SON MIS AMIGOS

—Gabo, la pregunta final ¿qué es lo más importante para ti en México?
—Mis amigos, yo resuelvo mi vida al llegar a México en el momento en que me vinculo a un grupo de amigos; desde el momento en que oigo la voz de Alvaro Mutis o de García Ascot por teléfono, empiezo a sentirme bien. Hago mi vida aquí siempre relacionado con mis amigos y desde que

llego hasta que me voy, todas las noches ceno con unos u otros. Creo que mi mayor triunfo es no haber perdido jamás a uno solo de mis antiguos amigos, los que he tenido siempre, los de antes del éxito de *Cien años de soledad*

Septiembre de 1973.

LOS PESCADITOS DE ORO EN EL MAR DE GABRIEL GARCIA MARQUEZ

Nació el 6 de marzo de 1928 en Aracataca, una pequeña población cercana a la costa caribeña de Colombia. Su padre, Gabriel Eligio García, era oriundo de Bolívar, donde la gente es estridente y desenfrenada.

Cuando Gabriel Eligio trabajaba como telegrafista, conoció a la que habría de ser madre de Gabriel, Luisa Márquez, una de las muchachas bonitas del pueblo. Los padres de Luisa hicieron todo lo posible por impedir su matrimonio con el telegrafista y para distanciarlos organizaron un viaje, que emprendieron ella y su madre, por las ciudades de la costa, pero en todos los lugares donde llegaban había un telegrama de Gabriel Eligio con un mensaje de amor. Ante tanta obstinación la familia acabó por ceder.

El primer hijo de los García Márquez nació en Aracataca y se quedó al cuidado de sus abuelos, durante sus primeros ocho años de vida y esto fue determinante en la vida de Gabriel, único niño en medio de innumerables mujeres. Lo rodearon doña Tranquilina, que hablaba de los muertos como si estuvieran vivos; la tía Francisca; la tía Petra; la tía Elvira: todas ellas mujeres fantásticas, con sorprendentes aptitudes premonitorias, así como las indias guajiras al servicio de la familia y del abuelo de Gabriel. Tuerto por causa de un glaucoma, con un apetito sólido, y una vigorosa sexualidad que había dejado su semilla en docenas de hijos naturales por toda la región, el coronel Márquez era liberal, y entre el abuelo sexagenario y el nieto de cinco años −únicos hombres de una familia llena de mujeres− nació una amistad singular. El abuelo concedía a su nieto la mayor importancia. Lo escuchaba, respondía a todas sus preguntas. Cuando no sabía contestarle le decía: "Vamos a ver qué dice el diccionario".

En 1936, cuando Gabriel tenía 8 años de edad, murió el abuelo y Gabriel fue enviado al altiplano, a Bogotá. Llevaba una imagen paterna muy bien sentada: la imagen del abuelo. Y entre el coronel Márquez y Gabriel Eligio −su padre− había pocos rasgos en común.

Son muchos los acontecimientos y las influencias en la vida de García Márquez que han conformado su oficio de escritor. Siempre lo acompañará el sentimiento predominante de su infancia: el de la zozobra nocturna provocada por los relatos de su abuela sobre muertos próximos que habitaban la oscuridad. Abandonar la costa para vivir, sin familia y con poco dinero, en la brumosa cordillera −Bogotá−, fue un desgarramiento. La idea de pasar años en aquella atmósfera funeraria, le oprimía el corazón.

En el liceo, Gabriel extrañó la privacía, la calefacción y las flores. Tal vez por eso ahora le son indispensables para trabajar un lugar absolutamente silencioso y con buena calefacción, además de su inseparable computadora Apple McIntosh.

En el vasto dormitorio del liceo se leían en voz alta: *La montaña mágica*, *Los tres mosqueteros*, *El jorobado de Nuestra Señora de París*, *El Conde de Montecristo*, y los domingos, Gabriel se quedaba en la biblioteca del liceo leyendo novelas de Julio Verne y de Salgari y los poetas españoles y colombianos cuyos versos aparecían en los textos escolares. Malos poetas retóricos. Felizmente tuvo por aquella época una revelación literaria: los jóvenes poetas colombianos que, bajo la influencia de Rubén Darío, de Juan Ramón Jiménez y la más inmediata y evidente de Pablo Neruda, habían formado un grupo llamado "Piedra y Cielo".

En 1947 ingresó a la Universidad Nacional de Bogotá para estudiar leyes. Ese mismo año publicó, en un periódico, su primer cuento, *La tercera resignación*.

Cuando Gabriel tenía 19 años y estaba en primer año de la escuela de Derecho, empezó su interés por la novela. En vez de versos, leía novelas y más novelas; Dostoievski, en primer término; Tolstoi; Dickens; los franceses del siglo pasado: Flaubert, Stendhal, Balzac, Zolá.

A Mercedes Barcha, su esposa, la conoció en Sucre, un pueblo del interior de la costa caribe, donde vivieron sus familias durante varios años. Las dos veces que aparece en *Cien años de soledad* es ella misma, con su nombre propio y su identidad de boticaria, y lo mismo ocurre las dos veces que interviene en la *Crónica de una muerte anunciada*. Gabriel explica que nunca ha podido ir más lejos en su aprovechamiento literario, porque ha llegado a conocerla tanto que ya no tiene la menor idea de cómo es en realidad.

Gabriel piensa que su verdadera vocación es la de ser padre: "Por muy consternado, desbordado, distraído o cansado que esté, siempre he tenido tiempo para hablar con mis hijos, para estar con ellos desde que nacieron. En nuestra casa, desde que nuestros hijos tienen uso de razón, todas las decisiones se discuten y se resuelven de común acuerdo. No lo hago por sistema, ni porque piense que es un método mejor o peor, sino porque descubrí de pronto, cuando mis hijos empezaron a crecer, que mi verdadera vocación es la de padre: me gusta serlo, la experiencia más apasionante de mi vida ha sido la de ayudar a crecer a mis dos hijos, y creo que lo que he hecho mejor en la vida no son mis libros sino mis hijos".

García Márquez viaja mucho por el mundo, con el interés primordial de encontrarse con sus amigos, que no son muchos: "En realidad, el único momento de la vida en que me siento se yo mismo, es cuando estoy con ellos".

En 1948, regresó a la ciudad de Cartagena. En esa ciudad de balcones y estrechas calles coloniales encerrada en soberbias murallas, encontró de nuevo la luz y el calor del Caribe. Trabajó como redactor de notas en el diario *El Universal*. Le sobraba tiempo para escribir cuentos y beber ron con sus amigos y le surgió un repentino interés por los griegos, especialmente por Sófocles, gracias a un amigo de juergas, hoy próspero abogado de aduanas, que los conocía.

En 1950 se trasladó a Barranquilla, otra ciudad de la cosa colombia-na del Caribe, donde empezó a escribir una columna regular en el periódico *El Heraldo*. Allí hizo un descubrimiento capital en su forma-ción literaria: los anglosajones de este siglo, muy especialmente Joyce, Virginia Woolf, Steinbeck, Caldwell, Dos Passos, Hemingway, Sherwood, Anderson, Teodoro Dreiser y al "viejo", como llaman a Faulkner. "El grupo Barranquilla" era uno de los más inquietos y mejor informados del continente y resultó decisivo en la formación de García Márquez.

Todas aquellas lecturas dejaron una huella, pero los autores que relee de manera constante son: Conrad y Saint Exupéry. García Már-quez explica: "La única razón por la cual uno vuelve a leer un autor, es porque le gusta. Ahora bien, lo que más me gusta de Conrad y Saint Exupéry es lo único que ellos tienen en común: una manera de abordar la realidad de un modo sesgado, que la hace parecer poética, aun en instantes en que podría ser vulgar".

La vida de García Márquez ha sido una cadena de cuentos, novelas y distinciones:

En 1954, regresó a Bogotá para escribir en el periódico *El Especta-dor*.

En 1955, publicó su primera novela, *La hojarasca*. En ese mismo año ganó el Premio Nacional de Cuento. Poco después se trasladó a Gine-bra como corresponsal de *El Espectador*, pero el periódico fue cerrado por el gobierno. Al quedar desempleado se fue a París, en donde dedicó todo su tiempo a los manuscritos de dos novelas: *La mala hora* y *El coronel no tiene quien le escriba*.

En 1957, terminó el manuscrito de *El coronel no tiene quien le escriba* y en 1958, regresó a Caracas y se casó con Mercedes Barcha. Trabajó para el periódico *El Momento* de Caracas. Durante ese tiempo escribió casi todas las historias que más tarde serían publicadas en el volumen *Los funerales de Mamá Grande*.

En 1959, cuando ocurrió la Revolución Cubana, García Márquez trabajó para *Prensa Latina* de Cuba, en Bogotá, en Nueva York y en la misma Cuba.

En 1961, publicó *El coronel no tiene quien le escriba*. Recibió el Pre-mio Nacional de Novela en Colombia por *La mala hora*.

En 1962, publicó *La mala hora* y *Los funerales de Mamá Grande*.

En 1965, se recluyó en México para escribir *Cien años de soledad*, publicado en 1967 en Buenos Aires. Por esta novela recibió el premio

Chianchiano en Italia en 1969. Un año después aparece la primera edición en inglés de *Cien años de soledad*, incluída, por la revista *Time*, entre los doce mejores libros del año.

Un extenso estudio sobre la totalidad de la obra de García Márquez: *Gabriel García Márquez: Historia de un deicidio*, de Mario Vargas Llosa, aparece en 1971.

En 1972, recibió el Premio Rómulo Gallegos y publicó *La increíble y triste historia de la cándida Eréndira y su abuela desalmada*. Ese mismo año *Books Abroad* lo distinguió con el Premio Neustadt.

En 1973, apareció *Cuando era feliz e indocumentado*, una recopilación de periodismo a partir de los últimos años de la década de los cincuenta y en 1974, fundó *Alternativa*, una revista de izquierda en Bogotá.

En 1975, publicó *El otoño del patriarca* y en 1977 *Operación Carlota*, un ensayo sobre la función de Cuba en Africa.

En 1981, apareció *Crónica de una muerte anunciada* y en 1982, recibe el Premio Nobel de Literatura.

En 1985, publicó *El amor en los tiempos del cólera*.

En 1989, publica *El general en su laberinto*.

Información obtenida en:
García Márquez, Gabriel. *El olor de la guayaba*.Conversaciones con Plinio Apuleyo Mendoza. Bogotá, 1982.
Raymond Williams, *Gabriel García Márquez*. Boston, Twayne Publishers, 1984.

YOLANDA
MONTES
TONGOLELE

—Y la sensualidad, señora ¿qué piensa usted de ella?

—Bueno, la sensualidad es muy interesante como sensación, (suspira muy hondo). No tengo palabras, no sabría contestarle. ¿A qué aspecto de la sensualidad se refiere usted?

—En su espectáculo señora, ¿qué es la sensualidad?

—Es natural, no es fingida, es normal. La hay porque mis números tropicales son sensuales. Se es o no se es, ¿no es cierto?

—Y usted, señora ¿es sensual?

—Sí, en un aspecto, sí, (vuelve a suspirar hondamente, como si esto la entristeciera). Para el público sí lo soy.

—Y el erotismo, ¿cuál es su opinión acerca del erotismo?

Otro profundo suspiro.

—Es muy interesante pero tampoco me gusta si el erotismo es de tipo morboso.

—¿Cuál es el que no es morboso?

—El natural. Pero mire, debo advertirle que yo no soy propensa a leer libros eróticos o a ver películas pornográficas. ¡Nunca lo he hecho!

—Y del amor, señora, ¿qué piensa usted?

—Es muy interesante; bueno, no es que sea interesante, en realidad es la sensación más divina que tenemos, es lo que hace girar al mundo, no se puede vivir sin amor, el amor lo es todo. Yo amo a los hijos, al marido, al prójimo, al sol.

EN EL SOL ME SIENTO MUY BIEN

—¿Por qué ama usted al sol?

—Me gusta. Adoro el sol porque me siento bien en él.

—Señora, ¿no es usted un símbolo sexual?

De nuevo suspira.

—Me hicieron un símbolo sexual por mi forma de bailar, de moverme, de actuar, por mi espectáculo tropical.

—¿Considera usted que Marylin Monroe era un símbolo sexual?

—Sí, mucho más que yo, muchísimo más que yo.

—¿Por qué?

—Porque así la vendieron; sobre eso los empresarios construyeron su personalidad; toda su promoción la formaron en torno a su "sexy"; hicieron girar su vida entera alrededor de sus atributos femeninos. Esto también pasó conmigo en los primeros años; sólo se hablaba de mi cuerpo y de mi manera de moverlo; ahora ni siquiera pienso que fui un símbolo o soy un símbolo sexual, no tengo idea realmente de cómo me vea el público mexicano.

—¿Nunca ha pensado usted que los hombres quisieran devorarla?

—No.

—¿No van al teatro a desahogarse de sus angustias nocturnas muchos adolescentes con el rostro cubierto de barritos?

—No, yo no soy de burlesque, no puedo ayudarles en ninguna forma porque mi acto es para familias; los niños pueden entrar a verme, mis bailes son exóticos, de la Polinesia, no "sexóticos". Los adolescentes que buscan el burlesque para excitarse no van a mi espectáculo, porque yo no me desnudo, ni considero que lo que yo hago sea provocativo, al menos, ésta no es mi intención.

—Entonces, ¿cuál es su intención?

—Hacer un espectáculo de arte.

—¿No van muchos hombres a verla?

—Claro que sí, y mujeres y jóvenes, no jalo sólo a los hombres. Mire, el público más que nada se divierte, me admira y me respeta. Lo que yo hago es arte puro. Vienen por el gusto de ver un show en donde la artista hace el máximo esfuerzo para entretenerlos. Yo canto, bailo y veo las caras de los hombres, de las mujeres, los rostros de las parejas y todos están contentos; no hay grosería, no hay procacidad, nadie se mete conmigo jamás, no hay gritos ni faltas de respeto.

—Y, ¿qué opina usted, señora, de la pubertad?

—¿De la pubertad? Es un cambio en la vida, es normal y nos pasa a todos; es el camino de niño a joven, yo lo viví a través de mis hijos, mis mellizos... que ahora tienen 26 años.

LAS MUJERES QUE SE CONVIERTEN EN SIMBOLOS SEXUALES SON MUJERES FRUSTRADAS.

—Volviendo a lo del símbolo sexual, ¿no lo es usted para los mexicanos?

Ahora el suspiro es de fastidio.

—A mí siempre me molestaron todos los aspectos del simbolismo sexual. Eso fue lo que aprisionó a Marylin Monroe, a Liz Taylor en su tiempo. Generalmente los símbolos sexuales son mujeres frustadas, con veinte amores. Yo no he tenido veinte amores, soy ajena a todo eso. Me inventan romances con hombres que jamás he visto. No soy una mojigata, pero tampoco una destrampada; casi nunca voy a cabarets, tengo pequeñas reuniones en la casa para poder platicar, pero cualquiera podrá decirle a usted que nunca he sido parrandera. Al contrario, cuando quería yo ver algún show, porque me interesaba profesionalmente, tenía yo que hacerme acompañar por algún compañero del trabajo para no ir sola. Como trabajaba tanto, francamente no tenía ánimo de ir a cenar o a bailar después de mi propio espectáculo. Antes, ahora y siempre estoy en mi casa.

—Es que para muchos mexicanos es usted el desencadenamiento de todas las pasiones, algo así como un torrente, una selva, un gran tropel de emociones que se liberan.

MI ACTO ES PARA FAMILIAS

—Mire, yo lo que he visto es que muchos padres de familia vienen al camerino y con todo respeto me presentan a sus hijos, a su familia y todos sonríen complacidos por la pureza de mi arte y la belleza del espectáculo.

—Señora, y si el público se descontrolara y subiera al escenario para tragársela a usted ¿lo consideraría bien merecido?

—¡No! (se ríe). He tenido muchos sustos por la euforia de mis admiradores, no sólo aquí en México sino en toda Latinoamérica. Los latinoamericanos son emocionales, en varias ocasiones han roto las puertas del teatro y han entrado a empellones, y los empresarios han tenido que sacarme por la puerta de atrás con soldados, y para mí todo ello fue un trago amargo, al menos muy desagradable.

—¿No que no desencadenaba usted, señora, todas las furias varoniles?

—¡Pero si eso no sólo me ha pasado a mí, les pasa a muchísimos artistas! ¡Son miles los aficionados que rompen las vallas en el aeropuerto, las puertas de los teatros para verlos! No sólo les sucede a las vedets, ¡mire usted a Raphael!

LLEVO UNA VIDA NORMAL CON JOAQUIN, MI ESPOSO, Y MIS MELLIZOS

Tongolele está sentada en un sofá de su casa de la colonia Condesa. Su piel satinada, su pelo brilloso, la lozanía que emerge de cada uno de sus poros, sus ojos azul — verde brillantísimos, claros como canicas de agua, me dejan apabullada.

Los ojos protegidos por las pestañas muy negras se parecen a esas piedritas verdes, transparentes y pulidas que uno a veces, con mucha suerte, encuentra en el fondo de los arroyos de montaña, joyas silvestres que suelen atesorarse en la cuenca de la mano. Tongolele viste una falda plisada a cuadros, una blusa blanca, un cinturón de cuero; su gran masa de pelo negro cuelga sobre sus hombros, y en el momento en que se sienta para iniciar la conversación, su marido Joaquín, bongocero principalísimo, se acerca para ofrecernos un café y estrenar así una cafeterita de porcelana que le regalaron en Navidad.

Pensé que la casa de Tongolele estaría decorada con pieles de cebra, tigre, pantera, y no, nada; sólo un mueble de bambú y ratán en la sala recuerda al continente africano. Los únicos animales son unos pescaditos de colores que Tongolele cuida y cuya pecera burbujea haciéndonos compañía. Una de las repisas del librero de bambú está repleta de lechuzas; Tongolele las colecciona; tecolotes de guadaña, pájaro madrugador, búhos que vigilan a su dueña y la protegen contra los peligros de la noche.

—¿O qué no vive Tongolele entre peligros?.

—¿Yo? ¿Una vida peligrosa? ¿Yo? Nunca he llevado una vida, ¿cómo puedo decir?, ... este... agitada. Soy muy calmada, mi estilo de vida es muy normal. Joaquín y yo no salimos casi de la casa, no vamos a fiestas, anoche tomamos champán con caviar con mis hijos porque queríamos brindar por el año nuevo, pero no somos bebedores; yo no fumo ni bebo.

TONGOLELE POR LAS ISLAS DE TONGO EN POLINESIA

—Y ¿cómo nació su nombre Tongolele? ¿Qué es eso de Tongolele?

—Mi nombre es Yolanda Montes, pero cuando debuté en México, la dueña del Teatro Iris me pidió que me cambiara de nombre y por esta razón inventé dos nombres: Tongo-Lele que viene de las islas Tongo de la Polinesia. Mi abuela era tahitiana; como mi número era de tipo negroide, folklórico cubano, busqué un nombre que sonara a tambores.

—¿Usted es norteamericana?

—Nací en Spokane, Washington, pero me crié en San Francisco, California. Mi padre era sueco-español, mi mamá francesa-tahitiana y mi abuela, como acabo de decírselo, nació en Tahití. Desde niña, me enseñaron los ritmos de las islas de los mares del sur, y a los catorce años empecé a bailar en un grupo en los Estados Unidos. Ya en la escuela me escogían para bailar en todos los festivales, y finalmente me contrataron para el Tropics o Trópico, que era el mejor cabaret de Tijuana. Cuando yo llegué, tenían a Toña la Negra de estrella principal. De allí me vine a la capital. Al llegar me enfermé y, así, enferma y todo me presenté: Tongolele.

—Y usted, ¿nunca ha estado en Africa?

NUNCA HE ESTADO EN AFRICA

—No, nunca. He bailado en muchos países del mundo, en el Emporium de Barcelona, en Portugal, en Saratoga, en España, en Finlandia, en Estados Unidos —el *Life* me dedicó un número—, en todos los países de América Latina, en Italia, en Francia —donde compartí estelares con Gilbert Becaud—, y aunque he sido la estrella de muchos cabarets y night-clubs tropicales, muchos afro-casinos, nunca he ido a Africa. Durante mis primeros tres años en México fui la estrella principal del Follies, después estuve en el Tívoli y en el Blanquita con Joaquín —nuestro número dura una hora—. Mire, cuando llegué a México actué durante dos semanas en el Tívoli y dos semanas en el Follies, y el público, o sea el pueblo, empezó a hablar de mí y entonces me vinieron a contratar del cabaret Club Verde. Fui al cabaret con mi mamá únicamente a ver —ella vino conmigo de Estados Unidos—, y nos horrorizó el ambiente; bueno, yo me dije que allí no trabajaría nunca, ¿no? Para esto, cuando bailaba en el Teatro Iris me enfermé de hepatitis. Luego, al aliviarme, estuve tres semanas sin trabajo y el Chato Guerra del Follies me dio otra oportunidad. Me dijo: "Puedes bailar en el Club Verde y después ascenderás a El Patio". A pesar de que no me gustó la propuesta tuve que aceptar, porque si yo no trabajaba en México tenía que irme. En este tiempo los shows eran completamente limpios, no había burlesque, ni strip tease, ni nada de eso. Lo que sí había eran ficheras, pero las ficheras no eran artistas, cosa muy distinta a hoy en día en que las artistas son las mismas ficheras, ¿no? Cuando debuté esa noche, estaba el cabaret tan lleno que tuvieron que sacar gente para que yo pudiera entrar, y realmente fue allí donde me di a conocer; a pesar de que en el teatro de revista el público ya hablaba bien de mí, los que aprovecharon mi éxito fueron los dueños del Club Verde. Entonces empezó a saturarse la ciudad con propaganda mía, y todos se preguntaban: "¿Quién es la artista desconocida, la extranjera que llena todas las noches un cabaret de barrio?". El local se convirtió de golpe y porrazo en el punto de reunión de todos los clientes de El Patio y de El Escorial que llegaban de esmoquin y de vestido largo a conocer el ambiente típico del México desconocido; y durante meses, en primera fila, noche a noche, los *socialités* venían a ver qué cosa era yo. Por eso, en realidad, ignoro lo qué era el Club Verde, porque desde el momento en que yo entré cambió totalmente el público, y se llenó de gente elegante, turistas, artistas y empresarios que provenían de los mejores cabarets, hombres y mujeres muy emperifollados en busca de color local.

Yo bailaba dos shows, y después me contrataron para el Macao, un club nocturno un poquito mejor, en el que me pusieron un camerino lujoso, con un gran espejo lleno de focos, un radio, un *chaise longue* y todo. Entre show y show nunca he acostumbrado salir a hablar con los espectadores, así es que en mi camerino recibía a todos los artistas del cine americano, los turistas que venían a México a ver la atracción, a ver qué cosa era la Tongolele. Allí sí trabajé dos meses, y ya en base a ese éxito publicitario entré al Tívoli como segunda figura con el difunto Roberto Soto, y enseguida vino el Chato Guerra, del Follies, y me dijo: "Mira que tú eres la atracción; pásate para mi teatro, te voy a dar más dinero y el cartel". A partir de entonces todo fue muy rápido. En menos de doce meses ya era yo una estrella, a los dieciséis años, posiblemente la más conocida, espectacular y mejor cotizada en el ambiente artístico mexicano.

—Y ¿ya tenía usted su mechón blanco?

MI MECHON BLANCO ES NATURAL

—Sí, este mechón es cosa de familia, porque también mi hermana que ya murió y mi mamá lo tenían en el mismo sitio. En realidad, yo era rubia y el mechón se veía más blanco y no era tan notorio, pero me pinté el pelo de negro para las danzas de tipo tahitiano y afro-cubano, a las cuales no les va para nada el pelo rubio. Mi mamá es morena de pelo negro, mi papá era rubio, yo tenía la tez de ella pero el pelo de mi papá, me lo pinté para empezar a bailar tahitiano y un día, cuando se estaba acabando la pintura y empezó a salir, el mechón llamó mucho la atención a la gente que me decía: "Ay, déjalo, déjate el mechón", y por eso me lo dejé. Ahora me sigo pintando el pelo de negro, aunque quisiera dejármelo de rubio —a mi esposo le gusta mucho porque es mi color natural—, pero ya me esclavicé al tipo que yo misma he creado, y debo darle gusto a mi público que quiere verme de pelo negro y con el mechón blanco.

AQUI NO HAY GRANDES VEDETS

De pronto se oscurece todo el teatro. Un spot-light arroja su círculo luminoso sobre el escenario. No hay nadie. Poco a poco la decoración va surgiendo de la negrura, bajo los reflectores azules: unos bambúes aquí, unas palmeras al fondo, la silueta de una pantera a punto de saltar desde una roca, unos cocoteros, una cascada que cae desde una montaña; a lo lejos se oye un "tam-tam", unos aullidos de gue-rrero; el spot-light sigue hurgando entre las malezas, las lianas y las grandes hojas lustrosas de la jungla de plástico y de cartón, y, de golpe la luz se hace roja, luego amarilla, luego blanca e irrumpe sobre el escenario una mujer con cara de terror y una falda tahitiana, perseguida por un gori-la. La galería lanza entonces un solo rugido: "¡Mamaciii-taaaaa!"

Todo el público patea, salta, chifla, muchos hombres se ponen de pie. Corean: "Ton-go-le-le. Ton-gooo-le-leee. Ton-go-le-leee". Hasta el gorila se ha espantado porque no se le ve por ninguna parte. Los tambores empiezan un solo, se oye el güiro, el más sensual de todos los instrumentos, el ritmo afro-cubano va cortando las respiraciones. Tongole-le, tranquilizada, levanta la cadera despacito, una vez, otra, una, otra, se contonea, recobra el aliento, sonríe, enseña sus dientes blancos; ya no tiene miedo. Alguien le grita desde las últimas butacas: "¡Tongolelita!" Yo le tendría más miedo al público que al gorila, pero Tongolele sonríe. Los músicos se confunden con el bosque tropical. Ha em-pezado el número que durará más de cuarenta minutos; un número que mantiene a todo el teatro de revista en suspenso y que termina con la apoteosis que a todos electriza: el baile de Tongolele sobre la pasarela, en la nariz misma de los espectadores. Tongolele sigue moviéndose para adelante y para atrás, cada vez más aprisa. De pronto, como quien no quiere la cosa, con un gracioso gesto de la mano se quita la falda tahitiana y la empuja con el pie; aparece en biquini, su piel de tan brillante, tan satinada, es casi fosforescente; le centellean encima millares de estrellitas. El teatro ruge de nuevo como si fuera a venirse sobre el escenario: "¡Mamaaaaaaaá!"

Esto sucedió hace más de veinte años. Yo estaba sentada junto a mi tío Cesarino Celani en el teatro Margo, el antecesor del Blanquita. El tío Cesarino me invitó: "Te llevo a ver bailar a Tongolele". Frente a la cortina de terciopelo rojo, como encantadores de serpientes, cantaron antes varios artistas, creo que hasta Toña la Negra; actuaron Los Churumbeles, hizo chistes políticos Palillo, cantaron, con sus boquitas en forma de "o", las Hermanitas Benítez y más hermanitas-sisters como las Galindo, y otras, y una gringa rubia, demasiado flaca para el gusto mexicano, se sacudió como un plumero mientras el maestro de ceremonias se empeñaba en llamar al público "respetable", "gentil", "bonito", "amable", como si estuviera acariciando, reteniendo a un gran perro bravo que acechara en el fondo, un animal oscuro, despiadado, cruel e implacable. A mí el público no me parecía "gentil" ni "respetable". Al contrario, las personas que veía bebían refrescos, pateaban el suelo a riesgo de atravesarlo, comían cosas grasientas, se picaban las costillas y no estaban "vestidos para el teatro" como le gusta a mi tía Bichette. En cambio yo me había puesto mi trajecito negro y mi collarcito de perlitas. En mi casa le dijeron al tío Cesarino: "¿Por qué la llevas? Gritan muchas groserías, el lenguaje es de carretonero, las mujeres no van. ¿Para qué quieres que vea eso?". Era cierto; muchos espectadores vaciaban, como en los toros, sus cervezas en la cabeza de los demás; a los "rotos" y a los "catrines" los abucheaban o imitaban los ruidosos movimientos intestinales con la boca. Y a un grupo de ricotes de Las Lomas les dieron una saludable lección de humildad al despacharlos con cajas destempladas a su casa.

NUNCA ME FALTARON AL RESPETO

—¿Qué le parece hoy que le gritaran "mamacita" o "fuera ropa" a grito pelado?

—Bueno, a mí nunca me gritaron en esa forma, porque nunca bailé de manera morbosa, jamás hice gestos ni adopté posturas procaces ni antiestéticas y siempre he conservado mi público de mujeres y de niños, y de gente grande; sí, sí, nunca he sido una bailarina para hombres solos (insiste, insiste, insiste); tengo mi público fa-mi-liar que he ganado a través de los años y que jamás me gritaron.

—Pero si yo oí que todo el teatro le gritó "¡Mamacitaaaa!" ¿Por qué la llamaban mamá?

—No sé, es una costumbre mexicana, en otros países no lo hacen, ni siquiera en los de Centro y Sudamérica. Yo no sé por qué aquí todo lo confunden con la madre. Pero insisto en que no me "gritaban". Fíjese, mis empresarios hasta comentaron que yo era la bailarina sin aplausos, porque el público guardaba un gran silencio cuando yo me movía sobre el escenario; los espectadores se quedaban sin habla, con la boca abierta, bueno, la gente así, alelada. Incluso me ha sucedido lo mismo en los cabarets donde la gente está tomando. Siempre me comentan: "¿Cómo pueden estar tan callados contigo?". Si acaso me dicen algo, Joaquín mi esposo se mete con el público mientras toca sus tambores. Le dice a uno: "Cuidado porque se le van a caer los lentes", o "se va a quemar con el cigarro", y si alguien grita de casualidad: "Hay mucha ropa", o algo así, que es un grito muy común, entonces Joaquín responde: "Hay mucha más en el camerino", y ya se callan, porque yo nunca me he desvestido, eso sí se lo aseguro.

Es chistosa esta insistencia de las vedets en la "decencia" de su espectáculo y en que todo lo hacen acompañadas por su mamá. El fantasma de mamá Borinquen, la de Kitty de Hoyos, aún vuela sobre nosotros.

—Entonces, señora, ¿nada de relajo?

—Nada, nada, yo no soy número para gritar; nunca he ido a las mesas a acariciar a los calvos o a sentarme en sus piernitas, como lo acostumbran las demás rumberas. Yo bailo y y termino mi baile sin mirar a la gente ni hacer pucheros ni guiño el ojo, ni nada de eso; yo bailo y nada más.

—¡Pero bien que sonríe!

—Pues claro, tengo que sonreír.

—Pero, ¿no tiene usted muchísimos admiradores, muchos enamorados conquistados a lo largo de sus funciones?

LAS ESPOSAS ESTAN DE ACUERDO

—Bueno, cualquier artista que tiene mi nombre, y más una artista de mi estilo, tiene enamorados o gente que cree estar enamorada; hombres atraídos por la magia de la artista, pero esto hay que saber diferenciarlo.

—Pero, ¿a poco no ha ido a tocarle a la puerta de su casa un señor que le declara: "¡Estoy loco por usted!"?

—Sí, pero no por Yolanda; está enamorado de la magia de la artista. En esa forma lo acepto. Hasta hombres casados vienen y le dicen a mi esposo: "Perdone usted, con mucho respeto, su mujer me encanta", y mi esposo no se enoja, ni yo tampoco, es una cosa muy bonita. Las mujeres vienen y me piden que me tome una foto con sus maridos porque "están enamorados de mí"; eso es una cosa preciosa que muy pocas artistas de mi estilo lo han logrado: crear en torno suyo un ambiente de respeto.

—Y de Isela Vega ¿qué opina usted?

Guarda silencio, luego dice:

—Bueno, ella siempre se ha desnudado, lo ha hecho en

todas sus películas, es ya su estilo, aunque creo que la época de las películas pornográficas está pasando de moda en todo el mundo; la gente ya se aburre con ellas. Por otro lado, se necesita tener mucho arte para saber desnudarse.

CREO EN EL DESNUDO ARTISTICO

—Isela Vega ¿no tiene arte para desnudarse?

—Sólo la he visto en sus películas.

—Aquí se desnudó en una carpa frente a La Raza y la anunciaron: "Isela Vega, así como la quería ver: desnuda". Muchas vedets protestaron. Lyn May declaró que era lépera, vulgar e irrespetuosa, Amira Cruzat la acusó de exhibicionista, y Norma Lee aseguró que era por su falta de talento que tenía que excederse. Las más afirmaron que su manera de desnudarse no era artística. Usted, señora ¿qué opina?

—Nada, no digo nada porque no la vi.

—Sin embargo, Isela Vega ha hecho menos hipócrita a este país.

—No lo sé, le repito que no la he visto. Además, no sé qué tenga que ver el desnudo con la hipocresía. Mire, Joaquín y yo hemos ido a ver los shows, no en México sino en los Estados Unidos para ver qué desnudos hacen y cómo los están haciendo, y le aseguro que este tipo de espectáculo nunca ha tenido mucho público. De allí saco la conclusión de que ya el desnudo no es tan popular como se dice. Aquí, por ejemplo, existen cabarets donde hay ficha y desnudo y donde va cierto tipo de clientela, hombres solos a gastar su dinero y que les fichen. La verdad no creo que sea del gusto del público en general.

—Bueno, pero por fin, ¿qué opina usted del desnudo?

Redondea los ojos.

—¿Del desnudo? ¿En qué aspecto?

—El desnudo en el teatro, frente al público.

—El desnudo puede ser muy artístico, muy fino; en Las Vegas, en Europa, en el Moulin Rouge, en el Lido, siempre hay desnudos, pero con cuerpos muy bellos, modelos artísticos. El desnudo ligado a la pornografía no me gusta. No me gusta nada mostrar el cuerpo o ser morbosa.

—¿No le gusta mostrar el cuerpo?

—Desnuda, no.

—¡Pero si usted sale a los escenarios con un biquincito así de chiquitito!

—Porque el espectáculo me lo exige.

—¿Y dice usted que no le gusta mostrar su cuerpo?

—No, no me gusta.

—Pero señora, si usted siempre ha mostrado su cuerpo, que, además, es precioso. Yo no veo qué tenga nada de malo.

—Es que no me entiende, no me gusta el burlesque, no salgo desnuda.

—¿En su época no había nada de desnudos?

—¡Esta todavía es mi época!

—Perdón, es que ahora se desnudan con más facilidad. ¡Lo hacen hasta en la calle! Corren los streakers con sus calcetines y sus zapatos puestos.

—Así es.

NO DEBE UNO CRITICAR A SUS COMPAÑEROS

— Y ¿qué piensa usted de Irma Serrano?

De nuevo Tongolele guarda silencio.

— ¿Por qué se cuida usted para responder, señora?, ¿porque no quiere caerle mal a nadie o enemistarse con alguien?

— Sí, hay que cuidarse. Uno, siendo artista, debe evitar criticar a otros compañeros.

— ¿No le gusta enemistarse con nadie?

— No. Además, cada persona tiene su personalidad. A Irma la va a ver mucha gente, tiene su público, aunque sea un tipo de artista diferente.

— ¿Extraño?

— Distinto

— ¿Es usted diferente a ella?

— Sí, muy diferente.

— Señora, y usted, ¿no está bailando ahora en México?

— Trabajo muy poco aquí en la capital porque ya no hay cabarets; digo, a partir de que dejé el Club Verde, sólo acepto contratos en lugares de gran categoría.

— ¡Pero si me dijo usted que el Club Verde era un cabaretucho de mala muerte!

SOLO TRABAJARIA YO EN UN CABARET DE PRIMERA CATEGORIA

— Sí, lo era, pero después, todos los cabarets donde he trabajado han sido de primera categoría. Por desgracia ahorita, en México, no existen muchos de primera; de ahí que hace tiempo no bailo en esos lugares. Yo tengo mi show que dura cuarenta minutos, casi siempre estoy sola dondequiera que vaya; canto, mi esposo hace un solo de tambores, y el show es completísimo.

VEDETS

—Y en México, señora Montes, ¿a quiénes considera usted vedets?

—Ya no hay grandes vedets, eso pasó a la historia, y al decir grandes vedets pienso en la Mistinguette, en Josephine Baker, a quien tuve el honor de conocer y que era una persona de una gran bondad; pienso en Patachou, en Liza Minelli. La palabra "vedet" significa un poquito de todo, o sea, una actriz que puede hablar, bailar, cantar y hacerlo bien, ¿no?, hacer todo bien, como Liza Minelli que es una actriz de cine, y cuando participa en un show, en una revista teatral, es una gran vedet. En México hay muchas actrices que son buenas vedets como Silvia Pinal. No es una gran cantante ni una gran bailarina, pero hace bien su show, se desenvuelve correctamente sobre la escena. También están Ana Luisa Peluffo, Ana Berta Lepe, Elsa Aguirre... ellas también han sido vedets y han podido salir adelante porque son buenas artistas y bailan y cantan aceptablemente y son del gusto del público. Pero, ¡claro!, no son las grandes vedets al estilo de Josephine Baker, que fue la primera actriz negra, creo, que se conoció y se impuso en toda Europa. Debutó a los diecisiete años, su cuerpo era escultural, su forma de cantar y de bailar, maravillosos y su enorme y natural alegría encantaron a todos. Acabo de comprar en Miami su biografía que me interesa muchísimo. —¡Tráela Joaquín!, está en mi cuarto, quiero mostrársela a la señorita—. Es una vida fascinante. ¿Le gusta a usted el café? ¿Verdad que está rico? ¿Sabe usted que yo también escribo para una revista en español que se publica en Nueva York?

TONGOLELE PINTA Y TAMBIEN ESCRIBE.

—Ya sabía que pintaba, señora Montes, pero, además ¿usted también escribe?

—Sí, sí, escribo cartas; no, nunca he escrito sobre mí misma, nunca me he entrevistado a mí misma, ya para qué, si toda la gente me hace las mismas preguntas: lo del mechón, lo del baile, lo de los tambores. Yo estoy acostumbrada a preguntarle a otros, en general entrevisto a artistas. Mi afición nació porque escribo cartas a los amigos, y ellos las guardan porque dicen que son muy bonitas y se divierten con ellas. Cuando supe que las guardan, pensé que tendría que cuidarme de lo que hablo, ja, ja, ja...

—Pero, ¿por qué cuidarse?

Tongolele no responde, pero en dos ocasiones ha hecho énfasis en cuidarse; cuidarse de no hablar mal de los demás, cuidarse de lo que dice, cuidarse, cuidarse, cuidarse ahora de lo que escribe. Pienso que darse a respetar por el "respetable" es muy norteamericano, y la visualizo cuidando su hermoso cuerpo, untándose cremas, cepillando su tupida, frondosa y tropical masa de pelo negro. Sin embargo, en los ojos de Tongolele no hay la picardía, el duende que subsiste, a pesar de los noventa años, en los ojitos de María Conesa ya empequeñecidos por la edad. Tongolele no tiene picardía. Insiste, reitera y hasta cansa asentando una y otra vez que hace un espectáculo para familias. Tongolele es un producto de los tiempos modernos; es casi, por decirlo de algún modo, una mujer de plástico, perfectamente bien hecha, sintética, cuidada, sanforizada, higiénica, bañada a la perfección, albeando de limpia, su boca fresca, lozana, asombrosamente joven y sana, esplendorosa como una muñeca de vinil, de *cipsaware*, herméticamente cerrada a plagas, malos olores y contagios. Al verla tan inmarcesible pienso en todas las vedets que atisbé a las volandas en *El Arte Frívolo* y en las leyendas de Alvaro Retana, a pie de foto, llamándolas pimpolludas y picaronas, adorables y generosas con sus encantos, y trato de imaginar qué calificativos atribuiría Alvaro Retana a Tongolele, si la admiraría tanto como a Pastora Imperio, a Marujita Gómez, a Pilar Calvo, a Pepita Sales, a Rosario Sáinz de Miera, a Estrellita Castro. Diría, eso sí, que Tongolele permanece en maravillosa primavera y que su dinamismo es sorprendente, pero no podría decir, como lo escribió de Elise Bayron, o quizá sí, quizá lo diría: "Cada actuación suya era como una tempestad en el Mediterráneo en el primer siglo de la Era Cristiana". "La Elise Bayron —¿será por Lord Byron?—, ha viajado por Oriente más que Saulo de Tarso; pero si éste propagó la fe, ella difundió la frivolidad con sus rumbas eléctricas, sus danzones insidiosos y sus transparentes indumentarias de la Cubita bella que la vio nacer y remitió a España con fragancias de piña y aguacate, caña dulce y mango".

—¿A qué atribuye, señora Montes, su talento para bailar, cantar, conquistar al público y ahora escribir y pintar?

—Soy una exótica mezcla de inglés, sueco, francés, español y tahitiano y todo esto corre por mi sangre...Quizá esta sea la razón.

—¿Cuántos idiomas habla señora?

—Bueno, mal... ja, ja, já, español e inglés. Ahora estoy aprendiendo francés para poder cantar, y después, cuando lo domine, voy a estudiar alemán. Tuve problemas con el cine mexicano, por mi acento, y por eso no hice las películas que hubiera querido hacer, aunque llegué a actuar con Boris Karloff en *Snake People*. Mi primera película en México fue *Nocturno de amor*, luego, *El amor del otro, El rey del barrio, Han matado a Tongolele*; pero no eran películas, eran churros, churros mexicanos, casi todos; además tenía yo mucho acento; la primera película la hice aprendiendo las líneas fonéticamente y esto me limitó.

—¿Por qué?

NO LES GUSTO MI ACENTO

—Porque era muy limitado lo que yo podía hacer en ese tiempo y me utilizaban por mi taquilla. En cualquier película mala, los productores decían: "Vamos a poner a Tongolele", y me metían en la película, sobre todo para que bailara, y me pagaban muy, muy bien; llegué a ganar mucho dinero, pero yo hubiera querido hacer una cosa mejor; que hubieran escrito para mí diálogos más interesantes, una trama adecuada, pero en México, en esos años, no querían que nadie que tuviera acento extranjero hablara en la pantalla; querían que yo pronunciara a la perfección el tono típicamente mexicano; nunca pensaron en crear un papel en que mi acento fuera adecuado al papel, y aunque mi acento es parte de mi encanto, de mi chiste, recuerdo que en la crítica señalaban que yo no era buena actriz por hablar como norteamericana, y por eso me hacían menos. No sé, era una forma de pensar muy rara, que hoy ya no escucho. Ahora incluso me gustaría hacer una buena película, con substancia, sin la pornografía ni la violencia que se ve hoy en día. Los artistas debemos salir a divertir al público; y el que pase un rato agradable significa nuestro propio placer, porque para ir a ver una película a llorar o a horrorizarme, tengo bastante con mis problemas... Filmé no sólo en México sino en Argentina, en España, en Italia, en Alemania, en Colombia, en los Estados Unidos, pero en ninguna parte me ha satisfecho la película en la que intervine.

UN ESTUCHE DE PINTURAS

—Y con su pintura, señora, ¿está usted satisfecha?

Yolanda Montes, Tongolele, expuso el 12 de noviembre de 1976 en la galería Nuzkaya con la presentación del poeta Elías Nandino, a quien solemos recordar con gran afecto Carlos Monsiváis, José Emilio Pacheco y yo, porque nos abrió las puertas de su revista *Estaciones* con una generosidad y un entusiasmo poco comunes. En la actualidad, Elías Nandino, quien vive en Guadalajara, suele venir a México a visitar a su gran amiga Yolanda Montes, y en aquella ocasión dijo en público, entre otros grandes elogios: "Oscar Wilde opinaba que las mujeres, cuanto más hermosas, más carecían de sensibilidad. La hermosura las esclavizaba de tal modo que no les permitía un sólo momento para realizar los impulsos de su espíritu. Sin embargo, existen excepciones que debilitan esa opinión. Una de ellas es Yolanda Montes, Tongolele, hermosa y artista desde los pies hasta el alma y que, en el baile, aunando estilo, ritmo y audacia de movimientos, consuma el prodigio de demostrar su sensibilidad extraordinaria. Es en la danza en donde esta maravillosa mujer se hace culminar en un torbellino de vibraciones corporales, que la vuelven como una estatua de nieve que se derrite en llamas".

PINTAR: UNA AVENTURA NUEVA

Y a propósito de su pintura, dice el poeta Nandino: "Yolanda Montes sabe que el arte cuesta vida y es gozoso sacrificio. Por esto, luchando contra la estrechez de su tiempo, que casi todo lo tiene que aplicar a la continuada demanda de su trabajo en el teatro, roba horas de su propio derecho de descanso y lo dedica a querer expresar lo que apasionadamente siente ante la belleza y el misterio de la vida. Poseída por la contemplación del cielo y de la tierra, de los días y de las noches, del amor y del dolor, ansía recrear lo que mira para saciar su hambre cósmica".

—Un amigo —dice Yolanda— me regaló un estuche de pinturas hace cinco años; compré entonces una tela, llegué a la casa y, sin saber nada, ni siquiera lo más elemental, me senté a pintar. Entonces contraté a un pintor amigo mío que iba a La Fuente, el club donde yo trabajaba, y le pedí que viniera a la casa a enseñarme a mezclar los colores.

Después yo seguí por mi cuenta, y así he ido pintando en mis momentos libres. Esta ha sido una aventura nueva para mí. Estoy muy agradecida con la buena acogida del público, porque en todas partes donde voy, la gente —en los aviones, en la aduana, en la calle, en los cabarets, los muchachos, los matrimonios jóvenes, todo el mundo— me dice: "Señora, no sabemos si vamos a recordarla como una gran bailarina o como una gran pintora". Me cae tan bien que el público haya visto con buenos ojos mis cuadros...

Sus cuadros están colgados en la pared de su casa; muchos son paisajes tropicales, pedazos de jungla o de selva, autorretratos, etcétera.

CUATRO Y DOCE MIL PESOS

—Pensé que yo debía pintar cuadros adecuados a mi personalidad, y como me gusta el colorido, los colores fuertes, entonces pinté cosas africanas o de la Polinesia, y ahora han estado llamándome para que exponga en Monterrey, en Miami, donde vieron mis cuadros gracias a la publicidad que, al entrevistarme, hicieron Raúl Velasco en "Siempre en Domingo" y Zabludovsky en "24 Horas". A raíz de esas apariciones públicas desde California y Nueva York me están pidiendo que exponga; porque, sabe, yo no vendo caros mis cuadros en comparación con otros pintores que son los famosos; los hay desde cuatro mil —los chiquitos— hasta doce mil pesos, los más grandes. Pinto cuando me levanto, pero también puedo pintar en la noche —en un estudio que tengo arriba—, porque compré lámparas especiales, y pasan dos o tres horas y ni cuenta me doy... Claro, mis temas son muy distintos a los de José Luis Cuevas, mi amigo desde hace muchísimos años. Cuevas es admirador de todas las bailarinas, le gusta el ambiente de teatro, pero para mi gusto él pinta cosas medio morbosas, deprimentes, que yo no pintaría. Le hice una entrevista que salió en mi publicación de Nueva York —la revista se llama *Temas*, se parece al *Life* en español y es para la gente hispanoamericana que vive en los Estados Unidos, en Europa, hasta en la India, en Japón y toda Sudamérica, ya que tiene una enorme cantidad de suscriptores—. Pero yo no hago apuntes como usted cuando la persona está hablando; saco mis conclusiones y escribo después cuál es la idea que me hago del personaje. Trato, además, de que mis preguntas sean distintas a las que siempre se hacen, por ejemplo: de dónde sacó su nombre, por qué tiene el mechón, por qué los ojos azules. Lo que el público ha leído tantas veces y que, al final de cuentas, no le dice nada porque hasta ahora nadie ha sabido informarle cómo es en la realidad Yolanda Montes con sus hijos, cómo es con su esposo, cuáles son sus gustos, si le gusta o no el café, qué desayuna, qué acostumbra hacer en sus ratos de ocio, cómo le gusta divertirse, cuál es su idea de un pasatiempo. Esto es lo que yo pregunto a mis víctimas, ja, ja, ja... Carlos Fuentes, por ejemplo, también es mi amigo, y él sabe que yo escribo.

AMIGOS DE TODAS LAS CLASES

—Sí, yo la vi a usted en una conferencia sentada al lado de la China Mendoza en el Palacio de Bellas Artes: "Los Escritores y su Público" se llamaba la serie en la Sala Ponce, que encabezó Carlos Fuentes.

—Efectivamente, fui porque me dijo que iba a hablar de mí, pero en realidad habló muy poco. Voy de vez en cuando a conferencias sólo cuando sé que van a hablar de mí, pero si no, no salgo de mi casa. Tengo muchos amigos, sabe usted, en todas las clases sociales y en todos los niveles de vida, en muchos países del mundo, en los Estados Unidos y aquí. Soy una mujer muy inquieta, no puedo estar en casa sin hacer nada; si no pinto, escribo, si no, hago mis ejercicios diarios, o ensayo un nuevo ritmo. Cuando empecé mi carrera tuve que aprender bailes distintos para ponerlos dentro de mi número, ritmos africanos, cubanos, y fui documentándome en todos los países donde viajé, especialmente en Cuba, para agregar pasos nuevos a mi baile; estilos, movimientos y vibraciones de distinto tipo: samba, mambo, conga, afro, todo lo que ha venido a ser "el estilo Tongolele". En Europa no sabían cómo anunciarme, porque decían que no era rumbera ni era bailarina de vientre como las que hay por allá, y nadie sabía describir mi estilo. En el fondo, es un estilo mío de control muscular pero con ritmo, y siempre he bailado ritmos derivados de lo tahitiano que llevo en la sangre. Si sé que en México hay un buen coreógrafo africano o árabe, corro a verlo para tomar clases con él, además de mis clases diarias de ballet. Joaquín González, mi esposo, me acompaña en mis ensayos; hago gimnasia diariamente, la mía es una disciplina, si me sentara a descansar no podría mantenerme en la forma en que estoy. Mucha gente me dice: "¡Es un milagro que esté usted tan maravillosamente bien!", y considero que mi figura, mi piel, es parte de mi éxito, porque la gente se pregunta: "¿Cómo puede seguir así, cómo puede tener ese cuerpo?", y recuerda, calcula, saca cuentas y dice: "Pues la Tongolele debe tener sesenta años", porque llevo —¡imagínese usted!—, casi treinta años bailando; bueno no llego a los treinta, pero la gente sabe que hace más de veinticinco años subí por primera vez a los escenarios y entonces, más por curiosidad que por otra cosa, regresan a verme bailar, y se asombran y me preguntan: "¿Cómo puede conservarse así?"

ME ASOLEO CON MODERACION

—Y de veras, señora, ¿cómo?

—Bailando; también hago dieta en el sentido de que no como todo lo que me gusta: hoy como postre por ejemplo, pero sólo un poquito; mañana frijoles, pero un poquito, no todos los días como cosas que engorden. Tomo mucho yogur, fruta, bebo agua, alcohol jamás, me acuesto temprano, y me asoleo en la azotea de mi casa; toda la vida me he asoleado, pero no a tostarme o a resecarme la piel, sino que me pongo en el cuerpo y en la cara una gran cantidad de crema humectante, y me asoleo media hora de frente y media hora de espalda, esporádicamente, de diez en diez minutos, no de un jalón. La gente en la playa se pone al sol dos, tres, hasta cinco horas; hay personas que llegan a dormirse en el calor y esto sí que es nefasto para el cutis.

—Y ¿es en México señora, en donde usted ha tenido más éxito?

—No puedo decirlo porque gracias a Dios lo he alcanzado en otros países, por ejemplo en Cuba, donde yo fui una de las atracciones mayores; mi feudo era el Tropicana y tuve tanto éxito que siempre se ha pensado que yo soy cubana; también en Miami, en Perú y en Venezuela creen que nací en Cuba... a donde no he regresado. Y no me pregunte por mis ideas políticas porque no me gusta hablar de política, es una cosa que jamás comento ni en los periódicos ni en las revistas.

HE GANADO MUCHO DINERO

—Señora, finalmente, ¿usted ha ganado mucho dinero?

—Sí, mucho; tengo terrenos en los Estados Unidos pero aquí está mi casa. Allá cuento con tantos amigos que tienen cuarto para mí en todas partes o, si no, rentamos un departamento. De joven gané muchísimo dinero, pero también me engañaron muchísimo: me cobraban al doble el valor de las cosas, y al principio regalaba mi dinero al primero que me contaba cualquier historia triste; hasta que me di cuenta de que me visitaban sólo para sablearme, porque se hizo fama de que yo ayudaba a todo el mundo. Ahora ya no soy tan ingenua, pero sigo siendo una artista a quien le gusta más gastar en viajes, en mis hijos, en comprar cosas para la casa, que en joyas y pieles, será porque éstas las tengo ya desde hace años.

Entra uno de los mellizos, besa a su mamá, me saluda por no dejar, acostumbrado como debe estarlo a que entrevisten a su madre, y se va a otra pieza. Es rubio, rubísimo y más bien chaparrito, como yo.

—¿Quiere usted un consejo para sus lectoras? ¿Quiere usted que yo les mande un mensaje? Que no estén inactivas; que si yo estuviera inactiva me volvería loca, soy demasiado inquieta. Yo en la casa siempre estoy haciendo algo. No sé cómo la gente pueda sentirse sola, nunca he sentido la soledad porque sé estar ocupada. Creo que la actividad es el mejor remedio contra la soledad. ¿No es éste un buen consejo para sus lectoras?

Con esto, Yolanda Montes, Tongolele, se despide y me acompaña cortés y dulce a la puerta, mientras le habla a Joaquín González, su esposo, para que haga lo mismo: "Acompaña a la señorita". Al mellizo rubio no lo veo por ningún lado.

Enero de 1977.

IRES Y VENIRES DE YOLANDA MONTES "TONGOLELE"

Yolanda Montes nació en Spokane, una ciudad grande del estado de Washington, ubicada a un lado de Seattle. Ahí vivió hasta los siete años. Después de la separación de sus padres, ella y su madre se fueron a vivir a Oakland, California. Su padre era piloto de pruebas de aviones en el ejército y patinador profesional. Hacía un show en el que brincaba mesas y se barría hasta doce veces con patines de hockey. También jugaba hockey en un equipo profesional y era aficionado a la cacería. Él hubiera deseado que Yolanda fuera patinadora.

La madre de Yolanda Montes no era una persona inclinada a enfrentar retos, era una mujer de su casa. Yolanda reconoce en sí misma muchos rasgos de la personalidad de su padre, por quien siente una profunda admiración; a ella también le gusta viajar, conocer nuevos lugares y desde pequeña se sentía atraída por los peligros. Como lo dijo en una entrevista a Rodolfo Rojas Zea: "Yo era, ¿cómo le llaman a las muchachas que...? *tomboys*, como dicen en inglés, como marimacho, algo así de jugar cosas rudas con los muchachos. Yo nunca fui feminista, bueno, femenina. Dice mi mamá que yo agarraba las muñecas y no las miraba. Sin embargo, patinaba o jugaba afuera en el campo con mis hermanos y andaba en bicicleta; nadaba y todos esos deportes me gustaban mucho".

Yolanda Montes no era una estudiante excepcional, mala en matemáticas pero destacada en gramática y ortografía. Ese interés en la lengua se tradujo en un gusto por escribir, especialmente cartas y reportajes de personalidades que han llegado a ser publicados en una revista latina de los Estados Unidos. También, durante los últimos quince años, ha desarrollado un interés por la pintura, especialmente de retratos. Los orígenes de esta inclinación artística Yolanda los ubica en su propia familia, en la que hay muchos dibujantes autodidactas, entre ellos sus dos hermanos.

Cuando era niña el tiempo que no dedicaba a sus clases de ballet, de acrobacia y de tap (que inició desde los tres años), lo pasaba esperando y desesperando por que llegara la hora de bailar. Se dedicó a eso, incansablemente, sacrificando gustosamente casi todo tipo de vida social. Tenía pocos amigos.

Yolanda creció en un ambiente de música tahitiana favorecido por su abuela que había nacido en Tahití. Además, sus años de formación como bailarina coincidieron con la época de apogeo de Xavier Cugat y Mister Babalú, años en los que se tocaba música cubana en todos los bailes. Bailar los ritmos tahitianos era para Yolanda como caminar; ponía sus discos y pasaba largas horas practicando e inventado pasos. Y poco a poco se fueron fundiendo los movimientos tahitianos con los cubanos, generando el estilo único de Tongolele.

Cuando llegó a la adolescencia, Yolanda ya era famosa. Sin preparación, brincó de la niñez al teatro, a un mundo adulto al que ella misma no quiso incorporarse, estableciendo una distancia —de la que casi se enorgullece— entre su público y ella. No aceptaba invitaciones y jamás salía del escenario para compartir la mesa con nadie.

Cuando viajó a México con la intención de trabajar tenía sólo quince años y tuvo que falsificar su acta de nacimiento para obtener el permiso de trabajo. Pasó el tiempo, se hizo famosa y, a los dieciocho años, el señor Ernesto Uruchurtu (perseguidor de Palillo) le pidió que presentara su pasaporte para extenderle su permiso por otros seis meses. Para evitar más confusión, el hijo del Chato Guerra, que era abogado, le sugirió que regresara a los Estados Unidos y sacara un nuevo pasaporte con una fecha falsa de nacimiento. Así lo hizo y las autoridades mexicanas no se dieron cuenta o pasaron por alto el asunto.

Tongolele conoció al cubano Joaquín González Agra en el teatro Iris, donde él tocaba el bongó en el mismo show en donde ella bailaba. Fueron amigos durante varios años y finalmente se casaron. Durante más de treinta años han compartido una vida hogareña y privada. Tienen dos hijos gemelos, Rubén y Ricardo, y cinco nietos.

Tongolele ha inspirado al Carlos Fuentes de las primeras novelas, y el poeta Elías Nandino la visita cada vez que viene a México.

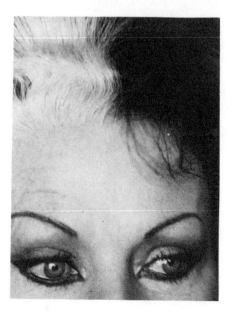

"EL SANTO"
A DOS QUE
TRES CAIDAS

—¡Señora, señora, ya llegó y viene enmascarado! Lo pasé a la biblioteca. ¡Son dos! Lo acompaña un señor pelón.

—¿De veras está enmascarado?

—Sí, de veritas.

¡Lástima que los niños estén en la escuela! En la biblioteca, de pie en medio de la alfombra, un hombre de porte atlético, vestido de claro, tiende su mano con gran cordialidad. A su lado, Carlos Suárez se quita el sombrero. El hombre de ropa sport beige está enmascarado; una máscara de tela de plata ajustada por medio de un cierre en la parte trasera, no permite ver ni el color de sus ojos. Su mano es fuerte; en realidad se trata de un hombre fornido. Es el Santo. No he sacado ni la grabadora cuando baja Chabelita:

—Señora, ¿qué los señores no van a querer café?

—Señores, ¿quieren ustedes café, agua de limón, un refresco, una copita?

—Café.

TODAS LAS MUCHACHAS DE LA CUADRA

Cinco minutos después, con una eficacia inaudita —no he iniciado aún la entrevista— entra Chabelita con la azucarera; Josefina con una cuchara; Petra con otra; Tere con una servilleta de papel; Meche con otra; Tomasita con una jarrita de leche; Magda con la charola; Berta, cafetera en mano, se tropieza con Luz; Cata trae un mantel, ¡un mantel, háganme el favor!, y Lupe otra tetera, ¿para qué Dios mío?, y todas se arremolinan en torno al Santo para servirle su cafecito. ¿Cómo lo toma? ¿Con o sin azúcar? ¿Con crema? ¿Muy negro? ¿Le echamos más agua caliente? ¿Cómo se lo tomará? ¿Se quitará la máscara? Una le tiende un platito, otra pone la taza en el plato, otra vierte el café, otra ofrece el azúcar, todo el barrio se ha reunido para ver al Santo. ¡Y sigue llegando gente!: "Dile a Inés, la de la señora del 8 que se asome, y tú vete a la esquina a avisarle a Dominga; no se te olvide tocarle a Sara, creo que todavía no se va al super; que Lola se dé una vuelta para acá, dile que no se va a arrepentir, que va a ver la sorpresota que se va a llevar, pero pícale, córrele, órale, ya". El timbre de la puerta repiquetea, un ejército de mujeres que se secan las manos en el delantal entra y se detiene en semicírculo respetuoso y risueño. ¡Ya quisiera un político tener el pegue del Santo! En menos que canta un gallo la casa se ha alborotado como un gallinero. Ahora, en la calle, la campana advierte que va a pasar el camión de la basura. Ninguna se mueve. Dios mío, esto sí que es popularidad. Durante el curso de la entrevista se asomarán, anhelantes, el afilador de cuchillos que viene cada quince días, Memito el cartero, don Antonio y don Carlos, dos pepenadores del Pedregal de Santo Domingo, el señor medidor del agua, cinco monjas de la residencia de San Vicente de Paul, el dueño de la miscelánea que siempre está de mal humor y que de ahora en adelante, ¡capaz que hasta nos fía!, y tres señoritas que a eso de las doce salen a tomar el sol con todo y sus sillitas. Azorada, contemplo el vaivén. El Santo, en cambio, está acostumbrado a que lo quieran. Es un hombre amable y bueno; lo es por naturaleza, pocos entrevistados he conocido con tan buena disposición. ¡En cinco minutos ha cambiado mi vida! Y es que el Santo, además del misterio de su máscara, es nuestro Supermán, el que se aparece en el momento crucial para correr a los malos, despojar a los ricos y darle a los pobres, hacer justicia, vencer a la naturaleza. Por eso no puedo sino preguntarle con admiración:

—¿Le satisface el cariño que le demuestra la gente?

—Sí, cómo no —le da un sorbito a su café, que toma con la máscara puesta— y es muy bonita la popularidad, es bonito que se me acerquen los chiquillos: me piden que les dé la mano, se me suben encima a ver si de verdad soy de carne y hueso, a ver si el Santo es el Santo; y sí, el Santo es un personaje que logré crear a base de muchos sacrificios, porque yo fui un niño pobre y me costó mucho hacer mi carrera deportiva.

Todo esto lo dice en un tono de voz muy agradable, muy sencillo, lo cual me hace sentir por él una viva simpatía. Ahora sí, puedo verle los ojos: los tiene cafés.

—¿Qué sacrificios le costó?

—Bueno, hasta hambre. Al principio viajé en malos transportes por pésimos caminos, en camiones ya no de segunda sino de cuarta, de quinta, en trenes de tablitas para luchar en arenas malísimas, y llegaba yo a subir al ring —dice rin—, mal alimentado, porque a veces comía y a veces no; en varias ocasiones tuve que salir del hotel sin pagar la cuenta porque no tenía ni un quinto, aunque después le cobraban al promotor.

—¿Usted viajaba con él?

—Sí, y dormía en hoteles que tenían cucarachas, sin sábanas, sin baño. Bueno, la verdad fue muy duro. A veces ni hoteles, a veces en casas de huéspedes en donde la cama no estaba en condiciones precisamente para descansar.

—Entonces, ¿usted conoce las chinches, los piojos, las pulgas y las cucarachas?

—¿Cucarachas? ¡Un montón!; las pulgas no porque yo creo que nada más en los perritos. En la época en que me inicié, me hospedaba en cuartos bien malos, desvencijados, de paredes sucias. En Orizaba, en Córdoba, en Veracruz, cuántos muros húmedos y descascarados vi. En esa época no pagaba más de cincuenta, setenta y cinco centavos por una noche, y las comidas también eran baratas, pero ¡qué de incomodidades! ¿Usted sabe, señora, cuánto hacíamos de aquí a Puebla?

—Una hora y cuarenta y cinco minutos.

—No, ¡eso es ahora, señora! En aquella época, cuando bien nos iba, cuatro horas de México a Puebla, porque a veces eran cinco: el camión se iba parando como en cincuenta mil pueblitos; llegábamos a Río Frío y allí nos bajábamos a comer tacos de carnitas, y a seguirle. ¡Y el viaje a Veracruz!, ése sí que era una verdadera aventura: más de doce horas, ¿usted se imagina lo que es eso?

—Pero ahora usted ha de viajar en camiones de primera o en avión, ¿verdad?

—Ahora sí, porque ha progresado mucho la lucha libre.

YO ERA UN JUGADOR COMPLETAMENTE RUDO

—Creo que nosotros, los luchadores, a base de nuestro granito de arena, de nuestro esfuerzo cotidiano, hemos hecho del deporte que amamos una cosa más grande.

—¿Usted ama mucho la lucha libre?

—Es mi vida, señora.

—Pero, ¿qué es eso del Santo? ¿Usted hace milagros?

—Claro que los hago... Mire, lo del Santo es porque yo me inicié a los dieciséis años como un luchador completamente rudo, o sea, un luchador que hacía cosas prohibidas.

—¿Qué cosas prohibidas?

—Pues lo que no está permitido en la lucha libre: rodillazos, golpes en el estómago, todo lo que no se vale: yeguas, llaves de rendición, golpes bajos, pero bien bajos. Oiga, señora, ¿usted conoce los términos de la lucha libre?

—No.

—Bueno, pues yo era un jugador totalmente rudo.

—¿Sucio?

—Eso, sucio. Hasta llegué a sentir el odio popular porque di golpes muy terribles.

—¿Le rompió usted algo a alguien?

—Uy, señora, los luchadores nos rompemos brazos, piernas, cabeza; lo que intentamos es sacarnos a patadas del
cuadrilátero, darnos un descontón que dure varios años, si
es posible toda la vida. Yo fui extraordinariamente rudo y
en no pocas ocasiones sentí el odio de la afición.

—Pero, ¿qué la afición no pide: "¡Sangre! ¡Sangre!"?,
¿qué no es el suyo un deporte de brutos?

—Señora, ¿usted ha visto alguna lucha libre?

—Jamás.

—La invito el domingo con sus hijitos, con su marido,
venga a la plaza que está cerca del Toreo de Cuatro Caminos. A mí se me hace que usted no conoce nada de lucha
libre. Pues como le decía, yo hacía cosas que no deben
hacerse.

—¿Cómo? ¿Picaba los ojos? Yo sé que algunos luchadores han logrado hasta sacarse los ojos, eso sí lo sé.

—Pues algo así, picaba los ojos, pero no a sacarlos, señora, eso sí no; hacía cosas fuera de lo común; entonces, para
que hubiera un contraste, y como oía yo a la gente decir:
"¡Vaya pa' santito!" o "¡Miren nomás qué angelito!", le
dije yo al "machamaca" —matchmaker—, que iba a ponerme el nombre del Santo.

HAY SANTOS QUE SON MUY MALOS

—¡Pero un "santo" tan malo! ¿No deben ser buenos los
santos?; mire usted nada más a San Antonio. Conozco a
muchas mujeres que después de casadas reniegan del milagro que les hizo.

—Pero usted se volvió bueno, es decir, ¿se convirtió en
un luchador limpio?

—Sí, porque me di cuenta de que yo podía ser un buen

luchador, y mi mayor anhelo era tener un campeonato nacional de peso welter, en el que yo luchaba; y, cuando gané ese campeonato, me di cuenta que había logrado mi meta; aparentemente, porque después quise llegar a otra, ya ve que así es la vida, la mía y creo que la de la mayoría de los hombres, que después de alcanzar una, ahí viene la otra, y luego otra, y nunca se llega a lo que netamente viene a ser la mera mera meta, que, por otro lado, quién sabe cuál sea. Ahora tengo más de treinta años de luchador profesional y he conquistado —a lo mejor no está bien que yo lo diga, pero como veo que usted no está muy enterada del asunto—, muchos trofeos, quizá más que ningún luchador mexicano.

MASCARA CONTRA CABELLERA

—¿Y no ha sido, señor Santo, un gran triunfo mantenerse durante tantos años en el anonimato?

—Ya lo creo que sí, porque muchas veces, en incontables ocasiones, señora, expuse mi máscara contra otra máscara y algunas veces contra una cabellera. ¡Expuse mi máscara contra la cabellera de El Murciélago!

—¿Qué es eso?

—¿Exponer la máscara? Significa que si pierdo, el luchador que gana puede desenmascararme en público.

—¡Y esto nunca le ha sucedido!

—Nunca. La lucha más dura que he tenido exponiendo la máscara ha sido contra Black Shadow.

—Pero, ¿es posible que al que pierda una pelea lo desenmascaren?

—Bueno, mire, yo he perdido muchas peleas y no me han desenmascarado, aunque yo sí he desenmascarado a varios. Una de las luchas que yo recuerdo con más cariño, porque el público pudo verla completita por televisión, fue con "La Sombra Negra, Black Shadow, contra el Santo". Yo gané y él se tuvo que quitar la máscara, porque también luchaba enmascarado. Fue una lucha muy dura, todos esperaban la tercera caída, pero me ayudó mi condición física, siempre me he entrenado y perdió Black Shadow. También luché contra El Espanto I, otro luchador muy famoso en México, que en paz descanse.

—¿Usted fue quien lo mandó a descansar en paz?

—No, señora, por Dios, ¡Dios nos libre! Con Espanto I luché máscara contra máscara, le gané y él se la quitó. Luché también contra otro compañero —que en paz descanse... Caray, ¡puros muertitos!, ya todos se han muerto—, que se llamó El Gladiador, un tipo de una musculatura pero así como fabulosa, ¿verdad?, máscara contra máscara; le gané y se la quité. Otro fue El Halcón Quintana, en realidad El Halcón Negro, exponiendo la máscara, también le gané y se la quité. La máscara no se la quita un luchador cuando pierde, sino nada más cuando la expone.

NUNCA ME HAN DESENMASCARADO

—Y a usted, ¿cuándo se la han quitado?

—No, nunca.

—Pero, ¿cómo es posible? ¿Jamás?

—¡Jamás, señora! Hasta la fecha no ha habido quién me la quite.

—Pero ¿nunca han intentado arrancársela a la fuerza?

—A la fuerza no, porque en el rin hay comisiones de lucha libre que van a ver el encuentro y están como sinodales, árbitros, ¿no?, viendo que se cumplan las reglas.

DE PACHUCA, AL MUNDO.

Hace muchos años, en la Arena Afición de Pachuca, el Santo conquistó su primer trofeo. Derrotó al moreliano Bobby Bonales, especialista en topes.

—Recuerdo esa lucha contra Bobby Bonales como si hubiera sido ayer. Gané la primera caída moliéndolo a golpes y rodillazos en el estómago —entonces yo era rudo—, y para la segunda caída quise sorprenderlo en su esquina, porque yo creía que Bonales no se había repuesto de la tunda que acababa de darle, pero el sorprendido fui yo, ya que contraatacó con una serie de topes impulsándose con las cuerdas que me sacaron al aire. No sé si los calculó o fueron de chiripa, pero me hicieron impacto en la boca del estómago. Para la caída decisiva, Bobby y yo echamos el resto y la cosa estaba tan dura que, entonces, dentro del fragor de la contienda, tracé un plan: hacer que repitiera los golpes con que me había ganado y burlarlo en uno para hacerlo caer fuera del rin; de lograrlo, quedaba ahí fuera de combate o retornaba todo maltrecho, listo para rematarlo. En el momento en que Bonales me flageló contra la lona con una yegua, fingí atolondramiento y él, confiado, se lanzó con los mismos topes; y justo cuando engolosinado venía hacia mí con ímpetu, me hice a un lado y salió disparado por entre la segunda y la tercera cuerda, para ir a estrellarse contra las butacas de tercera fila, de donde no pudo retornar antes de que el réferi llegara al veinte.

—Señor Santo, ¿qué tipo de golpes entran en la lucha libre?

—Bueno, pues entra el box, lucha greco-romana, porque se utilizan sus llaves; el judo, porque en la lucha libre hay caídas japonesas... así es que todo cabe, todo lo habido y por haber.

—¿Se dan puñetazos como en el box?

—Sí.

—Pero, cuando se juega sucio, ¿qué cosas hacen los luchadores? ¿Morder?

—Pues morder morder, no se acostumbra casi nunca, pero sí, de repente picar los ojos, no sacarlos porque entonces sería un acto criminal, sino nada más a perder la vista. Frotándose los ojos momentáneamente usted pierde la vista; mire, inténtelo, fróteselos y va a ver cómo al abrirlos no puede usted ver. Pues de eso se trata, de que el

contrincante pierda la vista por un momento para poder
seguir golpeándolo. Los golpes a mano cerrada están pro-
hibidos y hay muchas llaves que sanciona la Comisión de
Lucha Libre del Distrito Federal. Una de las reglas que
tenemos es no bajarse del rin, no pelear entre butacas, por
protección del mismo luchador y del público que muchas
veces se mete; no acalorarse o perder la razón a tal grado
de que le vaya uno a dar un golpe al público; en todas las
arenas están los comisionados viendo los encuentros para
sancionarlos. Arriba del rin lo que se va a admirar es la
condición física de la persona, del luchador.

—Y usted, señor Santo, me decía que está en muy buena
condición física.

AUN NO HAY QUIEN ME MANDE A LA LONA

—Pues yo creo que sí, porque si no ya me hubieran echado abajo. Hay luchadores muy jóvenes que han querido derrocarme y destacar mandándome a la lona y a pesar de eso he seguido conservándome en el lugar que tengo.

—Pero, ¿es cierto que los peleadores de lucha libre duran muy pocos años porque les dan unos golpes tan tremendos que los dejan como pitos locos?

—No, no, no; sólo en el box y eso era antiguamente. En la actualidad, el boxeador ya se cuida más; boxea menos y tiene mayores atenciones médicas.

—Y, ¿no es cierto que en la lucha libre se matan entre sí?

—Bueno, ha habido varios muertos, muchos, diría yo, pero también los hay en el futbol americano, en el box, en el toreo: ¡cuántos no han muerto a consecuencia de una cornada! En cualquier deporte está uno expuesto a una lesión, a cualquier percance incluso mortal.

EN MI CASA HAGO MIS EJERCICIOS

—Y usted, Santito, ¿en dónde se entrena?

—En la actualidad, en la casa de usted; bueno, en mi casa, no vaya a creer que de ahora en adelante voy a venir a practicar a su casa, en la mía, nada más. En el rin me entrené durante muchos años, pero en la actualidad nada más trato de conservar el cuerpo, la condición física, para no ir al gimnasio, porque en la casa suya —en la mía, que es la de usted—, yo hago mis ejercicios.

—Ah, ¿entonces en su propia casa tiene usted un ring?

—No, no lo tengo, nada más practico, hago gimnasia.

—¿Pera? Hace poco leí que Rubén Olivares, el Púas, como le dicen, hacía mucha pera.

—No, pera no, ésa es para los boxeadores, yo nada más hago pura gimnasia, corro y conservo mi condición física.

—¿Usted no usa agua de colonia como otros luchadores que suben al cuadrilátero con su atomizador y se echan oleadas de perfume frente a la afición?

—Bueno, esos se llaman luchadores exóticos. La loción... Le contaré un chiste que me platicaron el otro día: dicen que el señor Luis Spota anda comentando que: "yo —o sea él— me echo loción y formol para conservarme bien". Ya sabe usted, señora, que el formol es el que se le pone a los muertos para embalsamarlos; así, el señor Spota se pone mitad y mitad, loción y formol quesque para conservarse. ¿Usted cree?

—Oiga, y muchas luchas son arregladas, ¿verdad? Muchos luchadores fingen que los están medio-matando y simulan horribles dolores.

—No, no; la lucha libre profesional es auténtica, y el luchador profesional tiene que darlo todo; entonces, si uno va a hacer payasadas arriba del rin, como ponerse perfume, etcétera, tiene también que responder a lo que sea, tiene que saber luchar. Los que se perfuman salen a hacer exotismo, a tratar de demostrar que son del otro bando, medio maricones y medio, pero en realidad no lo son, lo hacen para llamar la atención del público; son hombres normales, no tienen esas mañas, todo entra dentro del espectáculo.

PATADAS ARRIBA DEL AIRE

—Entonces, ¿lo que se pretende es explotar el morbo del público?

—Bueno, no, el luchador va a luchar como profesional arriba de un rin. Yo no sé siquiera lo que voy a hacer en todas las luchas, aunque las llaves sean las mismas, siempre son diferentes. Por ejemplo, a mí me vuelan en el rin con patadas arriba del aire, es cosa de segundos en los que tengo que pensar —en ¡ay! así, en un instante— cómo voy a caer; y cuando voy cayendo tengo ya que saber lo que voy a intentar al levantarme después de tocar la lona. Cuando un torero ve al toro, ya sabe cómo va a hacer su pase y cuando el toro va pasando, piensa en como va a lograr el siguiente. Los reflejos, en cualquier deportista, deben ser fabulosos. En la lucha libre no se explota precisamente el morbo del público porque en cada luchador hay una lucha por destacar por encima de los otros, y el que triunfa, de verdad tiene que ser bueno; el que no lo es, no destaca jamás.

TANTAS PLEGARIAS QUE DIGO ANTES DE SUBIR AL RIN

—Y a usted, ¿nunca lo han lastimado en el ring?

—Afortunadamente no, gracias a Dios, será por la fe tan grande que tengo en Dios y tantas plegarias que rezo antes de subir al rin. Hasta la fecha sólo he tenido una fractura en un ojo, nada más.

—¿Cómo una fractura en un ojo? ¿Cómo se fractura uno un ojo?

—Sí, Wolf Ruvinskys me dio una patada en un ojo y me lo fracturó; andaba yo perdiéndolo, y, sin embargo, éste fue el único accidente de lamentar que he sufrido. Como es natural en mi profesión, he tenido dislocaciones, desgarramientos, un sinnúmero de accidentes, pero sin mayores consecuencias. Wolf Ruvinskys fue un gran luchador, vino de Argentina y traía bastante fama como luchador de greco-romana y supo demostrar que lo era, ahora ya se ha retirado. De luchador pasó a actor, y todavía sale en las pantallas de vez en cuando.

—Y usted, Santito, ¿no le guardó rencor por esa patada que por poco y lo deja tuerto?

—No, no, no, arriba del rin somos todos enemigos, pero terminando la lucha todos somos amigos y nos hablamos con respeto y hasta con cierto cariño, porque el deporte lo convierte a uno en una gran familia, como un futbolista que puede darse patadas con otro en el césped y sin embargo, cuando termina el partido: "¡Hombre, mano, se acalora uno allá adentro!", y tan cuates, ¿no?, tan magníficos amigos, ¿si? Para eso se es profesional, para no guardar rencor; al contrario, a eso vamos. Todo deportista está propenso a un accidente, si no, ¡pues hubiéramos escogido otro oficio!

MUCHAS VECES CAE UNO DE CABEZA

—¡Son muchos los luchadores que han muerto en un rin! En México, Blue Demon tuvo un accidente fatal, vive de milagro, sin embargo sigue luchando. Yo he tenido múltiples lastimaduras. Una vez, filmando, se me rompió una cuerda y boté en el aire —cuando pasa eso, señora, es para romperse de verdad el cerebro, porque muchas veces cae uno de cabeza—; por fortuna, en el aire tuve presencia de espíritu para controlarme y caí de pie, y un muchacho, domador de los Estudios Churubusco, siempre se acuerda de esto y se pudo maravillar en serio de la habilidad que demostré para caer parado. ¡Que se rompa una cuerda del cuadrilátero es lo más fatal para un luchador! Uno no espera la caída, se pierde el control, y las caídas desde arriba del rin hasta las butacas, son las más peligrosas, las más peligrosísimas. Sin embargo, pues uno está dispuesto a todo.

—Y en la calle...

RECHAZAR LOS PLEITOS CALLEJEROS

—En la calle, señora, siempre le rehuyo a las broncas, porque se puede llegar a los golpes y si uno golpea a una persona y saben que uno es luchador, el deportista es castigado en la delegación por abuso de su fuerza. Uno sale perdiendo siempre y por eso hay que rehuir cualquier pleito callejero.

—Bueno, señor Santo, pero, ¿siempre anda usted enmascarado?

—No, no siempre. En mi casa sí me conocen.

—Pero el señor Carlos Suárez, aquí a su lado, ¿lo ha visto sin máscara?

—Por supuesto. Ahora, para venir aquí, me puse la máscara en el coche.

—¿Y a quién le va mejor? ¿Al enmascarado de plata o al hombre común y corriente?

—A los dos. Pero también hay muchas cosas que no puedo hacer. Por ejemplo, yo quise mucho al cantante Javier Solís; tengo todos sus discos dedicados a mí y a mi señora, y sin máscara "pasié" mucho con él, anduvimos por Nueva Yor —no dice York—, por Centroamérica, hicimos muchísimas giras, era yo un chamaquito, me caía muy bien, le tuve mucho aprecio y cuando murió quise ir a su sepelio, pero finalmente no pude, porque si iba sin máscara corría el riesgo de que alguien me reconociera y me tomara fotografías, y en ese momento terminaba el Santo; y si iba con máscara, mucha gente concluiría que era un exhibicionista; entonces me abstuve de ir. Así me ha pasado con las bodas a las que me invitan de padrino, no me puedo arriesgar a que ciertas gentes me reconozcan, ni puedo ser padrino de quince años, ni de bautizo, porque el Santo no debe ir a la iglesia enmascarado por eso del respeto, ¿no? Es un poco triste en este sentido, porque vida social casi no puedo tener.

—¿Y usted de dónde es, Santito?

—De la ciudad de México.

—Pero nació usted en algún barrio popular, en Tepito, en la Bondojo, en la colonia Sifón?

—No, eso no se lo voy a decir para no darle pistas.

—Pues en el periódico ha salido su nombre: Rodolfo Guzmán Huerta.

UN SOLO ADUANERO COMPRUEBA QUE MI CARA ES LA DEL PASAPORTE

—Sí, pero yo nunca he dicho que ése sea mi verdadero nombre y sólo un juez puede obligarme a hacerlo. Mire, cuando he viajado —y he ido a España y a toda América del Sur y a los Estados Unidos—, lo he hecho enmascarado, y a la hora de cruzar la aduana los aduaneros muy atentos conmigo me hacen pasar a una oficinita chiquita y allí, ante un agente —sólo uno—, me quito la máscara para que él pueda identificarme con la fotografía de mi pasaporte, pero si no, ¡nadie me pide que me quite yo la máscara!

—Es que todos los hombres lo sienten como Supermán y quieren colaborar con sus buenas acciones, no impedir la misión que tiene usted sobre la tierra.

—Algo hay de eso, porque en todas las películas que he filmado, en las revistas de las cuales soy el protagonista principal, siempre castigo a los malos y premio a los buenos. Por ejemplo, ahora tengo una demanda contra el editor y dibujante José G. Cruz, quien ha explotado mi personaje, y voy a presentarme al Décimo Juzgado de lo Civil. Podré quitarme la máscara ante el juez, pero no tengo porqué hacerlo a la vista de todos.

—Y, ¿no le da mucho calor en la cara esa máscara plateada tan adherida a su cabeza? ¿Cómo le hace para sonarse? ¡Hasta se me hace que se le dificulta respirar!

—Pues no, fíjese que no, al contrario, yo he filmado en lugares muy calurosos, como Cuba, Puerto Rico, Colombia; he filmado en la playa, bajo los rayos del sol, en la jungla con un calor espantoso. Recuerde usted que los árabes, en el desierto, se tapan la cara y la cabeza para no sentir el sol; así es que yo siento quizá menos calor que los que sí están descubiertos.

DETRAS DE LA MASCARA DE PLATA

—Bueno, pero, ¿qué usted no tiene la cara quemada como El Fantasma de la Opera? ¿No hay sobre su rostro una cicatriz así horriblísima?

—¡Ay, señora, nada tengo que esconder! No soy deforme; no escogí la máscara por defectos físicos, ni tengo problemas con la justicia.

—Es que los ladrones suelen enmascararse.

—Sí, pero si yo fuera asesino o ladrón o sinvergüenza, la máscara no me protegería, al contrario. Escogí la máscara porque creí que me llevaría al triunfo; después me di a conocer en el cine, y luego a través de los episodios de una revista de aventuras para los cuales yo posaba, unos fotometrajes.

—¿Cuántas máscaras de ésas tiene usted?

—Tengo muchas, todas plateadas. Mi personaje es el de "El Enmascarado de Plata", y todo mi atuendo es plateado: capas, mallas, cinturón, todo.

—Y, ¿no se le cae el pelo con la máscara?

—Pues no, porque lo recojo en un guardapelo para que no se me caiga al suelo. Es guasa, ¿eh? Ya en serio, creo que la máscara ayuda a conservarlo. Mire, a México vinieron dos luchadores enmascarados que me produjeron una gran admiración, sobre todo uno de ellos que se llamó El Fantasma Dorado; y cuando, a los dieciséis años, me di cuenta que yo no destacaba, se me ocurrió comprarme —con los siete pesos de mi primera paga, porque eso me pagaron, siete pesotes contantes y sonantes, de esos de plata, fuertesotes, además de mi comida de toda la semana— comprarme una máscara, pensando para mis adentros: "Yo también voy a luchar enmascarado". A los tres meses de haber debutado como luchador profesional en la Arena México, ya desaparecida, era campeón nacional de peso welter, y a los quince días tenía el campeonato de peso medio.

UNA TARDE EN EL CUATRO CAMINOS

Estamos en el Toreo de Cuatro Caminos en la inauguración de la Gran Temporada 1977 de Lucha Libre. Presenciaremos la Lucha Super Estrella en Relevos Australianos: el Santo, Huracán Ramírez y Hamada contra César Valentino, Sunny War Clud y Dorrel Dixon, el negro que fue Mr. Universo por tener el cuerpo más hermoso del mundo. Afuera, atravesamos una cantidad inaudita de puestos de fritangas, una cantidad también muy respetable de policías, patrullas, y hasta un camión de esos sin costados de la Policía de Naucalpan de Juárez, Estado de México. Con nosotros, entran enchamarrados, encamisados, pelos largos, envaselinados y muchas mujeres rechonchitas y de pelo pintado. Es el reino del poliéster y del dacrón. Toda la gente se encamina sin prisa hacia unos grandes letreros negros: Ring Side, 1a. a 5a. fila, Ring Side 6a. a 11a. fila, Ring general, Barrera general, Primer tendido, Segundo tendido, Lumbreras. Estamos en primera fila en el Ring Side —gracias a Carlos Suárez, el apoderado del Santo, que en la mañana llevó cuatro boletos a la casa y aseguró que sí podrían ir los niños—, y ocupamos unos asientos anaranjados, unas sillas metálicas numeradas, de ésas cerveceras que se alquilan para banquetes. Creíamos que la lucha era a las cuatro, resulta que es a las cinco. De cuando en cuando sale de los tendidos una única porra:

—San-to, San-to, San-to.

Tras nosotros me preocupan unos señores porque se pasan una bolsa de plástico a la que se le está saliendo un líquido café. "¿Qué es?", pregunto sospechosa. "Es refresco". Me preocupo más: "Ha de ser ron con coca. Esto se va a poner feo. Y yo aquí sola con los niños". Los señores —con quienes después hicimos la mejor amistad—, vacían el refresco en otra bolsa de plástico. A nuestro alrededor todo mundo bebe cervezas, sobre todo claras; hasta las mujeres se empinan sus vasos de plástico, muy desinhibidas las gorditas. De cuando en cuando oleadas de chiflidos atraviesan los tendidos. De pronto, cerca de las cinco, todos los del segundo tendido y los de lumbreras se bajan al primer tendido y hasta el ring general, que no se ha llenado. Los policías hacen como que la virgen les habla porque no se mueven. Rápidamente Paula —de seis años—, se ha hecho amiga del señor de al lado que parece boxeador, quien le cuenta que es sobrino del Huracán Ramírez, el que va a luchar con el Santo.

—Ayer, estos mismos asientos, éstos donde estamos ahora sentados, costaban mil pesos.

—¿Mil pesos?

—Sí, y la decepción que nos llevamos. ¡Este Zárate!

Los de atrás se acaloran, los de los costados también; todos participan en la conversación, hablan de la pelea de anoche en esta misma arena, del cabezazo. Felipe y Paula escuchan, comen cacahuates, piden refrescos, chupan pastillas y preguntan incansablemente: "Y tú, ¿cómo te llamas?", a uno y a otro y todos responden: "Yo, Paco", "Yo, Juan", "Yo, Manuel" a tal grado, que al final nos despedimos de abrazo, nos dijimos que nos volveríamos a ver en la próxima y nuestros acompañantes empezaron a darme toda clase de informes: "¡Uy, si este es un negocio redondo! Al Santo, por pelear hoy —y como él jala mucha gente—, le han de dar sus cien mil pesotes... N'hombre, si esa es mucha luz... Pues, ¿cuánto crees que le daban a Rubén Olivares?... No, ps ése está millonario, millonariazazo, nomás que todo se lo bota en mujeres y en chínguere. Mira, éste de la camisa floreada y del copetote, ése dizque güero, ése fue manager de Rubén. N'hombre, si todo está arreglado, todo, ya se sabe que una caída —en la lucha libre son "caídas" y no "rounds"— la gana uno, la que sigue la gana el otro... Todavía no llega la abuelita, por eso no comienza. La abuelita es una ancianita que siempre está allá arriba, todos la conocen y le gritan. ¡Mire aquél de la camisa fosforescente es el Cacarizo, todo el mundo lo conoce, ¡es vaciado! No, si en esto hay mucha luz, mucha luz, pero casi todo se le queda a los managers, su treinta por ciento, su cuarenta por ciento, cochinos managers, y los luchadores aquí dándose en la madre. Si esta vida es dura...".

Una saludable rechifla hace que entren los primeros luchadores; son dos chaparritos muy feos: Reyes Oliva en contra de Tony Sugar. Uno de ellos tiene el pelo como erizo; puras púas hacia arriba, negras y brillosas; el otro tiene un pelo güerinche ralo y enfermizo; los dos están a punto de caer en la adiposidad, la celulitis, los muslos fofos que tiemblan. Uno lleva una chamarra brillosa de piel de tigre, otro, un sarape de Saltillo. Luchan; se tiran a la lona; nada más se oyen los costalazos. Hacen las más espantosas muecas de dolor. Felipe y Paula se han sentado encima de mí. Felipe se ve blanco, tiene las manos heladas. Atrás se oyen gritos: "¡Mátalo! ¡Mátalo! ¡Máaaatalo!". Felipe aprieta mi mano. ¿Para qué los traje? Mejor nos vamos. El del pelo como púas azota al del calzón verde contra la lona, le saca sangre de la frente, se la saca de la nariz, le escurre por la cara y el público sigue gritando: "¡Sangre! ¡Sangre!". Felipe ya no tiene color.

Y ahora, ¿qué hago? Me da pena con el Santo, con Carlos Suárez que nos invitó, pero yo me voy. Una voz infantil aulla: "¡Dale, dale pa' su choco-milk!" y se oye un rugido, un graznido como de sapos: "¡Sangre! ¡Sangre!". Entonces Felipe, sin que yo lo pueda detener, corre al ring, se acerca y grita ya con sus últimas fuerzas: "¡Paren esto!" "¡Paren, lo va a matar!". Voy por él. El boxeador a su lado, mejor dicho, el sobrino del Huracán Ramírez, le asegura que todo es de chiste, que son trucos; viene en bolsitas y se la dan a los luchadores, porque la sangre es pintura roja, salsa de jitomate, que traen escondida para que la revienten en la frente y se les escurra escarlata a la hora de la verdad. Los dos luchadores sudan a mares, están sucios de polvo, sus cuerpos enrojecidos por los golpes, siguen luchando, caen fuera del ring, se hacen las llaves más aterradoras, uno de ellos vomita, poquito pero vomita, y atrás sigue un grito infantil por encima de la unidad del coro: "¡Sangre! ¡Sangre! ¡Sangre! ¡Sácale el mole!".

Entonces Paula, de seis añitos, voltea y aúlla ante mi gran asombro: "¡Que se la saque a tu abuela!". Estoy descubriendo el carácter de mis hijos. ¡Madre de los apachurrados!, esto es como un espectáculo circense; estamos en un circo de romanos, las más violentas pasiones se desfogan aquí y se dan el encontronazo. Todo el mundo grita, patea, me dan un elotazo en la espalda a pesar de la nota en el programa: "La empresa no quiere que el público sufra las molestias de un arresto o una multa. Se suplica a todos los aficionados se abstengan de arrojar proyectiles". Pero pues, ¿quién va a arrestar a quién? Los policías acuclillados no despegan los ojos del ring; nada ven salvo el espectáculo. Además, ¿qué podrían hacer contra esta turba enloquecida?

SIGUE EL CIRCO

La segunda "lucha estrella" es igual de sanguinolienta que la primera. El Químico, con su uniforme blanco, que más tarde se quita para quedar enmascarado de rosa, mallas rosas, calzón rosa, todo rosa, lo cual motiva que lo llamen "La Pantera Rosa", contra Rudy Valentino, que no es nada popular. Luego el evento super especial: Nahur Kaliff contra Bengala I. Arriba de nosotros pasa un jet haciendo retumbar los cielos y pienso: "Miren nada más, allá está pasando uno de los más bellos inventos del hombre, y nosotros aquí dándonos de catorrazos, medio matándonos como trucutús en la época de las cavernas". En efecto, los gritos ensordecedores son medio cavernarios, y cavernarias también las bocazas que se abren, ya sea para engullir cervezas —una tras otra—, o aullar como Tarzán de la selva: "¡Sangre! ¡Sangre". La gran lucha semifinal es entre el Doctor Wagner, todo vestido de blanco, junto a Tinieblas, un hombre de casi dos metros, muy popular entre el público, en contra de la pareja unisex el Bello Greco y Sergio el Hermoso.

Los dos luchadores tienen el pelo pintado color zanahoria, calzones brillantes, botas como las de los griegos, caladitas, y batas de mujer de gasa lisa transparente. Hacen

muchos aspavientos, fingen ser afeminados, se menean to-
ditos, levantan la patita, se les cae la manita, se abrazan, se
besan en los cachetes y Paula me pregunta sorprendida: "Y
ésos, ¿para qué son?". En realidad son unos luchadores
feroces que por poco provocan un zafarrancho en el público y acaban con el réferi —los réferis se visten como meseros—. Sergio el Hermoso, por un pelito, deja sin máscara al
Doctor Wagner. Tinieblas protestó ante el réferi, y el Bello
Greco acabó cubierto de sangre, enfurecido contra el público y pidiendo la revancha. Abajo, impasibles, los de la
Comisión. Al llegar, había preguntado yo quiénes eran esos
señores de ajustados pantalones, trajes a grandes rayas negras y cafés, zapatos de tacón alto que los hacían parecer
gangsters de Chicago, y me respondieron los de la fila de
atrás: son los de la Comisión. Deduje que eran los sinodales. Otros jueces son pelilargos, greña brava, pantalones de
poliester pegadísimos al cuerpo, camisas de nylon muy vis-
tosas, suéteres cuello de tortuga, zapatos blancos, cadenas
y adornos al cuello. Los de la Comisión (no todos) anuncian la próxima lucha y cada vez que suben al ring son
recibidos con una pavorosa rechifla, aunque ellos, micrófono en mano, traten al público de respetable. A ellos, en
cambio, los tratan muy mal. Será que algo deben.

¡SANTO, SANTO, SANTO!

Por fin, ya casi a las siete de la noche, con luz eléctrica
porque ha oscurecido, entró Huracán Ramírez y Hamada,
un luchador chaparrito montado en zancos, y todo el público se levantó: "¡Santo, Santo, Santo, Santo, Santo, Santo!".
Era una porra catedralicia. Unos minutos antes había subi-
do al ring Sunny Ward Cloud, vestido de apache con un
inmenso tocado de plumas. Durrel Dixon —todavía muy
guapo— de calzón blanco, y César Valentino, con un traje
de mezclilla que llevaba detrás un letrero: El Guerrillero.
Al hacer su entrada surge la ovación, los aplausos atrona-

dores y otra vez la porra: "¡San-to, San-to, San-to!". En el ring, Santo se quita la capa de plata y de terciopelo rojo y tengo conciencia de que ya no es un luchador joven como los demás, cuyos músculos les rebotan de tan duros. Aunque el pecho y los brazos del Santo están muy bien y aún son poderosos, sus músculos pectorales, la espalda se le ha aflojado a la altura de la cintura y es allí donde se le notan los años. Sin embargo, su constancia, su valentía, su figura legendaria, le han ganado el respeto, el cariño de todos. Su aureola es muy grande. Los demás luchadores se inclinan y el Santo le devuelve a la afición y a sus seguidores, tanto entre el público como sobre el ring, el amor que le profesan. Se avienta fuera del ring encima de un luchador, se tira desde una esquina dejándose ir, como Tarzán desde una liana, encima de Durrel Dixon; haciéndolo retorcerse de dolor, manda a César Valentino a morder la lona, y a Sunny Ward Cloud lo acaba en tres patadas. Después de descontárselos a todos, el público corea: "Santo", "Santo", "Santo". Él no escatima esfuerzos. Lo que sí puedo observar es que lucha con sentido del humor, se le ocurre salir del ring y jalarle la pata a uno, subirse ágilmente, y patear a otro; el público celebra sus puntadas, se ve a leguas que les gusta su presencia de espíritu, sus alegatos con el réferi, su ir y venir incansable junto a Hamada, ese chaparrito bien valiente y el Huracán Ramírez, quien me pareció un luchador de primera.

ME INICIE COMO IDOLO

—Yo le puse como condición a Jesús Lomelí, el "machamaca" (*matchmaker*) de la Arena México, que iría yo enmascarado, y así debuté como luchador profesional. No le digo los años, para qué, pero de eso han pasado muchos, muchísimos. Entré al cine en 1952, cuando yo era ya famoso; fui campeón nacional de peso welter, campeón nacional de peso medio, campeón nacional de peso semicompleto, campeón mundial de peso welter, campeón mundial de peso medio y campeón de parejas de la ciudad de México. Esta es, a grandes rasgos, mi carrera deportiva porque en ese año, 1952, me inicié en el cine, en la televisión y como ídolo en una revista que se popularizó en toda América Latina.

—¿Una revista de monitos?

—Bueno, no soy tan mono, jejé. No era de monitos, sino de fotomontaje con un personaje principal: *El Santo, el Enmascarado de Plata*. Empezaron a llamarme del cine: René Cardona, Rodolfo Rosas Pliego, Pedro Galindo, pero yo no pensé que podría ser un buen actor, hasta que en 1958, un ex luchador, Fernando Osés, me pidió que yo filmara dos películas en Cuba, con muy escasos recursos y que son francamente malas: *Cerebro del Mal* y *Hombres Infernales*, pero resultaron un éxito de taquilla. ¡Hasta la fecha siguen dejando dinero, imagínese usted nada más! Viendo esto, me llamó Alberto López, que en paz descanse, para que hiciera en exclusiva *Loz zombies* y *El museo de cera*, y así, sin planearlo, entré al cine mexicano. Pensaba: "Pues a ver qué pasa", y pasó mucho. Por *Los zombies* gané 18 mil pesos y por *El museo de cera*, 20. Luego *Las mujeres del vampiro*, 25 mil pesos; cada película era un taquillazo y yo era mal actor, no pretendo nunca haber sido bueno; pero eso sí, le ponía mucha fibra, y al público tal vez le daba lástima o dolor verme, no sé, o se compadecía de mí, pero asistía a todas mis películas y mi taquilla fue aumentando hasta que mi mayor paga ha sido de 250 mil pesos por película, pero eso, claro, después de mucho tiempo, y mi éxito de taquilla me llevó a producir mis propias películas. La mejor la hice en San Sebastián, España, ya que participó en el concurso de las películas de terror: *Las mujeres del vampiro*. A esa película sí le tengo mucho cariño de verdad, y todavía la quiero; sólo gané 18 mil pesos, pero el productor se hizo rico. La película se filmó con mucho dinero, nada se escatimó, una producción fabulosa, la mejor que yo he visto. Otras de las que considero buenas son *Operación 67* y *El tesoro de Moctezuma*. Después de ésas, me gustan tres que filmó el señor Jesús Sotomayor: *El mundo de los muertos, Los monstruos,* y finalmente yo produje: *Los jinetes del terror* y otra muy buena con Sasha Montenegro y Blue Demon: *Las hijas de Frankestein,* luego *El Santo y Blue Demon,* así como *Drácula y el Hombre Lobo, La venganza de la momia,* y *La venganza de la Llorona.* ¿Qué usted nunca ha visto una película mía, señora?

—No, señor Santo, y créame que lo siento. Voy a remediar esta falla mañana mismo.

—Sí, a cada rato vuelven mis películas a la cartelera, creo que van a estrenar una la semana que entra, si quiere yo le aviso.

SANTO: UN IDOLO EJEMPLAR

—Entonces, ¿todavía hay Santo para rato?

—Sí, todavía puedo dar guerra.

—Pero a muchas personas se les hace imposible que un luchador como usted permanezca activo durante tantos años.

—Bueno, no soy el único. Ed Lewis, el Estrangulador, campeón mundial en los años de 1920, 1922 y 1928, luchó durante 44 años a lo largo de los cuales libró seis mil doscientos encuentros.

—Y usted, ¿cuántos ha librado?

—Puedo decirle, sin temor a equivocarme, que han sido más de cinco mil.

—¿Por eso es usted un ídolo popular?, ¿por la continuidad de su esfuerzo?

—Es que lo difícil, señora, no es tanto triunfar como mantenerse en las primeras filas de la popularidad. Sostenerse en la preferencia del público a través de los años, ¡ése es el chiste!

—Yo creo que la popularidad y el triunfo son muy buenas cremas de belleza, señor Santo, porque he platicado con Tongolele y con María Victoria, quienes se hicieron famosas en los cincuentas, y a veinticinco, a treinta años de distancia se mantienen intactas. Hasta físicamente parecen imperecederas. María Victoria no tiene una sola arruga, y Tongolele conserva los labios frescos, rojos y sanos de una quinceañera, amén de su cuerpo espléndido. ¡Según la opinión pública las dos vedets han de andar en los cincuenta!

—Sí, es muy bonita la popularidad, pero yo gozo también de la tranquilidad cuando en mi casa me quito la máscara.

—Oiga, Santo, y ¿algunas mujeres han tratado de enamorarlo para arrancarle la máscara?

—Ah, mejor de mujeres no hablamos, porque la mía me va a... ¡No, no, no, mejor de mujeres no hablamos!

—¿Lo va a matar?

—Sí, me va a matar.

—¿No se ha acostumbrado?

—Sí, ya se acostumbró, pero ella no sabe nada de idilios o de aventuras, nada, nada, nada, ¿me entiende?

—Pero las actrices, ¿no se han enamorado de usted?

—Le damos la vuelta, ¿no? Bueno, lo que sí le puedo

contestar es que he trabajado con actrices muy bonitas; precisamente en el periódico de hoy aparezco con Sasha Montenegro, preciosísima, y María Eugenia San Martín, Yvonne Govea, bueno, he filmado con mujeres lindísimas de verdad: lo mejor del cine mexicano ha trabajado conmigo.

—Y usted, ¿se ha enamorado de ellas?

—¿Dice usted que si me he enamorado de mi mujer? Ah, claro, de ella siempre he estado enamorado, la quiero mucho, la prueba está que después de treinta años de matrimonio, todavía somos felices. La quiero como el primer día, o tal vez más. Vea usted, yo debo tener una conducta irreprochable, porque los niños creen en mí. En mis películas siempre los defiendo del mal, siempre hago justicia, arreglo entuertos; en la vida real debo responder a los ideales que vivo en la pantalla; han hecho de mí un ídolo, y los niños y los adolescentes de veras creen que soy un defensor de lo bueno; por eso, incluso, si voy enmascarado en la calle y se presenta un caso en que tengo la oportunidad de defender a alguien o de hacer un bien, lo hago, ¿por qué no? Siempre trato a todos con gran cortesía, porque además es mi modo de ser; creo que, a lo largo de mi vida, nunca he ofendido a nadie, al contrario. Y la gente siempre me ha respondido, no sólo en México sino en toda América Latina, en el Caribe, en todos los países donde he estado. En Haití, por ejemplo, filmamos la ceremonia del vudú con personajes reales, porque todos querían participar en mi película; en Venezuela, instalamos nuestras cámaras en un hotel creyendo que teníamos permiso para hacerlo, y a pesar de que nadie lo había gestionado, el gerente nos dijo: "No, Santo, no me han pedido autorización, pero si mi hotel le sirve a usted, se lo ofrezco con mucho gusto; tratándose del Santo, lo que quiera". Lo mismo sucedió en un hospital, en el que el médico director del sanatorio no sólo nos lo prestó, sino que actuó de zombie en la película al igual que sus enfermeras, sus internistas, y sus laboratoristas con todo y laboratorio. Así es que toda la gente siempre me responde fabulosamente. Mis películas no serán obras de arte, ¡pero divierten!

DEBO TENER ALGO DISTINTO

—Desde los siete años de edad, he sido un deportista y nunca fui el mejor en la escuela. Sin embargo, como luchador profesional, debo tener algo distinto a los demás, porque la gente asiste a verme más que a los otros y siempre acude cuando ve mi nombre en la cartelera. Y lo mismo sucede en el extranjero, en Venezuela, en Nueva York, en Los Angeles, en Chicago y hasta en Medio Oriente. Incluso muchos han querido suplantarme en España, en las Antillas, en Puerto Rico, en Colombia, en Venezuela, en Perú, en Guatemala, en San Salvador, en casi todo el continente, pero la gente se da cuenta que no soy yo, y por medio de los periódicos y del Consulado de México se acaba con el fraude. En España me suplantó un luchador argentino, Marcos Brando, y poco a poco la gente se dio cuenta de que no era yo. La revista *El Santo, El enmascarado de Plata* de fotomontajes, llegó a tirar 900 mil ejemplares semanarios; una popularidad bárbara, y circuló en toda la Unión Americana, porque la llegué a ver hasta en los puestos de periódicos de Los Angeles, de Chicago, de Texas, en todos los sitios en que hay gente que habla español.

EL MAS TAQUILLERO

Tras de su máscara trato de imaginar cómo es el Santo. Padre de una familia numerosa: diez hijos, cinco mujeres y cinco hombres. El Santo oscila entre sus dos personalidades: la del enmascarado de plata y la del hombre que en alguna esquina, en la oscuridad, antes de llegar al evento público, se pone rápidamente la máscara, atento a que nadie lo vea. Sólo un niño lo vio y lo siguió como un verdadero Sherlock Holmes. Pero era de provincia y el Santo, para ganárselo, finalmente le dio un pase para todas sus funciones de lucha libre. Si resulta ser el actor más taquillero del cine mexicano, es, sin duda alguna, porque todos necesitamos de la magia y de que se produzcan milagros; que un hombre con alas irrumpa de pronto por la ventana y nos salve la vida. El Santo responde también a nuestro afán de ser otro; un hombre que deslumbre, un hombre mejor, más santo, máscara contra cabellera, máscara sobre máscara, las máscaras de Octavio Paz, una encima de otra, hasta alcanzar esa calidad de semidios, de superhombre, que los niños miran con asombro en todos los barrios pobres del mundo entero: ¡Santo, Santo, Santo!

Febrero de 1977.

EL SANTORAL DE RODOLFO GUZMAN EL SANTO

Consolidado como luchador, con una fama muy por encima de cualquier deportista similar de su época, Rodolfo Guzmán acomete otra empresa: hacerse actor; lo consigue plenamente al filmar su primera película, *El Santo contra el cerebro del mal,* que se rueda en Cuba. A partir de entonces sus películas y sus actuaciones en el ring escalan paralelamente con un éxito inusitado.

Actrices de la fama de Lorena Velázquez, Gina Romand, Irma Serrano, Elsa Cárdenas, entre otras, son las principales protagonistas de *Las mujeres vampiro, El museo de cera* y tantas otras. Y en el gremio de los actores sobresalen Jorge Rivero, Eric del Castillo, Carlos Ancira, y Crox Alvarado (costarricense). La brillante carrera del Santo dura cerca de 50 años.

Su primera esposa muere en 1981. Con ella tuvo 10 hijos, 5 mujeres y 5 hombres. Su segunda esposa es la señora María Vallejo, sin descendencia.

El 2 de abril de 1943 el Santo inaugura la Arena Coliseo ante un entradón.

El 27 de abril de 1956 inaugura la actual Arena México al lado del Médico Asesino y frente a Rolando Vera y Blue Demon, otra entrada extraordinaria.

Campeón nacional medio, perdió el título ante Karloff Lagarde en Acapulco. Monarca mundial welter, fue vencido por el mismo Blue Demon quien a su vez fue derrotado por Lagarde. Quizá su mayor triunfo haya sido la conquista de la Corona Mundial de peso medio venciendo a Sugi Sito. Este extraordinario luchador japonés ha sido uno de los más grandes maestros de la lucha libre.

Rodolfo Guzmán estudió en la escuela Abraham Castellanos que estaba ubicada por el Carmen. Se inició en la lucha libre en el Casino de Policía bajo la supervisión de profesores consumados como Chente Ramírez. Fue don Chucho Lomelín, gran réferi de lucha libre, quien bautizó a Rodolfo Guzmán, preliminarista entonces, con el nombre de el Santo a raíz de una tira de misterio que ilustraba un diario de aquel entonces. El Santo actúa por última vez en *Chanoc y el Hijo del Santo contra los vampiros sangrientos.* En esta película sólo aparece un momento, cuando entrega la máscara a su hijo, ahora luchador activo que hereda el nombre de El Hijo del Santo.

Expuso por primera vez su máscara en el año de 1946 con El Demonio Rojo y por última vez en 1982 con El Perro Aguayo a quien vence y rapa. Se despidió primero en el Palacio de los Deportes, luego en la Arena México, y por último en el Toreo ante el mismo Perro Aguayo y Los Misioneros. Lo acompañaban Huracán Ramírez, El Solitario y su viejo amigo y compañero Gori Guerrero con quien formó La Pareja Atómica.

El Santo murió el 5 de febrero de 1984 y sólo en el sepelio de Pedro Infante se reunió una multitud igual.

Información proporcionada por Jorge Bermejo García, encargado de la sección de Boxeo de el periódico *La Afición*.

LOLA BELTRAN

Negrita de mis pesares
ojos de papel volando
Negrita de mis pesares
ojos de papel volando
a todos diles que sí
pero no les digas cuando
así me dijiste a mí
por eso vivo penando

Pega un grito al cielo, pega una cachetada a una aduanera que pretende revisar su maleta, pega, pega, Lola pega. Pega con tubo. No paga para que le peguen, como López Portillo, sino que pega para que le paguen y sus pegadas son las más eficaces de la república. Nació pegando el grito que todos pegamos pero el suyo resultó muy convincente, tanto que empezó a cantar en el coro, en la escuela, en la iglesia. De Sinaloa vino al Distrito Federal y a pegar se ha dicho. Pegó diversas piedras, la de "La cama de piedra" con "El crucifijo de piedra", y acabó con un "Grítenme piedras del campo" que las hizo desmoronarse en un montón de piedras como se desmoronó el *Pedro Páramo* de Juan Rulfo. Piedra tras piedra levantó todas las piedras que abundan en las canciones rancheras y construyó su altar. Las calentó al sol y las hizo resonar con su voz, las piedras hablaron.

Hace años le pegó al gordo de la lotería, y, desde entonces pegando, pegando escaló hasta la cumbre. Desde niña pegó, pegalona, porque de pegar pega y de saber sabe, pega en donde quiere, como quiere y a la hora que quiere y sus pegadas son las más respetadas de Sonora a Yucatán. Su voz de mucho pegue, sus canciones pegajosas, la han convertido en una de las mujeres de más pegue en México. Si María Félix es La Doña, a ella, a Lola (en realidad Lucila) Carlos Fuentes y Jaime Labastida la llaman "La voz." Norteña. Norteñas María, La Doña y Lola. Es nuestra voz oficial, más oficial que la de todos los presidentes que van sucediéndose. Ella no cambia. Como Fidel Velázquez. "Una piedra en mi camino,/ me enseñó que mi destino/ era durar y durar" Lo difícil no es llegar sino sostenerse, aclara el dicho. Para ella, también fue difícil llegar. Tricolor, bandera de sí misma, permanece, se repega al rey y a la reina, al emperador, al presidente en turno, al magnate, al potentado, al ilustre visitante, pegue que te pegue, más duradera y fuerte que el mejor de los pegoles. Los reyes del mundo se van recordándola a ella, que es la que les pegó duro y no al gran Tlatoani a pesar de que el Tlatoani es el señor de la gran voz desde antes de la Conquista. Lola barre con él. Es la venganza de la Malinche. La voz de México es femenina. Los reyes del mundo vuelven a encaramarse en sus tronos cantando el son de *Las Copetonas* y se encierran en sus palacios que al cabo *Las rejas no matan.* Quedan prendados de los olanes de su vestido blanco o del fleco de su rebozo, de la botonadura de plata o de su sombrero de charra. Lola les pega cuatro gritos pero también los chiquea: "Cucurrucucú paloma, cucurrucucú no llores." Gorroncillo pecho amarillo los acuna en su pecho. Hasta en sueños escuchan sus *¡Ay Jalisco no te rajes!* y el taconeo de sus pies sobre el tablado, sus "¡Ay, ay, ay, ay, ay, ay, ay" que liberan la tensión acumulada de muchos días, de muchos años, de muchos siglos, —al menos un "ay, ay, ay" que hienda el aire, porque nada mejor para los nervios que poner el grito en el cielo, — sus do de pecho y sus jipíos, los sollozos que de pronto deja salir de su cuerpo de mujer bronca y grandota hacen que su público que es muchedumbre se levante enloquecido, azote las butacas y coree: "¡Otra,

otra, otra, otra!" "Y ahora, respetable público, para ustedes: *Canción Mexicana*. La Orquesta Sinfónica de la Universidad de Guanajuato dirigida por el maestro Mario Rodríguez Taboada, el mariachi América de Jesús Rodríguez de Hijar quién le hace todos sus arreglos rasguea su guitarra, empuña el arco de su violín, y Lola brava y bragada entona de nuevo: *A la orilla de un palmar* o *Gabino Barrera* o *La milpa*.

Quién sabe que pasa con las canciones rancheras que son las que más inflaman nuestro patriotismo. Para querer a México, nada como escuchar: *¡México lindo y querido!*

Si ustedes quieren pegarle a todos los sexenios, llamen a Lola. Lola también es del PRI. Oíganla, trátenla para que algo se les pegue y dénse cuenta de una vez por todas que el que no sabe pegar, nomás no sale ni arriba ni adelante.

LA REINA DE LA CANCION RANCHERA

Exactamente en los días en que Lola le pegó a la aduanera chilena que resultó ser mexicana, Lola iba en su coche por el Periférico y vio que de otros automóviles la aplaudían, que digo, la ovacionaban. "¡Qué bueno que le diste Lola, qué padre!" "¡Dale duro, no te dejes!" "México, para los mexicanos." "Estamos contigo, Lola, te queremos." "¡Cuánta razón tuviste!" "¡Viva México!" Los chiquitiguaus la seguían. ¡Qué frenesí! A claxonazo limpio, celebraban la cachetada. "A mí nadie me revisa, y menos una pinche chilena." El júbilo se generalizó. Semejante proeza no se había visto antes. Lola tiene unos brazos muy fuertes y unas manos bonitas de uñas largas, bien cuidadas. Me lo hace notar: "Pon que tengo muy bo-

nitas manos, míralas, míralas bien. También tengo mis piernas muy fuertes; hace más de ocho años que hago ejercicio con León Escobar."

LA CACHETADOTA

—Yo venía en Western con muchos artistas: la India María, este... las Huerta, ay, eran tantos que ya no me acuerdo y todos sabían que a mí jamás me habían revisado la maleta. Todos me preguntaron: "Ay, Lola, ¿nos podremos llevar un tocadisco?" "¿Una grabadora para el trabajo?" "Oye, que me traje unas sábanas..." y no sé qué cosa. Les dije: "Miren, ya ven, a mí me encargaron esta pañalera y la traigo con mucho gusto para una amiga mía." Dentro de la pañalera metí una cajita preciosa que me regaló Beto López que ya no vive y era de mí pueblo y que el pobrecito no tuvo ni el cuidado de quitarle el precio, decía 80 dólares. Salí a darle un beso a mi hija y le dejé la pañalera con la caja adentro a esta chica que me daba masaje y me acompañaba; no me peinaba, yo tenía a otra gente que me peinaba y me maquillaba. Por cierto que Lourdes ya murió de leucemia. Tenía el pelo largo hasta acá, divino, no se lo cortaba. Ella es la hija de Fito que lo acaban de operar. Y no sabes, son unos amores todos. En esa época Mario Ramón Beteta era Secretario de Hacienda y no sabes qué de atenciones, qué de flores aunque yo soy incapaz de molestar o de pedir favores, pero por él me hubieran llevado en charola de plata hasta el avión, el secretario privado de Echeverría es mi ahijado porque yo lo casé, Gil Elorduy, y de pronto volteo y veo que la aduanera esculca en la pañalera, saca la cajita, era una tipa inmensa, altísima, rubia, de las cameleras de Allende, entonces tomé aire y púmbale le pegué, le soné fuerte. Ella me tiró un puntapié y me dijo una grosería. Acabé con ella.

"A partir de ese momento, empezaron a aplaudirme donde quiera que iba. Había mucho sentimiento en México en con-

tra de los refugiados chilenos que venían a quitarle el trabajo a los mexicanos. Luego resultó que ni era chilena, sino
del Norte, de por allá de mi tierra. La Margarita Michelena
me echó muchas flores en el Excélsior, dándome toda la
razón.

(Cuentan que en las mismas circunstancias, la otra norteña, María Félix que viajaba con veintisiete velices, le dijo
con su voz de Comando a un "vista" que se disponía a
revisar su equipaje en la Aduana del aeropuerto Benito
Juárez: "Yo mis calzones, no se los enseño a nadie." Y el
hombre aterrado, no se atrevió a seguir adelante.)

AQUI ESTA LA REINA PERO TU ERES MI REINA, LOLA; EL REY DE ESPAÑA.

— ¿Te consideras una triunfadora?

—Desde luego me siento una mujer realizada y felíz. Me
ha ido bien, muy bien, más de lo que yo me imaginaba y he
llegado mucho más lejos de lo que creía. Muy lejos. Pensaba que había algo que hacer en la vida pero no tanto ni tan
bonito. He llegado a lo más alto, el Santo Padre, los Reyes,
Eisenhower, el Emperador de Etiopía, Haile Selassie, los
Kennedy, Hirohito, Nixon, tu verás. El emperador Hirohito puso a mi disposición un Rolls Royce. El Rey de España
me llamó su reina. El rey Juan Carlos ya me había visto
mucho y siempre me pedía permiso para darme un beso y
yo le contestaba: "Si Majestad." Eso me lo decía en el Ritz
de Madrid. Después, en Guadalajara, saliendo del Hospicio Cabañas, con su Majestad la Reina, me preguntó:

"Lola, ¿te puedo dar un bessso?"

"¡Ay sí, Majestad!"

Entonces me besó, la Reina me besó y Vicente Fernández le dio su sombrero de charro bordado en oro.

Después del Hospicio Cabañas me tuve que venir inmediatamente porque me dijeron que los reyes querían que
yo estuviera en la fiesta charra. Cambié mi vestuario de

todo a todo y llegué de charra. Él tenía que pasar por un puentecito en medio de los jardines para ir al Lienzo Charro y me avisa un señor:

"Oiga, señora, allí vienen los reyes."

O a lo mejor me dijo sus altezas o sus majestades o el rey o los monarcas, no me acuerdo cómo. Yo podía ver a las realezas sin que me vieran; voltié así y seguí yo dándoles la espalda porque no se quién estaba cerca de mí, un actor, ah si, David Reynoso. Al pasar por el puentecito se asomaron y me vieron así hacia abajo ya de charra, cananas, camisa y corbata, botas, espuelas, cinturón, pistola al cincho, —pistola con sus cachas de concha nácar—, sarape y sombrero galoneado, todo eso, bueno, es laborioso vestirse de charra, y, el rey me dijo:

"Lola, aquí está la reina pero tú eres mi reina."

Ya después me senté juntito con ellos y los vi muy emocionados, muy felices, ¿verdad? porque además aman a México, al pueblo, a su cultura, a la música, sobre todo a la música; el Rey dice que las canciones de México son las que más le gustan de toda la música latinoamericana, las rancheras. Le fascinan *Qué bonito amor*, *La rielera*, *El caballo blanco* ya ves que él es un gran jinete, *La noche y tú Hermosísimo lucero*, *La Negra*, *La piedra*, *El Aguacero*, *Yo me muero dónde quiera* y muchas más.

—A López Mateos le fascinaba *Solamente una vez* ¿verdad?

(No me hace caso, tan embebida está en el Rey.)

¡VIVA LA MONARQUIA!

—Conocí a sus hijos cuando el príncipe todavía era muy niño y me dice el rey: "¡Qué ternura ¿verdad, Lola?, que le han hecho esta pintura!" Pintaron al príncipe montado en una silla charra y se lo regalaron de recuerdo a los reyes, pues sí, divino, divino, es un niño guapísimo, pues claro la casta le sale por todos los poros, divino te digo divino. Y siempre con un diálogo conmigo muy afable, el rey Juan Carlos igual que los Kennedy o Lyndon Johnson, Brejnev o Charles de Gaulle, Tito el de Yugoslavia, la Reina de Inglaterra, el Sha de Irán o el emperador de Japón, y otros monarcas, todas finísimas personas. Canté en el Kremlin, fíjate nomás.

EL SANTO PADRE JUAN PABLO II NO ME SOLTABA MIS MANOS.

Adoro al Santo Padre, yo lo vi en Roma y me dijo: "Dios bendiga su maravillosa voz." ¡Ay, lo adoro! Si quieres fotos mías con el Papa yo te las puedo dar. Yo le contesté: "Tú eres el rostro del amor de Cristo, Santo Padre" y se me quedó viendo a los ojos. ¡Ay, qué maravilla! Fui, naturalmente a cantarle a Chalco, este año, y el cardenal Corripio Ahumada le dijo que era yo, Lola. Mañana tengo una cena en el Pedregal de todos los que colaboraron con la fiesta del Papa, una señora de Ramírez que es un amor de señora, y luego tengo la boda de Christiane, la de Claudia, un bautizo de un niño, hijo de un íntimo amigo mío de Mazatlán. No si te estoy diciendo que no paro. El 4 o 5 en un lugar por el Nevado de Toluca, se dedicaron a sembrar trigo y les fue bien, pero tuvieron que sembrar alfalfa y flores y de eso vive el pueblo, voy a ir a cantarles para la celebración. Me están esperando con los brazos abiertos. Voy a ir a cantarles *Amanecí en tus brazos* de José Alfredo Jiménez, *La Chancla* que es del dominio público y tres o cuatro de Juan Gabriel: *Costumbres*, *Amor eterno*, *Te llegará mi olvido*, *La diferencia*, *Lágrimas y lluvia*, ay me fascina Juan Gabriel, es un amor, ¡qué talento de muchacho!

LEÑA DE PIRUL

—Dáme tu teléfono, yo te hablo.
Colgué desalentada, no me va a llamar, pensé. ¿Por qué

me habría de hablar Lola Beltrán? Voy a tener que insistir hasta la ignominia. Con los artistas de cine, con los grandes cantantes, tengo que dar muchas vueltas, hablar con la secretaria, la representante, la apoderada, la amante, la mamá, la tía, la manager, la esposa actual, la divorciada, la madre de sus hijos, el esposo, el ama de llaves, el portero, noventa achichincles. Es más accesible, —dicho sea de paso y con un puntapié—, un secretario de Estado. Los artistas se escabullen, me están haciendo leña de pirul. Tengo que pasar por mil trámites, cien mil llamadas, 777 antesalas. Cuando llamo, invariablemente, la señora se está bañando, o, está con su peinadora, ya se metió al jakussi, se fue a Cuernavaca, tiene visita, vino la maquillista, le están probando su vestuario, masajeando, manicurando, cotorreando o de plano se niega. No me doy por vencida. Pido audiencias. Ni el Papa se haría tanto del rogar. Se apiadaría en su Papamóvil. Todos se dan mucho taco, todos creen "que les quiere uno sacar algo." "Pero ¿qué puedo sacarles? ¿La bendición? —pregunto. "Dinero" me responde la secre o la taqui o la cocinera o el mozo de estoques o quién sabe. Así, me entero de que algunos periodistas de espectáculos son extorsionadores, dinero, dinero maldito que nada vale. Si es así, con razón, me mandan a freír espárragos con la mano en la cintura.

Cuando el martes a las diez de la noche sonó el teléfono y oí una voz agradable: "Habla Lola, ¿no quieres que nos veamos mañana en el Honfleur a la una y tomemos una ensaladita?" pensé: "¡Qué señora tan cumplida, qué señora tan fina."

AY JALISCO, NO TE RAJES.

A la una en punto, Lola ya está esperando. "Siempre llego unos minutos antes. No era puntual. Aprendí a serlo." Vestida de negro y blanco, altísima, —no me había dado cuenta que era tan alta—, (1.78 confirma ella) su pelo recogido por un moño negro de esos que están de moda, sus dientes parejos, magníficos, pide un vaso de agua para ella y otro para mí. Los meseros se precipitan. Sonríen, comedidos. Se ven muy contentos de atender a la reina de la canción ranchera.

—Aquí en el Honfleur hago todas mis fiestas. Mira no veo a mucha gente, ni recibo, pero cuando recibo, recibo bonito y bien. Sé hacer las cosas. En mi cumpleaños que es el 7 de marzo, aquí me festejo con una comida o una cena deliciosa. Aquí se pone la gran mesa de honor y luego por allá van las mesas redondas para mis invitados. Sólo invito a la gente que quiero, al doctor Tarasco que es mi foniatra. ¿No lo conoces? ¡Ay, es una linda persona! Invito a pura gente bonita. Un Julio Iglesias, que es un amor. Muy bella persona, muy bella persona. Soy muy amiga de Mauricio González de la Garza, él es de Laredo, no sé cual de los dos nortes es mejor. Me encanta Mauricio, lo quiero. Al profesor Hank González siempre lo invito, a Mario Vázquez Raña, a Eulalio Ferrer, a Guillermo González, a Mi-

guel Alemán, a Jacobo Zabludovsky que hizo Eco que llega a diferentes partes del mundo, a Emilio Azcárraga que me dice siempre: "Es que ya no hay gente como tú, Lola. Un Pedro Vargas, un Jorge Negrete, ya no se dan." Es muy estricto pero conmigo es amoroso. Invito al gobernador Francisco Labastida Ochoa, anduve en toda su campaña, es un ser increíble, a María, ay, adoro a María, me encanta su forma de ser, tiene mucha personalidad, mucha fuerza, cuando tiene cerca a los reporteros, es ella, es ella. Es la madrina de confirmación de mi hija, María Elena, bueno, como si fuera, porque nunca se pudo realizar la confirmación. Todos son mis amigos. Pepe Pagés Llergo fue un amigo de tantos años. Y Silverio, ay, ay, Silverio Pérez, me casé en su rancho de Texcoco. Yo estuve en el Capri cuando nació la revista *Siempre!* En esa fiesta se pelearon Alfredo Kawagi y Mario Moreno Cantiflas y cómo yo estaba de variedad, a mí me tocó separarlos y me llevé a Mario Moreno a mi camerino. Por cierto que mi mamá muy mortificada por el pleito no hallaba cómo calmarlos. "Siéntese, siéntese por favor, voy a traerle un vaso de agua con azúcar". ¿Por qué fue el pleito? No sé, solamente ellos. ¡Fíjate todo lo que me ha tocado vivir! También me acuerdo de Carlos De Negri, llegaba a caballo al café por todo el Paseo de la Reforma, ya nadie lo recuerda, era toda frescura, a lo mejor entraba con sus traguitos pero normales, ése nunca hizo nada fuera de lugar. Ahora tiene uno que escoger con mucho cuidado a sus amistades, es una verdadera obligación. Gente bonita. En mi familia no hay alcohólicos no hay drogadictos ni narcotraficantes. Yo ya conozco a tanta gente que ya no quiero más, con lo que tengo es más que suficiente. El éxito fíjate que no me pesa, lo que sí me molesta es que si estamos en una mesa comiendo o cenando como ahora, bueno no aquí en el Honfleur, no, aquí es muy exclusivo, pero que se acerquen a tu mesa y que pretendan darte la mano, lo considero de mala educación porque si yo ya tengo mis manos limpias, impecables, de plano, no se las doy. Si me piden un autógrafo dentro de la Villa cuando voy a ver a la Virgencita, tampoco se los doy porque considero que hay otros lugares para poder atender a la gente. Cada día 11 de diciembre de cada año voy a la Villa de Guadalupe a verla... Dar la mano mientras como, ay, no puedo, no puedo. Les digo: "Lo siento muchísimo" y me volteo. Si estás cogiendo tu pan ¿cómo vas a dar la mano? Y si el que te la da está sudando, yo me muero, ¿no? No sé, esas son cosas muy molestas, y no es chocante-ría de mi parte, la verdad es muy incómodo, de plano me parece una peladez, una corrientez de lo peor. Otros artis-tas, —no quiero decir nombres— se han acostumbrado a esas cosas, que no van conmigo. Tampoco permito que me fotografíen así abrazados, ay no, cada cosa con su cosa, no voy a tolerar que un señor que ni conozco venga a darme un beso que "porque la admiro mucho." No señor, ¿por qué? ¿A cuenta de qué? Si el señor me dice con respeto: "¿Cómo le va señora? Señora, ¿cómo está?", pues sí, res-pondo a su saludo, pero de allí en fuera nada. A mí esos artistas que le dicen "mi amor" a toda la gente se me hacen ridículos. "¿Cómo te llamas, mi amor?," "Orale, mi amor" ay no, no, yo no puedo con eso. Eso de "Traje mi cámara para sacarme una fotito con usted", ay no, ni de chiste.

TU Y LA MENTIRA

—No pretendes quedar bien a como de lugar.

—Es que soy sin complicaciones, soy muy espontánea. Así soy y así quiero seguir toda mi vida. Ora, no aguanto ni los malos olores ni las vulgaridades, me sacan de quicio. ¡Guácala! Yo estoy peleada con eso. Me gusta que huela bonito todo y no me gusta la gente vulgar, bueno, me mori-tifica, me molesta y me asusta. No me gusta tampoco que en tu privacía, en tu mundo, en tu intimidad, siendo como eres, la gente trate de llenar tus silencios de lodo porque hay gente que goza con lastimarte, pero hace tiempo que eso yo lo tengo superado. Jamás voy a lugares corrientes, ni Dios lo mande. Hay un lugar que está en París junto a l'Avenue Saint Honoré, una casa de soufflés, ¿no has ido, Elena?

—¿Androuet, el restaurantote donde sólo se comen quesos?

—No. Es muy chiquito, muy exclusivo.

(El mesero coloca ante Lola un soufflé de salmón, ante mí uno de gruyere.)

—¡Qué rico!

—Ay riquísimo, hummmmmm. Fíjate que en París no sabía yo adonde comer despues de las tres, porque allá comen a las doce, a la una a más tarde, comen delicioso los franceses ¿eh?, refinadísimo, bueno, un deleite, y finalmente encontré una casa que estaba frente a la calle George Sand, La Maison du Caviar; todos los que iban allí eran españoles, los dueños franceses, y allí, parado vi a Jean Paul Belmondo con una novia guapisísima que traía, y en otra comida vi a Natasha Kinski, divina, ay no sabes, divina, pero entrábamos nosotras, mi hija y yo, o alguna amiga y exclamaban: "¡Aaaaah las mexicanas!" siempre nos distinguían. ¡Aaaaach! Me hablaban, rezándome, en letanía: "Esta mujer es de México, esta mujer es cantante, esta mujer es espléndida...". Muy finas sus atenciones.

A LOS CUATRO VIENTOS

El mesero atentísimo inquiere si todo está en orden:

—¿Qué bien los hacen, verdad?

—Como en esa casa en París, la que te digo.

—¿No acostumbras invitar a tu casa, Lola?

—Si, te voy a invitar a mi nueva casa en el Desierto de los Leones. Vas a ver qué casa, qué categoría de casa, tengo una puerta labrada que encontré en La Gavia de 300 años; todas las gualdras de la casa son de madera. No vayas a creer que es la gran residencia, son varios terrenos los que junté. Por ese rumbo no hay terratientes, el terrenote se hizo bastante mono gracias a que se lo compré a tres gentes diferentes; tiene eucaliptos, plantas preciosas, oyameles, en la noche oyes los tecolotitos, huele a flores, huele bonito, a hinojo, a limón y hasta se ve oscuro el bosque de tantos árboles. Allá hay hierbas medicinales...

—¿Tu guisas, Lola?

—Sólo para la gente que amo, pura gente bonita, bonita de a de veras. Entonces voy al mercado de Coyoacán, la señora de la fruta, la señora de la verdura, la señora de la crema, son un amor. Les digo: "Mi güera, mi güero" y cuando quiero, me surten por teléfono. El güero es el de los abarrotes. Toda la gente es amorosa, gente tan respetuosa, tan cariñosa. De allá me traigo mis quesitos, me los preparan con un poquito de cremita para que no me salgan muy fuertes, compro todo, flores de calabaza, huauzontles, cebollas moradas, ajito, todo lo bonito. Algún día te voy a hacer mis Camarones a la Lola. Mira se pica cebollita morada finita, finita, no mucha, ajito, finito, finito, no mucho, un poquito de chilito verde, no mucho, los camarones tienen que ser los de Sonora, aquellos grandes, grandes, hummmmmm, grandotes, abiertitos así y bien limpiecitos en la parte de atrás, y bien rebanados a la mitad para que tú misma puedas desprenderlos y cométerlos, rum, ram, con un arroz morisqueta que no tiene nada de grasa, con eso los sirves. Les pones a los camarones una copita de juguito de limón, una copita de vino blanco, un poquito, no mucho de Maggi, un poquitito de picorcito nada más para darle su chiste, dos o tres gotitas, un poquito de Rosa Blanca, luego tienes un pan molido y los mueves así con el pan molido para darles cuerpo, los mueves así y se van así con ese salseo, el pan tiene que ser muy bueno, francés, baguette, el arroz morisqueta y un buen postre, y ya está tu comida.

La palabra "bonito" regresa muchas veces a los labios de Lola, también la palabra "ilusión".

Habla como tarabilla de lo feliz que es, de que vive en paz, casi no tengo un segundo para ensartar palabra alguna. De pronto, me pregunta:

—¿Ya quieres tu ensaladita?

PUÑALADA TRAPERA

A partir de ese momento Lola Beltrán me canta al oído la canción de su vida, la que ella quiere oír, la que ella quiere que oigan los demás.

—Entonces ¿te codeas con la pura realeza, siempre con lo más alto?

—Sí pero me encanta, me encanta dar un concierto también aquí en el Zócalo y que vaya mi Presidente, cantar para la mujer del pueblo y para el Presidente. Me encanta mi presidente Salinas, me encanta cómo es, cómo sonríe, lo afable que es y tambien lo estricto porque le da la mano desde al chiquitito al más grande y sus ojos, aunque no enseñe sus dientes, sonríe con sus ojos como tú. Me gustan los retos, triunfar, demostrarles a los que viven al lado, que los mexicanos tenemos mucha fuerza y no estamos contaminados en el aspecto moral. Yo hablo mucho de México porque me encanta que la gente te voltee a ver bonito y que no haya dobleces y no te hagan chanchullos emocionales ni nada de eso. Quiero hacer muchas cosas. Se me ocurren. A mí nadie me dice nada. Yo las siento y las trato de proyectar y hacer ¿no? Me gusta ir al extranjero y triunfar, dejar el nombre de México muy en alto, ¿me entiendes?

TODO SE LO DEBO A MI PUBLICO

—Esas cosas siempre me han gustado. Voy mucho a Chicago, allá canto, en Chicago, en Los Angeles, en Texas, en Nueva York, en el Madison Square Garden con otros artistas, en el Olympia en París y cuando regreso a México me rodeo de la gente talentosa, no de la fea, de la talentosa.

Mis arreglos son de Ferrer, Rodríguez de Híjar, tengo una dotación de músicos e instrumentistas de primera, un grupo de primerísima, me puedo ir mañana a Cracovia, a Bulgaria, a Rusia, a Yugoslavia, con la mano en la cintura, no necesito ni ensayar, ya nos acoplamos. No me gusta el sufrimiento y con mi voz lo voy quitando. No me importa lo económico —dice chupando una endivia del Honfleur, hummmmmmm, qué sabroso—, lo económico te resuelve algunas cosas materiales pero no todo. Mis ojos los tengo así jaladitos, mis manos ¿ya viste mis manos? ¿Te fijaste bien?

En efecto, sus manos, ¡qué delicadas, qué frescas, como anuncio de jabón!, ya las había notado, sus ojos ni modo, porque trae anteojos negros y no se los quita ni para firmar la cuenta ni para sacar su tarjeta de crédito. Es una mujer guapa, muy estilizada, como se estilizó María Félix, porque en las primeras fotos de Lola se le notan muchos chinos, muchos pasadores, moños de muñecota, el sombrero de charro echado para atrás con inocencia, el gusto pueblerino que sabe como las tortillas que no saben a nada primero y luego saben a tantísimas cosas. A lo largo del tiempo se ha ido afinando, sus facciones ganaron en dramatismo, nada de cachetes, de ondas permanentes o de ademanes bruscos; nada de rojotes, amarillotes, anaranjadotes, esos colorsotes brutotes, Lola adquirió severidad, "a ti, te sienta el negro", donaire, categoría. (Esa palabra también es suya.) De torcacita, de pichona pasó a *Paloma negra*. Le quitaron lo que traía de El Rosario, su rancho, su torpeza de niña grandota, sus zancadas, modelaron su frescura, su espontaneidad, la domaron: "Camina, camina derecho, pero así con intención, niña, date la media vuelta, mira hacia adelante, levanta la cara, echa los hombros para atrás, redondea la boca, pronuncia, muévete como Dios manda, muévete con gracia, que tu andar sea provocativo, saca la pelvis, anda, hazlo con salero, despacio, despacito, qué prisa traes, anda, ahora otra vez, len-ta-men-te—, vamos a ensayar de nuevo, órale, tienes que poner de tu parte si quieres llegar a la primerísima línea de la fama."

¿DONDE, DONDE ESTAS, QUE ESTAS HACIENDO?

—Estoy muy sanita, muy sana, me cuido, duermo mucho, me cuido, no como de todo, ¿verdad?, no bebo, nada de copa, desde el 84 no te tomo nada de alcohol a no ser un brindis en Navidad y otro en Año Nuevo. A mí no me duele nada, ¿sabes qué pasa?, que tengo disciplina. Disciplina para conservarme bien, sentirme bien. Ya no me desvelo nada más por desvelarme. No soy nada supersticiosa y eso que he pasado detalles que óyeme...Te tienes que programar para salir adelante. Me he retirado de muchísimas cosas que pueden lastimarme y que gracias a Dios no me lastimaron ni moral ni físicamente ¿no? Ese médico que yo veo es un mago porque me dijo "mire, esta medicina que yo le mando..." Estoy llena de cosas muy bellas. No tengo colesterol. Nada tengo. Me duermo temprano a las once, once y cuarto y me despierto temprano, al cuarto para las siete. Duermo profundamente, con mucha paz. Todo esto lo he ido logrando a base de esfuerzo. No me complico y trato de no complicar a nadie. Los enemigos que tengo son gratuitos porque no me acuerdo de haber lastimado a nadie, pero claro, luego no faltan comentarios maledicentes, por eso a veces me pongo a leer, leí la biografía de Chaplin que por cierto me la regaló Echeverría en Gobernación, un libro así de gordo; me gustó muchísimo la vida de Florence Nightingale. Mañana tengo unos spots, después voy a trabajar el 4, el 5, el 7, el 8, el 10 en los Angeles, pero es tan bonito todo, no sabes...

—¿Qué es bonito?

(Lola ni tiempo se da de respirar porque ya sigue hablando.)

YA LO QUE TE TOCA TE TOCA

—La gente, por ejemplo, la multitud que te aplaude. Acabo de estar en Los Angeles con el Canal 34, y tengo los periódicos importantísimos que me mandaron, dicen "Viva Lola". Me nombraron reina de Los Angeles en la fiesta Broadway y a mí me da mucho gusto. ¡Ay sí, qué emoción! Tú sabes, yo voy con música viva, voy con mi grupo, con mi gente, con todas las gentes que colaboran conmigo; no voy con pistas, como otras. Salí al foro y me animé muchísimo, dijeron que era día de fiesta para el respetable público, una ocasión muy, muy especial, yo tenía un estado de ánimo...porque mi mami se me acaba de morir, se me han muerto dos amigos seguiditos. Pero yo supero todas esas cosas. Y la gente con ese recibimiento...Y ver todo para acá, todo para acá. ¡Qué emoción! (Hace un ademán; sus dos brazos jalan algo invisible hacia su pecho.) Allá canté con mis gentes, mis músicos y mis mariachis. Se puede uno sentir un poco triste pero al ver la respuesta de cariño y de amor de la gente ¿tú sabes el tiempo que tienen allí, paraditos esperando que yo cante?, ¡újule!, sacas fuerzas de donde puedes. Al finalizar, dialogaron conmigo, me dijeron: "Lola, te queremos". ¡Qué emoción! Todo ese acercamiento que logras a través de tu madre, ¿no?, del tiempo que tienes en eso, porque te lo has ganado gracias a Dios, a ley ¿no?, como decimos en el pueblo. No es comprado ni prestado, todo es de verdad salido de acá, de adentro. Tengo una ilusión por todo, Elena. Tengo salud ¿verdad? Hummmmm, que rico, que bien estamos. Ya no acepto todo ¿verdad?, porque ya es imposible, trabajar tanto, no, sólo lo muy escogido; todas las cosas, así muy monas, ésas pues, tanto aquí como más allá de la frontera. Y me encanta, me encanta que Tao me haga mis vestidos muy bonitos..

—¿Tao Izzo?

—Tao y Ramuá que está aquí al lado, que es un amor, me acompaña a muchos lugares. Luis Alamán es el que me hace todas mis joyas, mis cositas. A veces yo las discurro, le doy una que otra idea. No invierto si no es con él porque es de lo más honesto. Jaime Rentería, lo conoces, el de la florería, es él quien me envía todos mis arreglos florales, me los hace personalmente, es un amor. Con Tao y Ramuá, acabamos de ir a Santiago de Chile, fuimos a Ecuador, que nos invitó el señor Presidente, fue un honor ¿verdad?, y el presidente Salinas cuidándome, "a Lola ya no la hagan hablar porque tiene que cantar," ay, cómo me encanta la frescura y lo agradable que es, lo delgadito, lo finito. Y me fascina. Ay sí, me fascina. Ay sí. Pues así han sido todos mis dirigentes. Yo soy una respetuosa de todos. Yo no tengo nada que comentar de cosas amargas.

—¿De cosas amargas de los presidentes?

—Pues de todas las gentes importantísimas con que he estado. Por ejemplo, el Rey de España nunca habla más que de lo bonito. No me va a hablar de la ETA ¿verdad?, lo de esos hombres de la ETA que han desgraciado todo, desgraciados, que en una cafetería California explotó una bomba, no sé si murieron setenta y cinco gentes o más, imagínate el dolor que te da, yo estaba allá cantando, me dio mucha pena ver a España tan revuelta, lo mismo que ver lo que sucede en Medio Oriente. En todas partes he cantado y nada como México, nada; aquí qué a gusto, guauuuu, que libertad, guaaaauuu, que felicidad, no hay violencia, estamos en el paraíso, no nos damos cuenta sino hasta que viajamos y vemos a México de lejos.

TRAIGO MI CUARENTA Y CINCO/CON SUS CUATRO CARGADORES/Y TRAIGO PISTOLA AL CINTO/ Y CON ELLA DOY LECCIONES.

—En tu estado Sinaloa ¿no hay violencia?

—Gracias a Dios ya se acabó. Desgraciadamente le han hecho una imágen horrorosa a mi estado, tengo que luchar hasta por eso, tengo que defenderlo, porque a Sinaloa llegó gente a sembrar y a motivar a campesinos sencillos y humildes sin decirles en qué estaban metiéndose. Eso fue lo que pasó, mis gentes no saben en lo que se meten. Mira hubo una época en que a nosotros los mexicanos, nuestros primos, nos hicieron muy mal ambiente. Tenemos cultura y eso les da coraje. Yo soy tan perceptiva que luego, luego capto y sé cómo andan las cosas.

De las orejas de Lola cuelgan dos corazones de diamante, una pulsera flexible de rubies y diamantes rodea su muñeca delgada, tras los grandes anteojos ahumados no puedo adivinar su mirada, ni siquiera cuando hace recuerdos.

AY QUE LAURELES TAN VERDES, QUE ROSAS TAN ENCENDIDAS

—Tuve una niñez impresionante de bella, en El Rosario, Sinaloa, casi el penúltimo municipio, todavía hay otro, Escuinapa. Mi pueblo, insisto, es El Rosario Sinaloa. Allí pasé toda mi infancia, una niñez preciosa entre guanábanas y guayabas que yo cortaba de las ramas. Me gritaban cada vez que corría a la huerta: "Lucila, no te subas a los árboles" porque yo era muy atrabancada. No, yo no me llamo Lola, mi verdadero nombre es Lucila. Sí, Lucila. A los siete cantaba para mí solita y desde los diez años empecé a cantar en público, música sacra, con las monjas, ya sabes, las Carmelitas Descalzas, misas enteras, completitas, el *Angelus* todas las tardes en la capilla, fui la primera voz en el coro escolar y los domingos me tocaba cantar sola el *Ave María* de Gounod y en diciembre, las posadas que allá se hacen en las iglesias porque son una festividad religiosa. Yo no conocía ni el pentagrama ni las notas. La tía Cristina fue la tía de mis amores y de mis recuerdos porque todos mis hermanos se fueron a Mazatlán y Carmela y yo nos quedamos con la tía Cristina, una señorita virtuosa que se dedicó siempre a ayudarles a los pobres, llevarles alimentos, yo la acompañé muchas veces. Mi mamá quedó viuda muy joven y tuvo que sostener a seis hijos. Mi papá era muy guapo, así una belleza, alto, alto, alto, güero con unos ojos azules brillantes, mi mamá muy alta también y guapa, mi papá guapísimo, imagínate nada más que pareja. Cuando se murió él, a mi mamá la ayudaron sus familiares. Mi mamá cuando se vino a vivir conmigo a México me contó muchas cosas muy bellas de mi niñez. Creo que ella y yo eramos muy parecidas. Me dijo que mi pelo de niña era rojizo, muy lacio, que me peinaban así para atrás y luego me ponían un moño de organdí. "Yo ya sabía que a la vuelta, tú te arrancabas el moño." Yo sentía que me veía mal. También me contó que a los seis o siete años, muy niña ¿no?, me hacían unos ramitos con violetas y esparragón y los ponían en una canastita preciosa de mimbre y corría yo con los ramos a pedir fondos para una réplica de una iglesia hermosísima que hay allá y que ahora cuenta con un retablo que es la locura. Desde niña, cuando iba a alguna kermesse yo quería hacer sketches, salir cantando, hacer teatro, bailar, todo eso, echar incienso, un día por echar incienso me quemé con las brasas...Me ha pedido Miguel Alemán que escriba mis memorias para la editorial Diana, quién sabe si lo haga, por de pronto te cuento a ti esto, porque ya se de qué pie cojeas, ya se que tú eres chiquirris nais.

NADA DE MAQUINA DE ESCRIBIR, YO QUIERO CANTAR

Lo que Lola no cuenta es ya del dominio público. De regalo de quince años, su mamá la trajo a México, en autobús con un itacate de huevos duros para no gastar los cuatrocientos pesos que habían ahorrado y se hospedaron en un hotelito en la calle de Bolívar, muy cerca de la XEW. Fueron al Zócalo y al Castillo de Chapultepec, a la Villa, al Museo de la calle de Moneda y a Xochimilco. Antes de salir de regreso, Lola se empeño en pasar a la XEW, estación de radio que escuchaba en Sinaloa. Los Tres Diamantes, entre ellos Tomás Mendez, (autor de *Cucurucucú Paloma*) el mariachi Vargas se sorprendieron ante la terquedad de la niña grandota quien les declaró: "No puedo irme a mi tierra si no canto con el mariachi Vargas". Cantó. Gustó. Amado Guzmán responsable de la XEW le pidió no que cantara sino que sustituyera por un tiempo a su secretaria: Lucila también. Lola entonces, se llamaba Lucila. La niña grandota fue su secretaria; aunque sabía taquimecanografía nunca pensó quedarse tras la máquina de escribir. Quería cantar. Educar su voz. Modularla.

TE AMARE TODA LA VIDA

—Oye Lola, ¿de quién te enamoraste muchísimo?

—De Alfredo Leal. Yo creo que es la persona que más he amado.

—El es torero ¿no?

—Sí. Pues mira, él se volvió a casar y... entiéndeme, yo se que él está muy bien y está muy feliz, pero sé también que entre nosotros hubo cosas muy bellas que no van a repetirse. El puede estar con las mujeres más bellas del mundo, pero si tiene buena memoria se dará cuenta que lo que vivió conmigo, con ninguna podrá vivirlo jamás. Nada se repite.

NUNCA, NUNCA, NUNCA

—¿No te la vives pensando en que algún día te lo vas a encontrar?

—No, yo ya no estoy enamorada. Conservo su recuerdo y esto es más que suficiente. Si

estuviera yo enamorada aún pues ya me habría muerto porque me hubiera secado de tanto amor. No, no, he sabido llevar las cosas, tengo una hija con él, María Elena, que es un amor. Sus amigos le dicen Mel y trabaja en Televisa, en Eco, estoy muy integrada con mi familia y mis amigos, tengo mucho trabajo. El ya no me hace falta. Después, ya descasada, me enamoraron otros, Jesús Olazabal, el hermano de Jano que está casado con Eugenia Rendón de Olazabal, muy guapa ella, bueno pues con ese Jesús, hermano de Jano, el de las gelatinas, con ése me pude haber casado pero no me casé.

— ¿Por qué?

— Porque no puedo querer muchas veces. Yo soy de las que quieren una sola vez. Fue un gran amor, mucha verdad, mucha entrega, mucha pasión, como estaba yo tan joven, veintitrés años, nada más imagínate, yo veintitrés, él, Alfredo veinticuatro, toda mi vida seguiré recordándolo pero a ese nivel de cariño y de respeto porque no me acuerdo nunca de cosas feas porque no las hubo. Nos tuvimos que ir cada quien por su lado. ¿Por qué? Porque así pasa. Y sí, te confieso una cosa, yo me fui queriéndolo. Sufrí muchísimo. Y él también tuvo que haber sufrido un tiempo. Pero ni modo, c'est la vie.

— Oye Lola ¿y con quién más te casaste?

HUAPANGO TORERO

— Yo, por darle a él en la cabeza, hicimos un trueque porque él me invitaba a que fuera a Tamaulipas, a Laredo. Y me dije: "Si voy a Laredo, voy a seguir en las mismas." Y me está invitando José Ramón Tirado que era otro matador. Entonces conseguimos a la banda de Sinaloa y nos fuimos a un lugar que estaba por la Avenida Independencia y su apoderado un tal Pipo corrió la voz de que "Lola Beltrán del brazo y por la calle con José Ramón Tirado". Pero nosotros sabíamos la verdad y eso sirvió para que

Alfredo se casara conmigo en Texcoco, nos casó en su granja Silverio Pérez por el civil y al domingo siguiente nos casamos por la iglesia también en Texcoco. Te repito todo esto porque es de lo más bonito que he tenido en mi vida.

—Yo te preguntaba si no te habías vuelto a casar.

—No, nunca.

—¿Sólo tienes una hija?

—También tengo un hijo, José, Josesito. Y luego mi nieto que va a cumplir dos años el 1 de Julio, Mauricito que es un amor de niño.

—Entonces ¿nada de volverte a casar?

—Nada. Estoy bien, estoy tranquila, estoy siempre más contenta que enojada, soy más risa que lágrimas, la gente que me conoce bien sabe que tengo mi corazón y sé querer y sé amar a mis amigos y los que tengo me quieren tanto como no te das una idea. Nunca los voy a perder hasta que muera. Mi único amor ha sido Alfredo Leal. Esto no quiere decir que no me encante ver a los hombres triunfadores de mi patria; ha habido muchísimos hombres muy importantes de este país, guaaaauuuu, los grandes hombres de México, que me fascinan. Mira, me fascina Carlos Fuentes, puedo estar con él platicando como lo he estado, tardes enteras, ¡qué hombre tan atractivo! ¿verdad?, lo mismo Octavio Paz, aunque a Fuentes lo conozco desde hace muchísimo tiempo, Octavio Paz me vuelve loca, me encanta su dulzura, hemos volado juntos con su esposa Marie Jo. El viaja mucho a lo de sus homenajes que le hacen en el mundo entero. He conocido a grandiosidades de seres humanos como a un Rostropovich, a un Henrik Schering que no empezó su concierto allá en la UNESCO hasta que llegamos María Elena y yo porque había mucho tráfico en París y se nos hizo tarde. Me gusta García Márquez, el encanto tropicalón que tiene, José Luis Cuevas, que es Piscis como yo. Juan Soriano, ¡qué ingenioso!, ¿verdad? Todos los hombres interesantes de México se acercan a hablar conmigo, todos. Adoro a mis amigos políticos. El presidente Echeverría, el presidente López Portillo me propusieron ser gobernadora de mi estado. No sé si lo dirían en son de broma, se veían tan serios que me asusté. Tengo capacidad pero no debo. Además mi madre me dijo: "Mira hija, nunca se te ocurra aceptar un puesto político, nunca, porque mira, lo que has ganado en respeto, en cariño, te lo van a echar por la borda." ¡Qué sabia mi madre! Yo ya tengo mi vida hecha. Tengo a mis siete hermanos, bueno, siete conmigo, cuatro hombres Oscar, Pedro, Francisco, José Manuel y tres mujeres, Carmela, Mercedes y yo. Siempre nos hemos llevado bien aunque en este momento hay un problemita, como acaba de morir mi mamá, sin ser millonaria mamá dejó algunas cosas y los que no tienen quieren. Así está la cosa. Yo lo único que les pedí es que no fueran ellos a desdibujar la imagen de mi madre porque nos amó mucho. En el fondo, muy en el fondo tengo tristeza por esa desaveniencia. Yo estoy contenta porque mi madre me vino a dejar su manto, su fuerza, su amor, todo me lo dejó.

LAGUNA DE PESARES

—Mi madre tenía ochenta y cinco años, ahora que se enfermó bajó mucho de peso, pero era fuerte con un cuerpo de joven precioso. Se reía precioso. Se casó de catorce. Blanca, rosita de su cara, toda rosita era, así sonrojadita, mi piel se parece a la suya de lisita. Ora que la vi ya sin vida, se hizo pequeñita y me emocionó muchísimo verla así. Era muy pudorosa. Tenía diabetes. Yo la tenía muy cuidada, cuidadísima, sus inyecciones, su colcha bordada, sus rosas en agua fresca, todavía ahora le pongo sus flores en la recámara. Cuando me retiré de ella en Urgencias, en el Hospital y di, —serían como cuatro pasitos—, me mandó llamar con una enfermera y corrí: "Madre ¿qué quieres?" "Ay nada, quería verte." Entonces la levanté así de su cama y la tomé en mis brazos y me la recargué así, la abracé así y su cabecita me daba aquí. Fue un hueco tan enorme que dejó en mi vida. Pero ahora lo he llenado de amor, de tanta comprensión, tengo tantas cosas que decir en la vida, las quiero compartir ¿me entiendes?, pero muchas no las digo porque son tan mías, tan personales, entonces no son para todo el mundo ¿no?, las sabrán mis gentes y mis amigos, nada más.

"Mira cómo ha pasado el tiempo, Elena, nos sentamos y zas, zas, zas, tantas vivencias, con nuestros soufflés, tú tu ensalada de hinojos y yo con la mía de endivias, y qué bien la pasamos, qué regio, ¿a poco no? ¿A poco no es padre la vida? Y ni un trago nos echamos. Desde la una hasta las cinco, platicamos bonito ¿verdad?

Abril, 1990

DE LUCILA A LOLA: LOS CORRIDOS DE BELTRAN

Según Benjamín Wong Castañeda, Lola, —como muchos valores— nació pobre y de familia numerosa. Su padre, don Pedro Beltrán cuidaba una mina improductiva y su exiguo salario tenía que dividirse entre nueve personas, siete hijos, el papá y la mamá. Lola vivía en las frías cumbres de la sierra de Sinaloa. Lejos del mundo, aislada en la sierra imperturbable, el poblado más cercano El Rosario quedaba a cinco horas en "troque" y de vez en cuando viajaba con su madre y allá fue a radicar cuando murió su padre. Allá pasó las angustias de toda su familia, la angustia de una madre que tenía que sostener a Carmen, Mercedes, Pedro, Oscar, Juan Manuel, Francisco y a ella, Lucila. Sus familiares ayudaron a María de los Angeles Ruiz viuda de Beltrán a formar a sus hijos y Lucila fue a estudiar a una escuela de monjas. Su voz privilegiada la convirtió pronto en la primera voz en el coro escolar y domingo a domingo cantaba el *Angelus*, el *Ave María* en la iglesia del lugar, pero su voz, bronca, necesitaba cultivo, educación y allí estaba lejos de modularla. No sabía lo que era el solfeo ni mucho menos un pentagrama. Mucho menos podía imaginar que algún día se encontraría ante las candilejas, los micrófonos, los reflectores, el público.

VACACIONES A MAZATLAN

Terminó la carrera de taquimecanógrafa y su madre en premio la llevó de vacaciones a Mazatlán, el puerto más cercano. Fue Lucila directamente a la radiodifusora y logró participar en un concurso de aficionados a la canción. La que ganara podía ir a México y participar en un programa en la XEW. ¡Qué oportunidad única! Aunque resultó finalista, sólo ocupó un segundo lugar. "En Mazatlán me develaron un busto en una estación importantísima donde yo me inicié: la XJR, allá canté las primeras cositas que canté, concursé en aficionados, es más no gané, me tocaron la campana,— cuenta Lola—. El premio lo ganó la otra chica Alicia Beltrán, cantando semi-clásico. Lo primero que canté fue *Canción Mexicana* y la segunda canción fue *El herradero*. Había un maestro Gallardo que nos daba clases de piano y todo eso y yo no tomé muchas clases pero sí me puso mis tonos y yo sabía lo que era la, lo que era sol, lo que era un do, lo que un mi; no estaba en ese aspecto totalmente preparada, por eso ganó la otra chica. Después empecé a estudiar aquí vocalización, un poquito de solfeo y sigo estudianto. Un día pronto, me verás cantar un aria, *Caballería Rusticana*, por gusto, porque a mi maestro Emiliano Pérez Casas, le han dicho que yo puedo y yo quiero. Me gustan los retos. Imagínate a Lola Beltrán entrando con

Caballería Rusticana y después con su música mexicana ¿verdad? ¡Qué jitazo! Emiliano Pérez Casas es uno de los mejores para no herir sus-ceptibilidades. No sé si conozcas a un chico, Fernando de la Mora, pues empezó cantando ranchero, romanzas y esas cosas que todavía canta y creo que ya ahorita está en la Scala de Milán, en Israel, en todas partes del mundo, cantando con una voz espléndida, joven ¡con un ángel que no te imaginas! El estuvo estudiando con mi maestro Emiliano Pérez Casas cinco años, e imagínate lo que requieren de esfuerzos todas estas obras, los idiomas que tienes que aprender. Pues yo me conformo con pronunciar bien mi italiano en *Caballería Rusticana* y lanzarme. Porque a la gente le va a dar mucho gusto, mucho gusto ¿verdad? ¡Ya con un éxito de esa naturaleza ya tienes tooodo, tooodo ¿verdad?, te pasa igual que al que compuso "Volare....ta...ta.." ya no tienes que componer nada, ya la hiciste, al igual que Juan Gabriel, lo admiro mucho y lo quiero, está muy joven, tiene mucho camino todavía...Volviendo a los tiempos de Mazatlán, pues, me tocaron la campana, la otra chica se fue a México en mi lugar. La puerta que de pronto parecía abrirse, se cerró.

No fue más que un escollo incapaz de desilusionarla. Allí, en Mazatlán, Lola, Lucila Beltrán se quedó a estudiar, a trabajar y acrecentó su interés por cantar. Escuchaba a una y a otra cantante, en grabaciones en las radiodifusoras. Sus favoritas: las canciones rancheras. Ponía gran sentimiento al cantarlas; su voz se hacía bravía, ronca de emoción al entonar: "Bajaron al toro prieto/ que nunca lo habían bajado/ pero ahora si ya bajo/ revuelto con el ganado/." y "Un domingo estando herrando/ se encontraron dos mancebos/ echando mano a sus fierros/ como queriendo pelear". Como lo dice bien el gran periodista Benjamín Wong Castañeda: "empezaba a vivir las inquietudes y sinsabores que pinta la canción mexicana."

Si con las Carmelitas Descalzas había aprendido el *Ave María*, las rancheras la hicieron encontrarse a sí misma. Aspiraba a llegar a cantar como tal o cual artista, o a superarla. "Me gustan los retos; toda mi vida está hecha de retos." Tenía ya una meta, un lugar adonde ir para consa-grarse: la capital de la República. Pero ¿cómo? ¿con qué? Su madre apenas si ajustaba para sostener a sus demás hijos y a ella. Sólo había un camino: ahorrar, y para hacerlo tuvo que trabajar. Su primer empleo en una agencia de discos le permitió escuchar lo que deseaba. Su madre, empeñada en ayudarla, fue a su pueblo El Rosario, a rifar veinte pares de zapatos que un pariente le regaló. Reunieron así unos cuatrocientos pesos y emprendieron el viaje a México. Lucila había prometido visitar a la Virgen de Guadalupe si lo lograba y fue directamente a la basílica. Tras dejar su velíz en un modesto hotel de la calle de Bolívar, se dirigie-ron a los estudios de la XEW.

Un grupo de artistas y mariachis ensayaban un programa. Entusiasmada, tocó la puerta pero la puerta no se abrió. Había ansiado tanto que llegara ese momento y ahora, se le negaba el paso. Insistió con desesperación y su madre la instó a que salieran. "Nos van a correr, hija, vámonos," le decía a Lucila, pero ella no estaba dispuesta a ceder. Siguió tocando y al fin, el "jalador de aplausos" vino a abrirle. Quiso entrar y él, deteniendo la puerta con el pie, se lo impidió. Sólo faltaba eso, que la puerta se abriera para volver a cerrarse. Lucila se lanzó contra el "jalador de aplausos" que era nada menos que Tomás Méndez y corrió hasta el foro ante el asombro de los artistas. Fue directamente hasta el que se presume era el director del programa y le pidió en tono suplicante que la dejara cantar. "Quiero cantar" dijo con lágrimas en los ojos. "¿Y qué tal lo haces?" "Creo que bien." En tono de la, interpretó *Canción Mexicana*, que había ensayado en Mazatlán con su maestro de música, Gallardo. Después, sin aliento, fue a ocupar un asiento en el corredor del estudio a esperar el veredicto y pasó allí, junto a su madre, todo el día, hasta que los estudios se cerraron. Para entonces, Amado Guzmán, director artístico de la XEW, enterado del incidente de una muchacha que tenía buena voz, un poco bronca quizás pero que podía llegar a triunfar se acercó a hablar con ella y su madre pero ambas se negaban a entablar conversación con él. Era un extraño y en su pueblo las habían prevenido contra los desconocidos.

Transcurrieron los días; Lucila los vivía casi enteros en los pasillos de la XEW, esperando, hasta cuándo, hasta cuándo, como dice la canción. Antes del amanecer, ella y su madre iban a Chapultepec a pasar el tiempo. Se alimentaban con los tacos de Beatricita, en la taquería cercana al hotel. Solo desayunaban y comían. No podían darse el lujo de cenar, preferían acostarse temprano para no sentir hambre.

Al fin, le dieron una oportunidad, hacerse secretaria de Amado Guzmán que se había casado con la anterior secretaria y poder así permanecer más tiempo en México.

Desde la antesala del director artístico, tras la máquina de escribir, Lucila intentó hacer amistad con los artistas, las personas que sabía que eran importantes y podían ayudarla. Mientras se prolongaba su permanencia en la máquina de escribir su ansiedad aumentaba. ¿Cuándo estaría ante los micrófonos? Hasta que por fin, Amado Guzman, un día que llegó de buen humor, le dio la oportunidad prometida. Fue así como cantó por primera vez en un programa de mediodía. Antes, se gastó lo poco que le quedaba a su madre para enviar mensajes a El Rosario, avisándoles a sus familiares y sus amigas que la oyeran. Más tarde, suplicó a Miguel Aceves Mejía que la incluyera en un programa con el Mariachi Vargas para demostrar que podía cantar y que lo hacía en la XEW. La escuchó el exigente José Sabre Marroquín, quien se dio cuenta de sus posibilidades, y junto con Eulalio Ferrer, —su gran amigo desde entonces — la lanzaron con una fuerte promoción publicitaria y la convirtieron en la figura principal de uno de los más prestigiados pro - gramas radiofónicos: "Así es mi tierra" Vinieron luego otros contratos y fueron quedando atrás los días en que vivía en un minúsculo departa - mento. Había dejado de ser Lucila para darse a conocer con un nombre más mexicano: Lola, Lola Beltrán. Su madre y ella decididieron radicar en el Distrito Federal y poco a poco quedaron atrás los días en que María de Los Angeles Ruiz viuda de Beltrán tenía que hincarse sobre una cobija para planchar en el piso la ropa de ambas, ya no tenía tampoco que lavar la ropa bajo la regadera. Ahora era otro departa - mento y los cajones de madera que usaban a guisa de comedor, los sustituyó una mesa. "Quedaban atrás como una magnífica experiencia los días de privaciones, de miseria, de sacrificio." dice Benjamín Wong Castañeda. "Empezaba ahora a conocerse su voz privilegiada en la que vibraban las notas bravías, ya tristes o alegres que pintaban las experien - cias de su pueblo. Muy pronto se convirtió en la más fiel expresión de la canción mexicana, no en la mejor intérprete porque se interpreta lo ajeno y las canciones de Tomás Méndez y de José Alfredo Jiménez, las vive cada vez que las canta, con esa fina sutileza que lo mismo se advier - te cuando de su garganta surgen las notas de: "Estoy en el rincón de una cantina...", que cuando canta: "¿Dónde, dónde estás...?" o cuando se demuda su rostro y gesticula agregando emoción a la emoción. Se le ha comparado con Lucha Reyes, y si todas las comparaciones son odiosas, ésta es particularmente injusta, Lola Beltrán tiene cualidades propias, personalidad propia. Tras la voz que conmueve hay asombro, tempera - mento y una sencillez y sensibilidad, que sólo puede pertenecer a una mujer mexicana. Tiene luz propia."

"Cuido hasta el último de los detalles — dice Lola— por respeto a mi público. Me mantengo al día, canto a Juan Gabriel que es un clásico. Cuido mi salud para estar en forma. Cuido mi voz, no bebo, no me desvelo, todo por mi público, por mi pueblo, el pueblo, pueblo ¿me entiendes?, el pueblo de mi México lindo y querido que me ha dado tanto cariño. Mi gente mexicana es tan cariñosa, tan respetuosa. Me gusta sólo lo bonito, ahora que fui a Mazatlán a inaugurar un boulevard que le pusieron mi nombre, fui a un restaurante: El Sheik con mármoles frente a la selva de pinos en Mazatlán por toda la costera. Me impresio - nó lo bonito que está puesto y el servicio que tienen allí. ¡Cómo te atienden caray! Pescado a las brasas o una carne con una salsita o con cremita y mostaza del tipo medallón, pero allí en realidad es marisco, puedes encontrar buena carne, pero hay unas langostas, un deleite, de veras, qué deleite. Está muy bien ahorita Mazatlán, hoteles de cinco estrellas, — a los únicos que voy—, todo funciona de maravilla, y está en manos del PAN, te lo digo aunque yo soy del PRI y todos mis amigos son del PRI. Fíjate nomás ahora que fui a Mazatlán, me regalaron en una hielera langostas para que las comiera en el camino. ¡Y callo de hacha así con su limoncito y su chilito! ¡Ay, que emoción! Los detalles son importantísimos, te decía yo, el deseo de estar bien siempre te da el gusto por la vida. El pepino es buenísimo, ¿no? Te voy a dar la receta: piña rebanadita, pepino, pedacitos de cebolla cruda. En tu casa, cuando tengas que atender gentes, sírveles una ensalada de eso. En las noches, si tu no cenas, tómate unos puñitos de almendras, no les quitas nada, ni la cascarita. Es extraordinario para la salud. El pepino, ya te dije, con agua o así nomás rebanadito, con todo y cáscara, quitándole las puntitas nomás, lávalo muy bien, así lo sirves, olvídate lo bien que quedas, o si no lo quieres picado, así nada más rebanado o lo pones en tu licuadora con tu agua hervida, fresca rica y vamonos. Así ¿cuando te vas a enfermar? En mi casa, nadie toma azúcar porque mi madre no tomaba azúcar, ella era diabética, había que ponerle su insulina. No tomar azúcar es una maravilla porque no engordas. Mi madre tenía una piel, Elena, impresionante, y tenía un deseo de vivir por sus hijos, fíjate, nos adoraba, nos adoraba. Yo también adoro a mis hijos pero con ese amor de madre, no sé. Vuelvo siempre a hablar de mi madre porque es un hueco tan difícil de llenar y tan reciente.Entre más pasa el tiempo, más valoro lo que ella era y lo que me enseñó. Me vas a decir que estoy enloquecida por su partida, sufrí mucho, mucho, pero me dejó tanto, tanto amor que por ella sigo adelante."

DANDO Y DANDO, PAJARITO VOLANDO.

Compuso Tomás Méndez *Cucurrucucú Paloma*, y ella, Lola, había grabado otras canciones de él y quiso ser también quien la cantara. El se opuso. "Me la va a destrozar". Triunfó ella, la grabó y fue un éxito para ambos. Con esa canción consolidaron su prestigio y se dieron a conocer internacionalmente. Vinieron una serie de éxitos que la consagraron definitivamente, contratos para Capri, Versailles y otros cabarets. Eran los tiempos del Ciro's, El Patio, el 1.2.3., el Jena, el Ambassadeurs, el Waikiki, el Astoria, el Restaurante del Lago, el Rivoli. El dinamismo de Lola resultó contagioso. Barría con todo. Allí donde se presentaba ella, acababa con el cuadro. Su voz se apoderaba de todo, la aplaudían enloquecidos y cuando echaba sus jipíos, les desgarraba el alma. El respetable público la endiosó. Más tarde, actuaría en teatro, al principio ocupando el cuarto lugar en la marquesina para acabar en el primero.

Pronto todo México cantaba el *Gorrioncillo pecho amarillo*, *Cucurrucucú Paloma* y otras popularizadas por la voz incendiaria, tumultuosa de Lola Beltrán. Rápidamente la demanda de discos grabados se multiplicó. Una puerta más se abría: la del cine. Empezó con una actuación especial en *Espaldas Mojadas*, luego vinieron papeles más importantes hasta convertirse en la estrella. Hoy por hoy, las películas se consideran definitivamente malas, pero tienen un solo valor: la voz y la presencia extraordinaria de Lola Beltrán. Lleva dieciséis películas y del número de grabaciones sólo dan cuenta los platillos voladores porque ninguna cantante mexicana ha vendido tanto, tanto como Lola Beltrán. Es a México lo que los Beatles son a Inglaterra, y nadie le ha dado aún un título nobiliario que mucho se merece y le fascinaría. ¡Sólo que resucite el emperador Maximiliano y Carlota la emperatriz, la ponga en calidad de dama de compañía a compartir su corona de sombras!

Emprendió luego una gira por Estados Unidos y las Antillas. Cotizó su voz al más alto precio y fue llevada por el gobierno de México a cantar a Nueva York en un acto oficial. Nadie como ella para poner en sus canciones, el alma y el corazón. A ese acto siguieron una infinidad de presentaciones públicas de gran envergadura.

Casada con el torero Alfredo Leal tuvo una hija, María Elena. Ambos siguieron paralelamente sus carreras. Los sacrificios y sinsabores quedaron superados. Lola Beltrán, divorciada, tiene ahora una casa en Cuernavaca, otra en Mc Callen, otra en el Distrito Federal y se prepara a inaugurar la del Desierto de los Leones. "Imagínate, ayer me quise morir de la dicha de ver la respuesta de la gente, tanta fidelidad, porque cuando das, das, y la gente lo siente y te lo devuelve. Yo he podido mantenerme en el recuerdo y en el cariño de la gente gracias a mi entrega, al respeto que le tengo al público. Nada se ha secado entre nosotros porque siempre están conmigo y yo con ellos, a través de los años. Hablo del pueblo, pueblo ¿me entiendes?, mi pueblo, pueblo, hay diferentes niveles sociales, pero la gente del jet set también es cariñosísima conmigo, no sabes. Y en Bellas Artes también he tenido grandes éxitos, en los conciertos que he dado con el teatro lleno hasta el tope. No soy nada supersticiosa, la unica superstición que se me había metido entre oreja y oreja era la del número 13 pero hasta ésa se me quitó desde 1984 en que me fue de maravilla un día 13 de junio. No me gusta lo que te dicen desde que eres niña: 'Ay, no pases debajo de una escale-ra' Yo paso y si están arreglando y me dicen: '!Ay, no pases!' también paso, no importa, no pasa nada, son mentiras."

Se desplaza en una camioneta Van conducida por un chofer, y siem-pre acompañada por alguno de sus familiares, sobrinas o sobrinos a cuya formación Lola contribuye. Es ahora la cantante de ranchero me-jor cotizada, la reina. Alguna vez que habló de retirarse, llovieron car-tas, lo mismo de México que toda América Latina. En la Zona Rosa, donde gusta comer, ya sea en el Honfleur o en el Champs Elysées, todos la saludan; las peinadoras salen a la banqueta, cepillo en mano, los peluqueros que aquí se llaman "estetas" la miran como a su creación, Jaime Rentería la acompaña tomándola del brazo, los bell-boys sonríen afanosos, los choferes también, el cariño, la estimación son visibles, los dueños de galerías y tiendas de antiguedades salen a su paso: "Lola, qué bien te ves." No cabe duda, es la reina.

"Es México, el que se ve a través de mi música, la personalidad de México" dice orgullosa. México tiene una fuerza que no tiene ningún otro país. Aspiro a representarlo siempre, cantando, poniendo la mano sobre el corazón." De nuevo saluda a diestra y a siniestra con ademanes elegantes; ¿idolatrada o codiciada? Un vendedor de billetes de lotería abre muy grande la boca, un bolerito deja su cajón y se acerca. Tres perros ladran. Perros finos, claro. Estamos en la zona del arte y del buen gusto. Lola finaliza, sabiendo que tomo nota: "Lo que más me encanta es que si alguien es difícil o algo, suavizarle el corazón con una expre- sión, lograr que esa gente al final quede satisfecha de mi canto. ¿Cómo ves?"

Agustín Lara, Manuel M. Ponce, los hermanos Cantoral, Consuelito Velázquez la de *Bésame mucho*, Tomás Méndez, Alvaro Carrillo, José Alfredo Jiménez, Tata Nacho, Armando Manzanero, Domingo Casano- va, José Angel Espinoza, Fina Patrón de Gamboa, Chucho Monge, Juan Gabriel pueden dormir tranquilos. Lola los canta a todo dar. Como los poderosos, todo lo que toca se vuelve oro. El dinero atrae al dinero. Cantadas por ella, las canciones también son oro. O si no, discos de oro.

Jaime Labastida escribió al presentarla en su concierto de gala en el Palacio de Bellas Artes en 1990:

"¿Qué mecanismos secretos han permitido que en la voz de esta mujer se reconozca todo nuestro pueblo? ¿Por qué la voz de esta mujer concentra el amor y el dolor de nuestro pueblo? Ramón López Velarde habló de aquellas voces de cantantes que hacían 'la delicia y el goce de las horas.' Ninguna, con la compasión y la grandeza de Lola Beltrán. Como si la historia entera de nuestra música popular se concentrara en esta garganta; como si de pronto las letras de todas las canciones adqui- rieran su significado vital sólo en la voz de esta mujer, en el acento que en ellas pone esta voz de mujer, en el tono exacto, al propio tiempo dulce y desgarrado, que en ellas pone esta voz de mujer."

ESTA EDICIÓN DE 2 000 EJEMPLARES SE TERMINÓ
DE IMPRIMIR EL 29 DE AGOSTO DE 1994 EN LOS
TALLERES DE LITOGRÁFICA INGRAMEX, S.A.
CENTENO 162, COL. GRANJAS ESMERALDA
09810 MÉXICO, D.F.